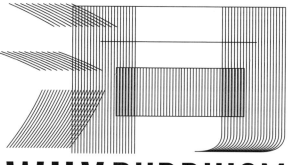

WHY BUDDHISM is TRUE

ROBERT WRIGHT

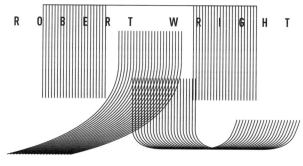

从科学到哲学，打开人类的认知真相

[美]罗伯特·赖特————著　　宋伟————译

北京联合出版公司
Beijing United Publishing Co.,Ltd.

图书在版编目（CIP）数据

洞见：从科学到哲学，打开人类的认知真相/（美）罗伯特·赖特著；宋伟译.—北京：北京联合出版公司，2020.8（2022.5重印）

ISBN 978-7-5596-3616-4

Ⅰ.①洞… Ⅱ.①罗… ②宋… Ⅲ.①哲学—通俗读物 Ⅳ.①B-49

中国版本图书馆CIP数据核字（2019）第263190号

洞见：从科学到哲学，打开人类的认知真相

作　者：（美）罗伯特·赖特	译　者：宋伟
出品人：赵红仕	出版监制：辛海峰　陈江
责任编辑：喻静	版权支持：张婧
产品经理：于海娣	特约编辑：丛龙艳
封面设计：人马艺术设计·储平	美术编辑：任尚洁

北京联合出版公司出版
（北京市西城区德外大街83号楼9层　100088）
北京联合天畅文化传播公司发行
三河市信达兴印刷有限公司印刷　新华书店经销
字数 206千字　710毫米×1000毫米　1/16　20印张
2020年8月第1版　2022年5月第17次印刷
ISBN 978-7-5596-3616-4
定价：78.00元

推荐序

如果学佛既不能让你得到法术和"神通",也没有什么来世才能享受的"福报",你还学佛吗?

理性的人如何看待佛学,决定了佛学能不能现代化。

想让现代人学习一门好学问,你不需要,也不应该用一个神秘主义的、充满超自然力量和有来世的世界观去吸引他。我们学习物理学、经济学、心理学这些学问都是为了今生今世受用,好学问应该有可见、可观测、可重复验证的特质。

我曾经听人把佛教说成"佛陀的教育",我喜欢这个说法。学佛不是对来世的赌注,佛陀不卖赎罪券。佛学绝不应该是跟真实世界毫无关系的学问,佛学不能排斥科学方法。

《洞见》这本书的作者罗伯特·赖特是一个研究进化心理学的学者,同时还是个科学作家。他从未在哪个寺院正式出家,只不过学习和练习过一些打坐冥想的功夫。但是这本书非常值得你了解——甚至可以说值得你学习,因为赖特是以一个现代人的视角,求证佛陀当初说的到底是什么意思。

作为中国人,读一本由美国人写的佛学书,这并不荒唐。美国有很多人正在以现代人的、科学的眼光学习佛学的道理,验证冥想的作用。关于这本书，你可以有两种看法。一种看法是，这是用科学来解释佛学的一个尝试。但我更喜欢另一种更激进的看法——相对于善男信女的膜拜和"仁波切"们的鸡汤，这本书说的才是佛学的本义。

咱们先考虑一个思想实验。

1

我们假设，两千五百年前，有一位智者，结合当时的哲学思辨和自己的顿悟体验，提出了一门非常厉害的学问。这门学问能让人们脱离世俗生活的烦恼，去追求一个高级的精神世界。

这门学问里有很多抽象的概念，难学而且特别难教。当时的人受教育程度都很低，连识字的都不多，普遍迷信神灵。那么智者怎样才能把他的学问推广，乃至传给后人呢？

智者为了方便人们理解，用了打比方、讲故事等很多办法教学。他是个好老师，课程很精彩。而且他能言善辩，在公开的辩论赛中把挑战者一一击败。他的声望越来越高，学生越来越多。他的学生们又有了自己的学生。

后人为了推广这门学问，创办了正规的学院。智者已经不在了，但是他讲学的笔记被整理成了标准化的教材，弟子们一定要把这门学问发扬光大。学院里有专职的老师和全职的学生，而且连锁办学，成了当时最高水平的教育机构。

但是学院一代又一代的老师并没有当初智者本人那么聪明和善

于教学。他们对教材的理解有时候未必符合智者的原意，他们在教学中有时候会加入一些自己的发挥，可能还会故意把理论简化。但即便是这样，很多学生也理解不了，老师们只好一遍又一遍地朗读教材，达到能够背诵的程度，指望书读千遍其义自见。

学院规定了严格的纪律，连饮食都有明确的禁忌。学生对老师一定要有恭敬心，教学过程要有仪式感。人们渐渐认为背诵教材、有恭敬心和仪式感就是真正的学习内容。为了方便管理，学院还给师生设定了等级称号。

但办学并不仅仅是为了全职学生，智者的教育是面向全社会的。为了宣传这门学问，师生们设计了更简明的版本，还说学习这门学问是有"功德"的，最终能给自身带来各种好处。老百姓总是爱夸大和盲从，可能你说的是"好处是一"，传来传去就会被变成"一百"，不过学院对此似乎并不介意。有很多百姓不愿意自己下功夫学习，但是也认为这门学问很有用，就给学院捐助了一些食物甚至财产，学院当然也欢迎。作为精神上的鼓励，学院会说这些捐助者是这门学问的赞助人，他们也有功德——至少有"福德"。

经过千百年的传承，学院办得越来越繁荣，具备了悠久的历史、深厚的传统、精密的仪式和森严的等级。这样让外人感到不明觉厉的学院再加上本来就带有神秘色彩的学问，慢慢变得无比庄严和神圣。老百姓认为，哪怕买一本学院的教材摆在家里都具有赐福和辟邪的功能。

就好像古希腊的毕达哥拉斯学派把数学变成了宗教一样，传播智者学问的各个学院也形成了一个个宗教组织。

而到了这个时候，那门学问在有些地方变得越来越复杂，在更多的地方则变得越来越简单。很多人已经说不清智者的本意到底是什么。

与此同时，学院外面的社会也在进步。经过千百年的演化，另外一条路线上出了一个叫作"科学"的东西。人们不断发明发现，积累科学和技术，终于迎来工业革命，普及了教育。现在的人从小就开始接受很好的逻辑训练，很多人都能理解抽象和复杂的学说。

那我们是不是可以猜测，如果智者生活在现代社会，那么他一定有办法搞更高效率的教学？

2

佛学的真实历史肯定比我们这个思想实验复杂得多，但是这个实验能说明一些问题。从佛陀、佛学到佛教，有没有可能也发生过我们这个思想实验中的演变？佛教里是不是有一些仪式化的、形式主义的、舍本求末、买椟还珠的东西？我们现代人有没有可能把那些东西都剥离出去，直接学习佛陀的思想呢？

这未必不可能。学习物理学并不一定非得仔细研读牛顿写下的每一个字，更不必遵循剑桥大学当初或者现在的教学仪式，这个世界的物理定律就在那里摆着，你完全可以重新发现物理学。

当代佛教中有一支叫作"上座部佛教"，被很多人称为"小乘"，但是他们传承的可能是佛陀最原本的学说，说的是个人如何自我修行。流传于中国的、我们所说的"大乘"佛学，则大多是后人发展出来的学问，强调不但自己要修行，而且要"普度众生"。

几十年前，几个美国人到亚洲学习了上座部佛教中的"内观"这一派，回到美国创办教冥想的学校，开枝散叶。这些人直接从用巴利语这个最接近古老的梵语的语言写成的佛经中学习佛陀的智慧，专注于自身的练习。然后他们去除了佛教中的宗教仪式，剥离了六道轮回和神通之类超自然的内容，把佛学还原成一套哲学思想和训练方法。

罗伯特·赖特这本书说的佛学，就来自上座部佛教在美国的这一派。

3

赖特自身的修为并不高，这本书绝对不是对佛学的全面讲解。但是赖特把佛学和现代科学——特别是进化心理学——联系在了一起。这本书大约讲了五点。

第一，人是进化的产物。说白了，人就是一种动物。作为动物，我们本质上是在为我们的基因服务。基因想要被复制和传播，我们就得好好求生存求发展，要觅食，要求偶，要为自己和后代的幸福不断奋斗。我们做这些事取得成功的时候就会感到快乐，但这种快乐其实是基因设计出来的，可以说是大自然为了让我们去这么做而给我们的回报。动物的日子就是这样本本分分地生存、交配和繁衍。

第二，进入文明时代以后，我们就不完全是动物了。人性在觉醒，而动物性在消退。我们发现，为了基因去做事总是伴随着"烦恼"和"苦"。基因给予的快乐是短暂的，让人永远都不满足，因为只有不满足才能让我们继续去做这些事。我们意识到自己陷入了烦恼多而快乐少的境地。快乐和烦恼，都是"感觉"。

第三，大脑是一个多元政体，由至少七个情绪模块组成，包括求偶模块、安全模块等等，它们在大脑中组成了一个委员会。这就是佛学说的"无我"，也就是没有一个单独的"自我"。各个模块都有自己的声音，一个人做什么由他大脑中各个模块的竞争结果决定。所谓"理性"，很大程度上只是各种感觉的说服工具，人本质上是由感觉驱动的。

第四，因为受感觉驱动，我们看世界就都是戴着一副有色眼镜。我们主观地赋予万事万物各种内涵——这个东西对我的生存有利吗？对我求偶有利吗？据此给它们打上或好或坏的各种标签。而这些标签并非那些东西的本性，只是我们的主观看法而已，这就是"色即是空"。

我们的主观判断有两大倾向：一个是"贪"，希望把好的东西占为己有；另一个是"嗔"，希望远离不好的东西。因为"贪"和"嗔"，我们无法客观看待世间万物，这就形成了"痴"。

第五，佛法能让我们从烦恼和苦中解脱出来。佛学提供的一个方法是冥想。冥想的直接作用是训练跟各种感觉的剥离。我们在冥想中要观察随时产生的各种感觉，而不被感觉所劫持，不做感觉的奴隶。这样我们就能超越贪、嗔、痴，看到更客观、更真实的世界，体会到世界的美好。

这些观点符合《五蕴皆空经》等佛陀当初所说的佛经的说法，同时又能被现代的进化心理学家所接受。赖特在书中列举了很多最新的现代科学研究结果，特别是一些实验，来支持这些观点。也许这就是现代科学版的佛学。

"大脑模块""感情""主观和客观""有色眼镜"这些概念，古人没有，而现代人一听就懂。借助科学，我们对佛法的理解可以比古人更深。

4

对现代人来说，一门值得信服的学问应该是可以用科学方法检验的。现在我们看到，佛学里一些最基本的思想，的确是可以用科学实验检验的。那么佛学里还有一些其他的东西，像"功德""因果"，以及一个特别宏大、超自然的世界观，我们应该怎么看待呢？

可能你认为那些东西不能用也不必用寻常的科学方法检验，人必须先修行到一定的境界，才能"证得"更高级的世界观。对此我无法反驳。也许在这些基础的东西之外还有更精妙的学问，也许这些学问都是后人为了争夺社会资源而发挥出来的东西。不论如何，我们至少可以说，使用科学方法来解读佛学，可以作为一个更简明、更直观、更准确的理解佛学思想的起点。

这个起点能破除迷信。佛陀告诉我们不要做欲念的奴隶，那我们想想，那些指望给寺院捐点东西就能得到佛祖的祝福，然后拿这种祝福去满足各种欲念的行为，是不是跟佛法背道而驰呢？

这个起点树立了理性作风。佛学并不是一种盲目的信仰，而是一门特别喜欢讲道理、讲逻辑而且喜欢辩论的学问。我们甚至可以说，佛法对中国文化最大的贡献之一就是带来了思辨的精神。佛陀允许你质疑，他非常乐意讲到你明白为止。

这个起点让我们回归本心。把佛陀当成一位觉悟了的老师而不是当作一位神灵，更有利于我们的学习。佛法不是院墙里高僧大德的专属利益，任何人想学就可以学。你不需要去哪个寺院认证，不需要度牒，也不需要正式拜谁为师。

在科学的力量越来越强大的今天，寺院里的香火也越来越旺盛，这两件事放在一起很神奇。有思想的现代人不可能对此无动于衷，我们就是想把它们放到一起理解！

科学作家
"文津图书奖"获得者
"得到"APP《精英日课》专栏作者
万维钢

— 献 给 —
泰里、迈克、贝琪和琳达

罗伯特·赖特的其他著作

《神的演化》(*The Evolution of God*)

《非零和时代：人类命运的逻辑》(*Nonzero: The Logic of Human Destiny*)

《道德动物》(*The Moral Animal*)

《三个科学家及其上帝：寻找信息时代的意义》(*Three Scientists and Their Gods: Looking For Meaning in An Age of Information*)

作家：但是你离开前请告诉我。在此地最悲惨之处为何？

艾格尼斯：存在即悲惨。了然我的双眼为所见蒙蔽，双耳为所听欺瞒，灵思深陷于大脑的灰色迷宫。你见过大脑吗？

作家：你是说这便是我们的业障？我们还有他路吗？

——奥古斯特·斯特林堡（August Strindberg）
《一出梦的戏剧》（*A Dream Play*）
由卡瑞儿·丘吉尔（Caryl Churchill）改编

致读者

　　一本书如果起了《为什么佛学是真的》❶(*Why Buddhism Is True*)这样的书名，就应该有些真知灼见配得上这个名字才行。我们不妨就此说个清楚：

　　1.我并不是在讨论佛学中"超自然"或更加奇异的形而上学部分——比如轮回，而是在探讨其自然主义部分：完全可以纳入现代心理学和哲学范畴的观点。也就是说，我要论述的是佛教里一些特别的甚至有些激进的观点——如果你能重视这些观点，将会革新对自己和世界的认识。本书旨在使你重视这些观点。

　　2.我当然也知道并没有万心归一的佛教，有的只是多种多样的佛教传统，各自的教义也都千差万别。但是本书关注的是"共通点"——主流佛教分支共有的基本思想，虽然它们可能在不同的分支中受重视程度不同，存在形式也有所差异。

　　3.我没有打算涉及佛教心理学和哲学的细枝末节。比如，早期佛教文本合集《阿毗达摩论藏》(*Abhidhamma Pitaka*)认为意识有八十九种，其中十二种是腐朽的。本书不打算评判这种说法，听到

---

❶ 编注：原书直译名。

这里，你或许会如释重负。

4.我知道"真"（true）是个很微妙的词，断言某种事物是真的——当然包含了深刻的哲学或心理学思想——也是件很微妙的事。其实，我们有一种以惯常感知世界的方式去了解世界真相的本能，而佛教里很重要的一课就是教人怀疑我们这种本能。有些早期佛学著作甚至质疑所谓的"真"到底是否存在。另一方面，佛陀在最著名的训诫中提出了所谓的"四圣谛"（The Four Noble Truths），所以"真"这个词在佛教中也不是没有探讨的余地。不管怎样，我会极尽谦恭、精微，来论证佛学对人类窘境的诊断是对的，它提出的应对方法既很合理，也非常重要。

5.认同佛学核心思想的正确性，并不意味着就要否定其他宗教或哲学传统。有时佛学观点和其他教义间存在逻辑矛盾，但这种情况不多。"不要用佛教教义来使自己成为更好的佛教徒，用它来做更好的自己。"

罗伯特·赖特

目 录

第一章

选择红色药丸

　　我要冒着过于戏剧化人类境况的风险，问一个问题："你看过电影《黑客帝国》（*The Matrix*）吗？"

　　电影主人公叫尼奥（Neo，基努·里维斯饰），他发现自己住在一个梦境里。他的生活其实是精心打造的幻境。他深陷幻境，不知道自己真正的躯体被装在一个黏糊糊的棺材大小的吊舱里——很多吊舱中的一个，一排又一排的吊舱，每个舱内都是一个沉入梦境的人。这些人被机器大帝（robot overlord）放入吊舱，在梦境中沉睡。

　　电影里有一个关于"红色药丸"的片段，很好地阐释了尼奥所面临的选择——要么继续生活在幻境中，要么醒来，回归现实。反叛军进入尼奥的梦境（或者严格来讲，他们的化身进入了尼奥的梦境），联络到了尼奥。反叛军首领墨菲斯（Morpheus，劳伦斯·菲什伯恩饰）向尼奥解释了当时的状况："你是个奴隶，尼奥。同其他人一样，每个人呱呱坠地之后，就活在一个没有知觉的牢狱，当一辈子囚犯——一个思想被禁锢的囚犯。"他们把牢笼称作"母体"（Matrix），但没法向尼奥解释"母体"到底是什么。墨菲斯说，想要了解全貌，唯一的办法就是"自己去看"。他给了尼奥两颗药丸，一颗红色，另一颗蓝色。尼奥可以吃下蓝色药丸，回到梦境世界；也可以吃下红色药丸，打破幻境的束缚。尼奥选择了红色药丸。

这是一个很严酷的选择：是选择被束缚的幻境人生，还是选择自由的充满真相的人生。说实话，这个选择太戏剧化，你也许会认为只有好莱坞电影里才会出现这样的情节——我们在现实生活中所做的人生选择远没有这样重大，而是要平凡很多。然而，电影上映时，很多人认为，这个故事反映了他们在现实生活中所要做的选择。

我所想到的这类人，就是所谓的西方佛教徒，他们中的大多数生活在美国和其他西方国家，并非生来即佛教徒，而是在人生的某个阶段选择了佛教，或者至少是选择了某种佛教，这种佛教剥离了轮回和神明等亚洲佛教特有的各种超自然元素。这种西方佛教引领下的佛学实践在亚洲的僧侣中比较常见，但在普通人中并不盛行：冥想，同时沉浸于佛教哲学。（西方对佛教最普遍的两种理解——无神论、以冥想为核心——是错误的；大多数亚洲佛教徒信仰神明，但不信唯一的创世神，而且他们也不冥想。）

这些西方佛教徒，在看到《黑客帝国》之前的很长一段时间内坚信眼中的世界是一种幻觉——即使并非完全是幻觉，也是极度扭曲的现实，使他们的人生扭曲，对他们和周围的人都造成了不良影响。他们觉得，幸亏有冥想和佛学，他们才能更清晰地看待事物。在他们眼中，《黑客帝国》就好似自身经历的一种寓言，因而这部电影也被称作"达摩电影"。"达摩"（dharma）一词有几层意思，包括"佛法"以及"佛教徒修行佛法应走的路"。随着《黑客帝国》的上映，"一心向佛"又有了一种简单易记的说法："我选择红色药丸。"

1999年，《黑客帝国》刚上映时我就看了，几个月之后，我发现自己和这部电影之间有些关联。基努·里维斯为出演尼奥做准备的时候，导演沃卓斯基兄弟给了他三本书，其中一本就是我早几年写的《道德动物》。

我也不确定导演在我的书和电影《黑客帝国》之间看到了什么联系。但是我可以讲讲在我眼中二者的联系。对进化心理学可以有多种描述方式，下面是我在书中的一种讲述：进化心理学研究的是大脑如何由自然选择设计来误导我们，甚至奴役我们的。

不要误会我的意思：自然选择有其优点，而且比起根本未曾出生，我还是愿意被自然选择创造出来（据我目前所知，宇宙也只给了我们这两种选择）。从任何意义上讲，成为进化的产物都不能完全算作被奴役，也不能算是彻底的幻觉。进化过的大脑赋予了我们很多能力，往往也赋予我们对现实基本准确的认识。

不过，自然选择最终关心的只有一件事（或者说，只"关心"一件事，因为自然选择只是一个盲目的过程，而不是一个有意识的设计师）。这件事就是把基因传递给下一代。过往有利于基因传播的基因特性兴盛繁荣，而不利的基因特性则被遗忘在角落里。在这些试炼中保留下来的基因特性里，有一些是精神特性——在头脑中固化的结构和算法，决定着我们的日常行为。所以，如果你问"是怎样的感知、思想和情感引导我们度过生命中的每一天"，从最基本的层面讲，答案不是"帮我们准确描绘现实的那些思想、情感和感知"。不管这些思想、情感和感知向我们展现的现实世界是怎样的，其实都无关紧要。这样说来，有时它们向我们展示的并非真实世界。我们的大脑有很多特性，其中一个就是欺骗我们。

也不是说这样有什么问题！我最幸福的一些时刻，有的就是来自幻觉。比如，相信掉了一颗牙之后，牙仙子就会来访。但是幻觉也可能带来糟糕的经历。我指的不只是噩梦这种回想时显然是幻觉的经历，还指那些你可能认为挺真实的经历，比如夜里躺着睡不着，焦躁不安；或连日感到无望，甚至沮丧；或对他人不可遏制的仇恨，这类情绪可能只是让你短暂地快慰，长久下去会腐蚀你的性格；或对自己不可遏制的恨意；或贪婪，有要买东西、吃东西或者喝东西的冲动，这种冲动的程度远超自己的实际需求。

焦躁、绝望、仇恨、贪婪……尽管这些情绪和噩梦这种毋庸置疑的幻觉不一样，但是如果你细细观察就会发现，它们都具备幻觉的构成要素。如果能摒弃这些要素，你就会拥有更好的生活。

想想看，如果你的生活变得更好，那么整个世界会变成什么样子。毕竟，绝望、仇恨和贪婪的情绪会催生战争和暴行。所以，如果我说的是真的（从基本源头来看，人类的痛苦心境和残暴本性很大程度上真的是幻觉的产物），那么将这些幻觉曝光就是有价值的。

听起来逻辑清晰，对吧？但是写完一本关于进化心理学的书❶之

----

❶ 译注：指《道德动物》。本书以达尔文的生平及其作品为脉络，呈现了进化心理学的研究进展和发现，同时，揭示了那些塑造我们的爱情选择、家庭体验、友谊和政治责任的无意识策略，从而在更深意义上促使我们重新思考那些最基本的道德预设。

后不久，我就开始认同一个问题：幻觉曝光的价值，取决于我们所说的到底是曝于怎样的光。有时，认识到痛苦的根源本身并不能带来太大的帮助。

日常幻觉

我们举一个简单也很基本的例子：吃垃圾食品会使我们得到短暂的满足感，但是几分钟之后，它就会使我们产生急切渴望更多垃圾食品的感觉。作为开头，这是个很好的例子，原因为以下两个。第一个原因是，这个例子证明了我们的幻觉是多么微妙。你在吃六个一盒的砂糖小甜甜圈时，根本不会想到自己是救世主，也不会担心外国特工要蓄谋暗害你。我在本书中要探讨的很多幻觉源头也有类似的特点：它们更多的不是关乎幻觉本身（眼见并非事物真相），而是"幻觉"一词更夸张的那层含义。不过，我在本书末尾还是辩称，这些幻觉会对现实造成极大的扭曲，使人迷失其中，就像彻彻底底的幻觉一样。

以垃圾食品的例子开头很好，第二个原因在于它是佛陀训诫的核心。好吧，仅从字面上来看它不可能是佛陀训诫的核心，因为两千五百年前佛陀讲经的时候，我们所知道的"垃圾食品"的概念还不存在。佛陀训诫的核心是一种普遍的动态：深深迷恋感官愉悦，这种快感充其量只是稍纵即逝的享受。佛陀传达的重要信息之一就是，我们寻求的快感会迅速消失，然后令我们渴求更多。我们花时间追求下一件令人满足的事物：下一个砂糖甜甜圈，下一次性接触，下一次职位的提升，下一次网上购物……但兴奋感总会退去，而且总会使我们渴求更多。滚石乐队的一首老歌里唱到的"我无法得到满足"，就是佛教所谓的人类境况。确实，尽管众所周知，佛陀宣称人生充满无尽的苦，但还是有些学者称这样的解读不够客观、准确，而且"dukkha"这个词虽然译作"苦"，但在某些语境下也可以翻译成"不满足"。

那么，对甜甜圈、性、购物或升职的渴求中，到底哪些算幻觉呢？不同的追求与不同的幻觉相连，不过眼下我们可以关注这些事物所共有的一种幻觉：对它们所带来的幸福感的过高预期。再次强调，这种幻觉本身是很微妙的。如果我问你，下一次升职，或者下一次考试得到优秀，或者再吃一个甜甜圈，是否能给你带来永恒的幸福，你肯定说"不能"，当然不能。另一方面，在我们追求此类事物的时候，也会出现对未来认知失衡的状况。我们更多是在预想升职带来的额外收入，却很少考虑随之而来的棘手责任。可能我们还经常抱有一种从未说出的潜意识，认为一旦达成某个长久追求的目标，一旦我们取得可能范围内的最高成就，就可以放松了，或者至少事情会一直变得更好。与之类似，看到甜甜圈时，我们立刻想到的是它多么美味，而不会想到吃下它几分钟之后就会更想吃下一个，也不会想到糖分刺激消失之后，人会感到疲倦和焦躁。

为什么快感会消失

关于人类为什么会持有这种失真的预期，我们不需要找火箭科学家来解释。只要找一位进化生物学研究者（甚至任何一个愿意花时间思考进化的人）就可以了。

下面讲讲其中的基本逻辑。人类在自然选择的"设计"之下去做某些事情，以帮助我们的祖先将基因传递给下一代，比如，吃饭、做爱、赢得他人尊重和超越对手等。我给"设计"一词加了引号，原因是自然选择并非有意识、有智慧的设计师，而是一种无意识的过程。但是，自然选择所创造的生物体又确实好似有意识的设计师之作，这个设计师不断修缮生物体，使他们成为高效的基因传播者。因此，从思维实验的角度出发，有理由将自然选择看作"设计师"，你们可以设身处地地从它的立场来思考：如果由你来设计善于传播基因的生物体，使生物体去追寻这些目标，延续这项事业，你会怎么做？换言之，假定进食、做爱、令同伴钦佩、战胜对手等行为能够帮助我们的祖先传播基因，那么你会怎样设计大脑，使他们能够追求这些目标？我认为，合理的做法是在设计中至少遵循下述三个基本原则：

1.实现这些目标应该能够带来快感，因为包括人类在内的动物都愿意追求能带来快感的事情。

2.快感不应该长时间持续。毕竟，如果快感不消退，我们就再也不用去追寻。我们的第一餐将成为最后一餐，因为根本不会再有饥饿感。同样道理的还有性爱：交配一次，余生都将沐浴在欢愉的回味中。这样根本不可能将大量的基因传递到下一代。

3.动物大脑应该更多地关注1（快感会伴随着目标的实现到来），而不是2（随后快感会迅速消退）。毕竟，如果你更关注1，就会纯粹由衷地追求食物、性爱和社会地位等，然而，如果你更关注2，就会产生矛盾心理。你或许会问，既然快感在得到之后不久就会消退，害你不断渴求更多，那么为什么还要如此积极地追求快感呢？找到答案之前，你就会感到厌倦，并开始后悔自己没有主修哲学。

将这三种设计原则结合起来，就能相对合理地解释佛陀诊断下的人类窘境。正如他所说，快乐易逝，这将使我们陷入周而复始的不满足。原因正是自然选择的"设计"：使快感易于消退，从而带来不满足，驱使我们追求更多快感。毕竟，自然选择并不"想要"我们快乐，它只是"想要"我们多产——从它的角度来看的多产，很狭隘的多产。使我们多产的方法就是使得对快感的预期非常强烈，但是快感的持续时间又不长。

科学家可以从生化层面观察多巴胺（与快感和快感预期相关的一种神经传导物质）的分泌来研究这种逻辑。在一项开创性研究中，他们以猴子为实验对象，将甜果汁滴到猴子的舌头上，同时监测猴子产生多巴胺的神经元。恰如预测的一样，果汁沾到舌头之后，多巴胺立刻就分泌出来。随后猴子受了训练，了解到灯亮起之后就能喝到果汁。随着实验的推进，灯亮使猴子们分泌的多巴胺越来越多，而"果汁真正沾到舌头"让它们分泌的多巴胺则越来越少。❶

----

❶ 原注：猴子多巴胺研究，参见Schultz 2001; Schultz et al. 1992.

我们无法肯定那些猴子的感受，但似乎随着时间的推移，对甜味的期待所带来的快感越来越强烈，真正从甜味中体会到的快感反而越来越少。❶用日常语言解释这个推测是这样的：

如果你体验到一种新的快感——假设你一生从未吃过砂糖甜甜圈，别人给了你一个，让你尝尝——甜甜圈的味道刺激味蕾之后，你会分泌大量多巴胺。但接下来，你已经尝过砂糖甜甜圈的美味，下次再吃，多巴胺分泌量的峰值就会出现在你吃下甜甜圈之前，在你充满渴望地盯着甜甜圈看的时候（并且此时吃下一口甜甜圈所分泌的多巴胺量远远小于你第一次充满喜悦地吃甜甜圈时的分泌量）。吃之前多巴胺大量分泌是因为对更多快感的期许，而吃过之后多巴胺分泌量降低，从某种程度上讲是因为期许的破灭，或者是对过分期许的某种生化响应。如果你心怀这种期许——期待的快感比实际吃下所带来的快感更强——那么就是陷入了幻觉，或者换个不那么激进的说法，至少是被误导了。

听起来多少有些残酷，但如果不是这样，又能是怎样呢？自然选择的职责是制造机器来传播基因。如果实现这个目标需要将某种幻觉植入机器，它就会毫不犹豫地去做。

---

❶ 原注：尽管多巴胺分泌的增加通常会引发快感，但如今很多研究人员认为，多巴胺并不引发快感，伴随出现快感，其实另有原因，更多直接相关联的是对快感的预期和渴望，而不是对快感的体验。从当前的目的出发，关键在于，不管是什么原因，猴子习惯了甜果汁之后，多巴胺分泌减少，肯定是快感减弱了（这种推断也符合人类的一般经验：某种令人愉悦的刺激不断重复之后，快感的体验就会减弱）。而灯光会诱发多巴胺分泌增多，可推断对快感的预期增强。事实上，根据当前的理念，多巴胺与主观现象的关系很可能不仅是关联性的，或许也具有随意性。

无用的洞见

上文所述是从科学角度来解释幻觉。我们称之为"达尔文之光"。从自然选择的角度看待事物，我们就能看清幻觉被植入人类头脑的原因，也更有理由清晰地认识到这是一种幻觉。但是，如果你的目标是切实地从幻觉中得到解放，那么这种解释的价值就很有限——这也是此处偏离主线所要探讨的核心观点。

不信？试试下面这个简单的实验：（1）思考，其实我们对甜甜圈和其他甜食的欲望是一种幻觉——欲望假意允诺给我们比实际上欲望得到满足所得更大的快感，而且蒙蔽我们的双眼，使我们看不到伴随而来的失望；（2）在你做这样的思考时，拿起一个砂糖甜甜圈，放在面前十五厘米左右的地方。你会不会感觉到欲望神奇地变弱了？如果你和我是一样的，欲望就不会变弱。

这是我深入研究进化心理学之后的发现：了解你所处情境的真相（至少是进化心理学所揭示的真相），并不一定会使你的生活变得更好，事实上反而可能使你的生活变得更糟糕。你仍然会陷入这种出于本能的自然怪圈而难以自拔，徒劳地追寻快感——心理学家有时将之称作"享乐跑步机"（the hedonic treadmill）——但是现在你有了新的理由，去审视其中的荒诞。换言之，你已经意识到这是一个跑步机，是特意设计出来让你不停奔跑的，而且你通常到达不了任何终点。然而你还是不停地奔跑。

砂糖甜甜圈的例子只是冰山一角。我想说，了解你缺少控制饮食的自律性背后的进化论逻辑，其实也不完全是令人不悦的事。从这个逻辑中，你还能找到一些自我安慰的借口：对抗大自然母亲太难了，对吧？但是，通过进化心理学，我还更多地注意到幻觉如何塑造了其他行为，比如我如何对待他人，还有从各种意义上如何对待自己。在这个层面上，进化论中所谓的自我意识，有时会令人极为不适。

藏传佛教的冥想老师咏给·明就仁波切（Yongey Mingyur Rinpoche）曾经说过："归根结底，幸福就是在因意识到精神痛苦而不适和被这种痛苦控制而不适之间做出选择。"❶他的意思是说，如果你想得到解放，摆脱那些阻碍你认识真正的幸福的思维，那么首先就要了解这些思维，而这个过程可能会令人不悦。

好吧，这是一种令人痛苦的自我意识，但也是有价值的——最终可以引导我们走向深层的幸福。但是我从进化心理学中得到的是两个世界中最糟糕的部分：令人痛苦的自我意识，却带不来深层的幸福。我既要忍受意识到精神痛苦的不适，还要面对受其控制的不适。

耶稣说："我就是道路、真理、生命。"❷嗯，通过研究进化心理学，我感觉自己已经找到了真理。但是显然，我并没有找到道路。这也让我想起耶稣说过的另一句话："真理必叫你们得以自由。"❸我觉得自己已经看清了人类本性的基本真理，也比以前更清晰地看透了各种幻觉是如何奴役我们的，但是了解这些真理并不等同于拿到了"赦免令"。

- -

❶ 原注：Yongey Mingyur and Swanson 2007, p. 250.

❷ 编注：见《圣经·新约·约翰福音》14:6。

❸ 编注：见《圣经·新约·约翰福音》8:32。

那么是不是有另外一种真理，可以给我自由？不，我认为没有。我认为，至少科学上并没有提供其他选择，不管人类喜欢与否，都是自然选择的进程创造了人类。但是写完《道德动物》之后几年，我开始思考：是否有一种方式能使这种真理在现实中得以操作——可以将人类本性和人类境况的真实、科学的真相转换成一种形式，这种形式不仅能够辨别、解释使我们受困的幻觉，还能帮助我们从幻觉中解放出来？我开始思考，一直听闻的西方佛学是否可以成为这样一条路。或许佛学教义里有很多东西与现代心理学理论不谋而合。又或许，冥想在很大程度上是对这些真相的不同解读，也是针对这些真相采取的切实对策。

于是，我在2003年8月去马萨诸塞州乡下，开始了第一次冥想静修——整整一周的冥想，摒弃了电子邮件和外界消息等一切干扰，不与他人交谈。

"正念"的真相

你可以质疑：这样的静修能得到激动人心而影响深远的成果吗？那一次静修从广义上讲采用的是"正念冥想"，这种冥想方式近些年开始在西方流行并逐渐成为主流。通常描述中的"正念"——正念冥想要实现的目标——并非深奥、奇异的概念。所谓"正念生活"就是留心、注意当下发生的事情，用清晰、直接的方式体验，不要被各种精神困惑蒙蔽。停下来，闻闻玫瑰花香。

目前来讲，这样描述"正念"，虽准确，但不够深刻。这种普遍认知中的"正念"，其实只是正念的开端。

而且从某种意义上讲，这是一个误导性的开端。你如果钻研过古代佛学著作，就会发现，那里面其实没有太多让世人停下来闻玫瑰花香的劝诫，即使你钻研的是以"sati"（正是这个词被翻译成"正念"）为主题的著作，也同样如此。事实上，有时这些著作似乎还传递出很不同于当前流行说法的信息。作为正念圈里最接近《圣经》的一本佛经，古代佛经《四念处经》（*The Four Foundations of Mindfulness*）提醒我们，人类的身体里"种种不净充满"，指导我们冥想身体的各种组成成分，即"屎、胆汁、痰、脓、血、汗、脂肪、泪、淋巴、唾、涕、滑液、尿"。经文还要求我们想象身体"或死一日，或死二日，或死三日，膨胀瘀黑，脓烂充满"。

我没听说过哪本关于正念冥想的畅销书用过"停下来，闻闻粪"之类的书名，也从没有听过哪位冥想老师建议冥想胆汁、痰、脓，或者我们终将成为的腐尸。如今我们接触到的所谓冥想传统，其实是对古代冥想传统有选择的继承，甚至是经过精心修饰的。

其中也没什么可谴责的。现代解读者对佛教的选择性甚至创造性的呈现，也没有任何问题。所有的精神传统都在随时代和空间发生演化，做着调整，佛教教义能在当今美国和欧洲拥有信众，也是这种演化的功劳。

从本书的角度来看，关键点在于这种演化（演化出了独具一格的21世纪西方佛教）并没有切断现行方法和古代思想之间的联系。现代正念冥想和古代正念冥想并非完全相同，但二者有着共同的哲学基础。如果你深究二者的内在逻辑，就会有一个惊人的发现：打个比方来讲就是，我们都生活在"母体"中。❶虽然有时正念冥想听起来很平常，但是在现实中，如果孜孜不倦地探寻，你将看到墨菲斯口中红色药丸带你见识的世界，也就是看到"兔子洞到底有多深"❷。

在第一次冥想静修期间，我有过一些震撼的体验。它们真的足够震撼，使我想要看看兔子洞到底有多深。于是我阅读了更多关于佛教哲学的书籍，跟佛学专家交流，最终又参与了更多的冥想静修，养成了每日冥想的习惯。

所有这些经历，使我更清晰地理解了《黑客帝国》被看作"达摩电影"的原因。尽管我已经通过进化心理学认识到，人类生来便陷入了很深的幻觉，岂知佛教描绘的图景反而更加夸张。佛教认为，幻觉以微妙、更为普遍的方式渗透到日常的感知和思考中，其发挥影响力的方式远超我们的想象，且看起来合情合理。换言之，在我看来，这种幻觉可以解释为，在自然选择设计下的大脑的自然产物。我越深入研究佛学，就越觉得它激进；但是当我越多地以现代心理学视角审视佛学，又越觉得它合情合理。现实生活中的"母体"，也就是我们生活着的这个真实世界，看起来越发像电影里的"母体"——或许没有电影中的那么离奇古怪，但也充满误导性，令人极度压抑，是人类迫切需要逃离的。

好消息恰是我相信的另外一件事：如果你想逃离"母体"，佛法

---

❶ 编注：借用《黑客帝国》中的隐喻，这里指矩阵。

❷ 编注："兔子洞"指《爱丽丝梦游仙境》中爱丽丝掉进的那个兔子洞，通过掉进兔子洞，她发现了一个奇特的世界。这个比喻出现在《黑客帝国》剧本中，意指让尼奥见识一个不一样的世界，了解真相。

修行和佛教哲学给了我们巨大的希望。给人期许的并非只有佛教。其他信仰系统的传统也有解决人类苦难的洞见和智慧。但是佛教冥想及其暗含的哲学思想，以一种惊人的直接且全面的方式解决了这个问题。佛学针对这个问题提出了直白无误的诊断，并给出了疗法。这种疗法一旦生效，不仅能带来幸福，还能带来清晰的远见：关于事物的切实真相，至少在某种程度上比我们日常的观察更接近事物本质。

近年来开始冥想的人，主要以精神治疗为目的。他们修习正念，以此减压或专注于某个特定的个人问题。他们或许根本不曾意识到，自己所修习的冥想其实可以是一种深刻的精神修行，可以革新他们的世界观。他们在不知不觉中接近了一种基本选择的门槛——一种只有他们可以做的选择。正如墨菲斯对尼奥所说的："我只能给你指出门的所在。真正跨过那扇门的是你自己。"

本书旨在为人们指出那扇门的所在，概要讲述了门的另一侧是怎样的世界，从科学的角度解释为什么门另一侧的世界比我们熟悉的世界更为真实。

第二章

没有痛感的痛

　　我本不该讲我在冥想中取得的第一次巨大成功。原因在于，冥想本不该获得成功。任何一位优秀的冥想老师都会告诉你，如果用成败来判定冥想，就错会了冥想的意义。

　　在此我不得不偏离一下正统的认知。正因为我认为人们可以在冥想中得到某种特定的好处，所以我才提倡冥想。而如果一个人在冥想过程中没有得到那种好处、实现某种成果，嗯，当然也就意味着失败，对吧？也就是成功的反义。

　　诚然，冥想的人最好不要想着成功，那是因为想着成功会阻碍成功。假如你真的实现了冥想"成功"，或许能由此萌生新的心境，比之以往，不会那么醉心于追求成功——不再孜孜不倦地追寻遥远的物质目标，而是更多地关注当下。

　　总而言之，在冥想中，不去追求成功反而更容易成功，要取得这样的成功或许意味着不过多纠结于成功，至少不纠结于世俗意义上的成功。如果这些听起来太过矛盾，或许你该就此打住，不再读下去，因为我们在佛法和修行中发现的矛盾远不止于此。然而现代物理学中虽然也有矛盾之处（微观粒子的波粒二象性），但它发展得也挺好。所以，你不妨继续读下去。

在我打破常规，向你讲述我作为冥想者的第一次巨大"成功"之前，还需要先打破另外一项常规，向你透露一件事：我天生是一个糟糕的冥想者。其实我们不该探讨自己多么不擅长冥想，这一点可以由"冥想无成败"的公理直接推导出。而我此时既然暂时违背了这个公理，谈论冥想的成败，那么紧接着违背它的推论也是自然而然的，于是就有了如下想法——

假设，现在我们按照进入正念冥想状态（坐下，专注于气息，慢慢沉浸到一种平静的状态，平心静气地观察）的难度给世界上所有人排个名。这个排名的一头会是鲍比·奈特（Bobby Knight），一位因脾气火暴、经常面红耳赤而闻名的大学篮球教练，他曾经愤怒地向篮球场扔了一把椅子。我猜另一头或许会是已故的罗杰斯先生（Mister Rogers）。在这个排名中，我会更靠近鲍比·奈特，离罗杰斯先生比较远。虽然我从没向篮球场扔过椅子，但是我四岁时曾向一位用餐顾客扔过鸡腿，十二岁时向一位姐夫扔过棒球棒。所幸，我向他人扔东西的嗜好随着年龄的增长而渐渐淡化，但是内在的暴躁并没有完全消失。而暴躁的性格注定会成为通往正念道路的一个阻力。

或许也是因为性情暴躁，我对他人的态度，可能会影响慈心——某些类型的冥想所要求的心态。多年前，我在《新共和周刊》（*New*

Republic）工作时，时任编辑的迈克尔·金斯利（Michael Kinsley）曾建议我开一个"厌世者"专栏，而且没有一点开玩笑的意思。

其实，我认为这过于简化我的问题。我对人类本身并没有心怀敌意。说实话，我对人类心怀着善意且温暖的情感。我的问题在于对某些人类个体的看法。我通常对人的动机和性格心怀疑问，而这种批判性的态度往往会造成对他人的普遍严苛的评判。对于在我认为重要的道德和政治问题上持异见的人，我会特别严苛。一旦将这些人归到重要意识形态边界的另一端，我就很难对他们持宽厚或悲悯的态度。

除此之外，我还患有注意力缺陷症。对于专注能力正常的人，冥想尚且不是一件容易的事，更何况对我而言。

关于这个假设进入正念冥想难易程度的图谱，有一个有趣的地方：最难成为冥想者的人反而更需要冥想带来的益处！我相信，即便罗杰斯先生没有修习过冥想，也会是一个容易相处的人。他应该天生就不是那种脾气暴躁、需要克制火气的人。鲍比·奈特和我这类人则完全相反。

由此就引出了冥想的另外一组矛盾：冥想将要帮你对抗的那些东西，往往也是在一开始令你难以进入冥想的阻碍因素。是的，冥想或许能够帮助你延长注意力的持续时间，抑制愤怒，缓和对人类同胞的严苛评判。但不幸的是，注意力短暂、脾气急躁、对人严苛，可能正是你冥想之路上的障碍。这对我来说也是个坏消息。

不过，我冥想的道路上有如此多的阻碍，这也是一种优势。这样我就可以成为一个很好的实验室小白鼠，临时代表其他人做这项实验。毕竟，虽然我在这个图谱上的数值比一般人高，但其实大多数人的数值也都远高于理想值。而且，现在人们的平均数值很可能比过去要高，因为引人分心的科技使得注意力缺陷变得更加普遍。此外还有现代环境的问题——科技、文化或政治因素，又或者是三者共同作用下的结果——使得人们变得易怒，而且尖酸刻薄。单看部落主义就够了，看看不同宗教、种族、国家和意识形态之间的不和谐甚至公开的矛盾。似乎越来越多不同群体的人因各自的身份定义与其他群体尖锐地对立起来。

我认为这种部落主义是当今时代最大的问题。在科技终于有望实现一个凝聚力强的全球社区的关头，这种部落主义可能会毁掉千年来走向全球一体化的努力，瓦解社会网络。考虑到世界上还有很多核武器，生物科学又打开了新武器库的潘多拉魔盒，我们可以想象，部落主义冲动可能会导致真正黑暗时代的降临。

或许我考虑得有点过头。这里就先不叙述我关于地球危如累卵的长篇大论了。你不必像我这样，因怀有对末世的恐惧才去思考冥想能够帮助更多人克服好战的部落主义，让世界变得更好。如果冥想能帮我压制心中的愤怒，更平静地去看待我的敌人（不管是真实的还是想象的），那么它就能帮助任何人克服这种不利的心境。正因如此，我才适合做一个实验室小白鼠。我是人类面临的最大问题的具象。我就是微观的世界顽疾。

我作为小白鼠的生涯真正开始于2003年8月马萨诸塞州乡下的那次静修。我断定冥想是值得探究的，但也了解到漫不经心的尝试对我这样的人不会有太大的效果。训练营的做法不错，于是我就在内观禅修社（Insight Meditation Society）报名了一次为期七天的静修，静修地点选在巴里（Barre）镇上一条宜人的静谧街道。我在那里每天要坐禅五个半小时，然后花差不多同样长的时间走路冥想。一天的其他时间里，吃三餐（静默中就餐），早上一小时"劳作修行"（我负责清扫走廊），晚上听一位老师讲"佛法"，一天下来基本就精疲力竭了。这样也好，因为即使有空闲，也无法进行日常消遣：那里没有电视，没有网络，没有外界新闻。而且你也不应该带书去读，也不该写东西。（我偷偷打破了最后一项规定，以便记录一些事件。当时我还没打算写这本书，但我是一名作家，几乎会把任何经历当作写作的素材。）当然，也不能聊天。

　　每日的生活不算繁重，因为除了修行劳作，并没有太多的活计需要做。但是最初的几天非常熬人。你有没有试过，盘腿坐在垫子上，全神贯注于自己的呼吸？这一点都不简单，特别是当你像我一样很难专注于呼吸时。静修刚开始的时候，一段四十五分钟的冥想训练中，我维持专注的时间从未超过十次呼吸。我之所以知道，是因为我一直数着！一次又一次，每当数到三四次呼吸的时候，我的思绪就开始飘了，然后我才意识到自己又忘记计数了。有时，我还在机械地数着，但其实已经在琢磨别的事情，没有有意识地感受呼吸了。

　　每次这样的情况发生，我都很懊恼，但是懊恼也没有什么帮助——头几天过去之后，我越来越懊恼自己不争气。自然，我的怒气延及所有看似比我表现得更好的人，大概有八十人，也就是几乎所有人。想象一下，一整周里，身居八十人中间，所有人都表现得比你好！别人成功了，你却失败了——至少看起来是这样。

我的重大突破

我的重大突破出现在静修的第五天早上。早餐之后，我喝了太多随身带来的速溶咖啡，冥想时，出现了典型的咖啡因摄入过量的症状：下巴肌肉绷紧，感觉好像在磨牙。这种感觉不停地打断我的注意力，我尝试抵抗这种干扰，但过了一段时间我还是屈服了，然后把注意力转移到下巴紧绷的肌肉上。或许当时不是注意力的转移，而是注意力的扩张——继续专注于呼吸，但呼吸逐渐模糊成背景，恼人的下巴紧绷感来到了感知的舞台中央。

顺便说一句，这种注意力的重新调整，是非常恰当的做法。在正念冥想的教学中特别指出，专注于呼吸并不只是为了体察呼吸。其目的在于稳定你的心绪，使大脑摆脱日常的关注点，使你能够以清晰、不疾不徐、相对镇定的方式观察正在发生的事情。而"正在发生的事情"尤指头脑中正在发生的事情。内心涌起各种情绪，例如悲伤、焦虑、烦躁、宽慰、喜悦，你要尝试换一种有利的角度去体验这些情绪，既不留恋好的，也不逃避坏的，而是直截了当地体验它们，观察它们。这种新的视角可以作为起点，见证你与自身情绪之间彻底、永久的改变；如果一切顺利的话，你就可以不再受情绪的奴役。

将部分注意力转移到下巴因咖啡因摄入过量而带来的感觉之后，

我突然发现了一种审视内修生活的新角度，而那是之前从未有过的体验。我记得当时正在想的是这样一些事情，比如："是的，磨牙的感觉还在，它通常被我归为讨厌的感觉。但是这种感觉在我的下巴上，并非我所在。我在自己的头脑里。"我已经不再等同于这种感觉，可以说我是在客观地观察它。在那一刻，这种感觉已经不再能控制我。令人厌烦的感觉并没有消失，却已不再令人厌烦，这种情况真是奇怪。

这里就有一点矛盾（不要怪我没提醒过你！）。我第一次把注意力扩张到烦人的下巴紧绷/磨牙的感觉时，也放松了对这种感觉的抵抗。从某种意义上讲，我接受了，甚至欣然接纳了这种曾经努力想要避开的感觉。但是，更加接近这种感觉，反而与它产生了一种距离感，那是某种超脱[detachment，一些冥想老师出于技术原因更愿意用的说法是"不执"（nonattachment）]。这种循环通过冥想可以反复出现：接受甚至欣然接纳某种令人厌烦的感觉，可以使你与之产生一种临界距离，最终使厌烦的感觉消退。

其实，当我感觉非常悲伤时，我就会坐下，闭上双眼，研究悲伤的情绪：接受它的存在，观察它给我带来的真正感受。比如，有一点颇有些趣味：尽管我并不是想要哭，但是悲伤的情绪还是会很大程度上作用于眼睛，一旦哭起来就难以遏制。在针对悲伤情绪冥想之前，我从未注意到这一点。从我的个人经历来看，对悲伤的细致观察，辅以对这种情绪的接纳，确实有助于缓解这种令人厌烦的情绪。

现在，关键的问题来了：如果两种感知中有一种更加"真实"，那么到底哪一种更真实呢？是这种令人厌烦的时候，还是令人厌烦的一面消退，变得中性的时候呢？换一种方式来问：最初令人厌烦的感觉有没有可能是幻觉？当然，换个视角，我就可以摆脱这种情绪，而这恰恰符合我们对幻觉的认识：换个视角就能将其驱散。但是，还有没有其他依据可以证明它是幻觉？

这个问题已经超越了我个人短暂摆脱咖啡因控制和忧伤情绪的体验。从理论上讲，它适用于所有负面情绪：恐惧、焦虑、嫌恶、自我厌恶，等等。想象一下，假定我们的负面情绪都是幻觉，我们可以采用某种特定的有利视角去看待它们，然后将之驱散，那将会是怎样一番景象。

没有痛感的痛

毫无疑问，有些人通过冥想训练，可以对某些难以忍受的痛苦产生基本免疫。1963年7月，一位名为释广德（Thich Quang Duc）的僧人公开抗议南越政府对佛教徒的暴行。他在西贡（Saigon）❶大街上放下一块垫子，盘坐莲花。另外一位僧人在他身上浇了汽油，释广德说："闭眼坐化之前，我诚恳地请求吴廷琰（Ngo Dinh Diem）总统对国民心怀仁慈，推行宗教平等之策，以保国家永昌。"然后他点燃了火柴。记者大卫·哈珀斯塔姆（David Halberstam）见证了

----

❶ 译注：现胡志明市。

整个过程，他写道："整个过程中，身陷烈焰的僧人纹丝不动，也没有一声呻吟，他的静定与四周人们的悲泣形成鲜明的对比。"❶

这时你或许会争辩，释广德根本不是从幻觉中得到了解放，反而恰恰是经受了幻觉的折磨。毕竟，实际情况是他被烧死了。那么，既然他缺少剧烈疼痛的感觉，缺少我们在正常情况下与烧死相联系的感觉，因此没有触发必要的警觉，做出我们大多数人会做出的求生举动，那么可不可以说，他才是那个没有了解真相的人？

我们"正常的"感觉、思想和感知中有哪些是幻觉？我集中阐释的这个问题之所以重要，有两个原因。其中一个原因很简单，也很实际：显然，如果焦躁、恐惧、自我厌烦、忧郁等令人不悦的情绪是某种意义上的幻觉，我们可以通过冥想驱散这些幻觉，或至少摆脱它们的控制，那么我们就可以利用这一点。另外一个原因乍看之下更加学术化，但是归根结底同样有实用价值。佛教对头脑的认识，以及对头脑与现实之间关系的认识，真的那么疯狂吗？厘清我们的感觉何时在误导我们，有助于我们理解这些问题。在我们所感知的现实中，很多东西真的都是幻觉吗？

这个问题引导着我们深入探究佛教哲学，这在主流的冥想叙事中并不常见。这类叙事自然更多地关注短期收益，例如减压、提升自信等，但没有深入佛教冥想的起源和繁荣的哲思层面。当然，像这样把冥想当作一种纯粹的治疗工具，个人对现实的认知并不因此发生深刻的变化，也完全无可厚非。因为这样做对你也是有好处的，

---

❶ 原注：参见维基百科词条"Thich Quang Duc"，网址：https://en.wikipedia.org.

也很可能对世界有好处。

尽管如此，以这种方式利用冥想，并不是选择了红色药丸。选择红色药丸意味着探究知觉者与感知世界二者关系之类的基本问题，探究我们对现实一般认知的基础。如果你正在认真考虑选择红色药丸，就不仅仅会好奇佛教世界观在治疗层面的"效果"，还会从哲学层面去探究。这种看上去对"真""假"概念颠三倒四的佛学观点，从现代科学角度来看到底有没有道理？本书后文大部分篇幅都在探讨这个问题。这个问题不仅在纯粹的哲学层面很重要，对我们如何生活也有影响。这种影响尽管有着明显的现实好处，但总的来说，把它描述成"心灵"效应还是比称它为"治疗"效应更恰当些。

但还是要提个醒。严格来讲，"佛教世界观"是不存在的。佛教在公元前500年前后兴起之后不久就发生了分化。就像基督教有天主教和新教，伊斯兰教有逊尼派和什叶派一样，佛教也有明显的分支，各个分支在某些教义上也存在分歧。

佛教大概可以分为小乘佛教（Theravada）和大乘佛教（Mahayana）。我冥想修习的内观禅修（Vipassana）源自小乘佛教分支。那些关于幻觉的激进又广泛的理念，则更多来自大乘佛教（释广德所修习的）。有些大乘佛教僧人甚至更为极端，秉持一种"唯心论"，认为我们通过意识"感知"的事物实际上都是凭空的臆想。佛教思想中这个明显与电影《黑客帝国》思想一致的分支，在大乘佛教中并非主流，在整个佛教体系中的地位则更弱。但即便是主流佛学思想家，也部分认可"空"（emptiness）这个概念。"空"是一种微妙的概念，很难用简短的文字来描述（其实用长篇大论来描述也同样难），但至少这层含义是可以肯定的：我们看世界时所见的事物，并不似表面看起来那般独特、真切。

另外，还有重要的佛学思想认为"自我"（就如你自己、我自己）是幻觉。从这个观点来看，你所认为的产生想法的"你"、感受情绪的"你"、做出决定的"你"，其实并非真实的存在。❶

如果将上述两种佛学思想放在一起——"无我"（not-self）和"空"——就能得出一种非常激进的观点：你的内在世界和外在世界都和它们展现出来的样子不同。在大多数人眼中，这两种思想就算不是疯念，也是非常可疑的。而且，既然这些思想的前提认为人天然受到蒙蔽，那就不能任由人类的本能反应来阻碍我们探究真相。本书中很大一部分篇幅都在探究这两种思想，我所希望的是能够说明二者言之有理。

我们对"外在"世界和"内在"世界（头脑中的世界）的自然观都深受误导，而且从佛教的角度来看，对这两个世界的错误认知确实会带给人很多痛苦。而冥想正好能帮助我们看得更清楚一些。

当我说要探究佛教世界观的科学基础时，我并不是说要去寻找科学证据来证明"冥想能够减少痛苦"。如果想要这样的证据，很多现成的研究成果都可以取用，相关报道也很多。我也不是说要研究你在冥想并开始改变现实观时头脑中发生的变化。不过，我肯定还

---

❶ 原注：出于某种原因，我将在第十三章中详述，不过，在大乘佛教中，"空"经常包含"无我"的含义。但是，在小乘佛教中，"无我"通常与更广义的"空"的概念是区分开的（"空"的概念在小乘佛教中的重要性本来也没有那么高）。我在本书中使用"无我"和"空"的概念时，二者并没有重叠；"空"的含义比大乘佛教中所指的更窄一些，仅指向"外在"世界。

是会参考一些关键的脑部扫描研究的。

我所谓的"科学基础"，是指利用现代心理学的工具去探究下述一类问题：人类天性为什么会容易被蒙蔽，以及具体是怎样被蒙蔽的？幻觉到底是如何蒙蔽我们的？幻觉如何使我们遭受痛苦？幻觉如何使我们害他人遭受痛苦？为什么佛教驱散幻觉的方法（特别是冥想法）有效？怎样才算充分达到了冥想的效果？换言之，据称在冥想道路的顶峰存在那种难以捉摸的状态（有人称之为"开悟"），确实存在吗？彻底看清世界会是怎样的状态？

所谓的拯救世界——避免部落主义横行全球、造成混乱和屠戮——真的仅仅是净化人类的幻觉就够了吗？"仅仅"这个词其实不恰当，它让事情显得好像很轻松，事实上，如果幻觉深植于我们的内心，想要驱散它，就真的要耗费极大的心力。不过，我仍然要说，如果能认识到为追求永恒而斗争也是为追求真理而斗争，这样也不错，只要我们致力于拯救世界的伟大使命，一石二鸟也是非常棒的！另外，这样的想法也挺好的：人们利用冥想，尝试着更清晰地看世界，在这个过程中减少痛苦，求得解放❶和自由，与此同时也广泛助力了人性的发展，对个人救赎的追求推动了对社会救赎的追求。

在这个史诗般的探究过程中，第一步就是细细研究我们的感觉：痛苦、快乐、恐惧、焦虑、爱、欲望，等等。感觉在塑造感知、引导人生方面起着非常重要的作用，不夸张地说，这其实比大多数人所认为的还要重要。它们是可靠的向导吗？我们将在下一章探究这个问题。

----

❶ 编注：原文为liberation，在佛学上意为"解脱"，摆脱烦恼，得自在。

第三章
感觉何时为幻觉

围绕本章标题的是一个更宏大的问题：在这里我们到底要谈些什么？幻觉看似真实，其实不真实，那么说感觉是"真"是"假"到底是什么意思？感觉就是感觉。你感觉到的，就是你的感觉——真实的感觉，并非想象的感觉。没有什么可多说的。

针对这种观点，有些事情要先说清楚。其实，佛教哲学有一个重要的观点就是，感觉即感觉。如果我们接受感觉的起落，认为它就是生命的一部分，而不是认为它有别的深意才去孜孜追求，结果往往会更好。学习这样做是正念冥想的一个重要组成部分。很多从中得到满足的受众可以证明这样的做法是有效的。

不过，说它有效并不一定意味着它具有智识合理性。这仅仅是因为，你看淡某些个人感觉而感到快乐，并不意味着你对世界的理解更真实了。或许这种看淡个人感觉的状态就像麻醉一样：屏蔽了现实世界对你的感觉提供的反馈，使你的痛感变得迟钝。或许使你陷入梦境的是冥想，而不是正常意识。

如果你想知道冥想到底能不能帮你接近真相，探寻这个问题应该会有所帮助：冥想使我们摆脱的那些感觉是否会带我们偏离真相？我们需要找到一个方法，来解答这个艰深的问题：我们的感觉在某种意义上是"假"的，还是"真"的？还是有些是"假"的，有些是"真"的？哪些是"假"的，哪些是"真"的？

想要解答这些问题，可以回溯到生物体的进化过程。回到很久以前，回到"感觉"第一次出现的时候。遗憾的是，谁也不知道那到底是什么时候，甚至连大概的时间段都难以推测。是哺乳动物出现的时候吗？爬行动物出现的时候？黏糊糊的一团漂在海上的时候？细菌之类的单细胞生物出现的时候？

难有定论的原因之一就在于，"感觉"有一个怪异的特性：永远也不可能完全确认除你之外的其他人或其他事物到底有没有感觉。"感觉"的定义中有一点就说明了，它是私密的，不显于外的。举个例子，我也不敢说我家的狗弗雷泽到底有没有感觉。或许摇尾巴仅仅是摇尾巴而已！

但是，恰如我认为我不会是唯一具备感觉的人，我所归属的物种也不会是唯一具备感觉的物种。我注意到，我们的近亲黑猩猩痛得打滚的时候，是真的因为痛才打滚的。如果从黑猩猩开始，循着行为复杂性的阶梯向下看，到狼、蜥贪，甚至水母，还有细菌，我也无法找到一个确定的位置，认定从这里开始往后更简单的生物就没有感觉。

总之，不管感觉最初在何时出现，行为科学家对于"好感觉和坏感觉的最初作用"已经基本达成一致：使生物体接近对其有益的事物，躲避对其有害的事物。比如，养分可以保证生物体的生存，所以自然选择偏爱的基因就会使生物体产生某种感觉，引导它们去追寻含有养分的东西，也就是食物。你或许对这类感觉很熟悉。相反，对危害生物体或导致生物体死亡的东西则最好躲开，所以自然选择就给了生物体厌恶的感觉，让它们倾向于躲避这类东西。接近和躲避是最基本的行为决定，感觉则像自然选择的工具，用于引导生物体从自然选择的角度做出正确的决定。

毕竟，普通动物还没有聪明到可以思考："嗯，那种物质富含碳水化合物，能给我能量，所以我要养成习惯，摄取、消化它。"事实上，普通动物甚至没有聪明到去思考："食物对我好，所以要吃。"感觉的出现，替代了所有此类思考。寒冷冬夜里，温暖的营火对我们有吸引力，这意味着，对我们而言，温暖比严寒更好。直接接触火焰会痛，意味着暖过了头。此类感觉和其他感觉的作用就是向生物体转达哪些对它们好、哪些对它们不好。正如在达尔文的《物种起源》问世二十五年后的1884年，生物学家乔治·罗曼斯（George Romanes）所说："快感和痛感一定是伴随着对生物体有益或有害的过程而进化出来的主观产物，进化而来的目的或根源在于驱使生物体追寻一种，躲避另一种。"❶

由此我们可以得出一种辨别感觉真假的方法。生物体的感觉旨在针对我们所处环境中的事物所作的评价进行编码。此类评价通常关乎

----

❶ 原注：Romanes 1884, p. 108.

这些事物对于产生感觉的生物体的存亡是好还是坏（有些时候关乎这些事物对于生物体的近亲，特别是后代是好还是坏，因为近亲之间有很多共同基因）。❶因此，如果编码的这些评价是准确的，我们就可以说感觉是"真实的"——吸引生物体的东西确实对生物体来说是好的，或者，鼓励生物体躲避的东西确实是对生物体不好的。如果感觉引导生物体走入歧途，生物体跟随感觉会走向对其不利的事物，那么就可以说这种感觉是"假的"，或者说是"幻觉"。❷

　　上述并非从生物学角度判定"真"和"假"的唯一方法，但也是方法之一，下面我们就来看看这种方法有多管用。

滞后性

　　以甜甜圈为例。我个人热衷于吃甜甜圈，如果依从个人感觉的引导，早饭、午饭、晚饭和餐间茶点，我都要吃甜甜圈。但是我被

----

❶ 原注：参见 Wright 1994, chapter 7。参阅 Wright 1994 和 Pinker 1997，了解进化心理学的逻辑。

❷ 原注：有些哲学家认为，其实感觉并不会促使生物体做任何事情。其基本理念称作"副现象论"（epiphenomenalism），即主观体验受生物体物理机能的影响，但却不会影响物理机能。如果副现象论的观点是正确的，那么严格来讲，我所描述的感觉原始功能——使生物体趋向/躲避对它们好/坏的事物——就不可能是对的。（事实上，按照副现象论的观点，感觉是一种神秘的存在，因为它们并没有明显的作用。）但即便如此，公平地讲，令人产生不悦感觉的行为，使生物体躲避对它们不利的事物，这说明从自然选择的"角度"来看，躲避是恰当的举动。从这层意义上讲，在副现象论的意识观点和其他意识观点下，感觉的含义在根本上是相通的。顺便说一句，如果副现象论的观点是正确的，那么严格来讲行为科学家关于感觉的大多数观点——宣称或暗示感觉有功能性——都是不准确的。因此，严格来讲，行为科学文献应该像我现在这样，随处放一些免责声明。但是，这类免责声明通常也不会从根本上削弱附带的分析。

告知，其实每天吃太多甜甜圈对我不好。所以我觉得个人被甜甜圈吸引的感觉可以称作"假的"：这些甜甜圈给我的感觉很好，但却是一种幻觉，因为它们其实对我并没有好处。这一点当然很难让人接受，使人脑中不禁回荡起老卢瑟·英格拉姆（Luther Ingram）的苦情歌："如果爱你是错，我不想正确。"

这也不禁让人有所疑惑：为什么自然选择会让这样的事情发生？我们的感觉难道不应该引导我们趋向对生物体有利的东西吗？确实应该。但事情是这样的：自然选择是在特定的环境下设计出我们的感觉的，在当时的环境中没有垃圾食品，能获取的食物中最甜的就是水果了。因此喜好甜食对我们是有好处的，它给我们的感觉引导我们追求对我们有利的东西，从这层意义上来讲，这些感觉是"真的"。但是在现代环境下，以实现"零卡路里"的科学烹饪为重要目标，这些感觉就变成了"假的"，至少是不那么可靠的，有时这些感觉会告诉我们某样东西对我们是好的，但其实不然。

很多这样的感觉被嵌入我们的血统，它们能够很好地服务我们的祖先，却不一定总能符合我们当下的利益。比如路怒症。惩罚对自己不公或不敬的人，是深植于人类内心的一种欲望。承认吧，虽然被激怒会令人不悦，但恰如其分的愤怒感觉能令人感到愉悦。佛陀说，愤怒有"毒根和蜜端"❶。

你大致也可以理解为什么自然选择要把恰如其分的愤怒设计得如此诱人：在狩猎—采集者的小村庄里，如果有人占了你的便

----

❶ 编注：出自《相应部》"端蜜而根毒之愤怒的杀害"一句。

宜——偷了你的食物，偷了你的伴侣，或者只是看不起你——你就需要给他一点教训。毕竟，如果他认为欺负你之后没有任何后果，就很可能会不停地这样做。更糟糕的是，你所处社交圈的其他人会认为可以压榨你，于是也开始欺负你。在这样一个一成不变的狭小社会环境中，对压迫者表现出极度的愤怒，直面压迫者，敢于反抗，对你来说是很有意义的。即使打输了，甚至被揍得特别狠，你也传递出了对你不敬必有后果这一信息，长远来看，这种信息会给你带来好处。

你或许已经开始思量，这种感觉，放在现代的高速路上会带来怎样的荒诞结果。你想要惩罚的那个无礼的司机，你可能再也不会见到，见证你实施报复的其他司机也一样。所以此处放纵发怒不会带来任何益处。至于代价？我想，以将近一百三十公里的时速驾车追逐他人，肯定比在狩猎—采集社会中拳脚相向更容易害死你。

所以你可以说路怒是"假的"。路怒给人好的感觉，但是这种好是幻觉，因为屈从于它而导致的行为往往是对生物体不利的。

还有很多路怒之外的愤怒也同样是"假的"——突然爆发的怒气，往好里说是徒劳的，往坏里说可能会造成恶果。因此，如果冥想真的能使你从这些感觉中解放出来，从某种意义上讲，就能驱散幻觉——你跟随感觉走而无意间认同的幻觉，认为愤怒以及由愤怒激起的复仇欲望在本质上是"好"的幻觉。从结果来看，从最基本的利己主义角度来看，这些感觉都算不上好的。

因此，在定义感觉的"真"或"假"时有这样一种方法：如果它们给我们的感觉很好，却引导我们做出不利于自身的事情，那么它们就是"假的"感觉。但是还可以从另外一个层面来判定感觉的"真"或"假"。毕竟，有些感觉并不仅仅是感觉。它们不仅仅判断做某些事对生物体到底有没有好处，也是一种真切、明确的信念，评判环境中的事物及其与生物体福祉间的关系。显然，我们可以相对直截了当地判断这类信念的"真"或"假"。

误报

假设你在一个响尾蛇出没的区域徒步旅行，你知道，就在一年前，某个独自徒步旅行的人在附近被响尾蛇咬了之后身亡。再假设，你脚旁的草丛里有异动，这种异动不仅会使你感到一阵恐惧，你甚至会感觉到响尾蛇就在身边一样的恐惧。其实，等你转身看向异动的方向时，恐惧感会达到顶峰，你甚至会清晰地想象出一条响尾蛇。如果发出异动的是一只蜥蜴，在那短暂的瞬间，这只蜥蜴也会看起来像一条蛇。这就是真实的幻觉：你真的相信本来没有的东西存在；事实上，你真的"看见"它了。

这种错觉被称作"误报"。从自然选择的角度来看，这属于一种特性，而非故障。尽管在99%的情况下，你以为看到了响尾蛇这个念头是错的，但是在1%的情况下，这个念头可能会救你的命。从自然选择的角度测算，在关乎生死的问题上，1%的正确率值得以99%的错误为代价，即使在那99%的情况下你会感到短暂的恐惧。

一方面是响尾蛇幻觉，另一方面是甜甜圈和路怒症幻觉，二者之间存在这两点不同：（1）在响尾蛇的例子中，幻觉是明确的，是真的对物质世界产生了错误的感知，在那短暂的瞬间产生了错误的信念；（2）在响尾蛇的例子中，你的情绪机器完全按照设计的方式运转。换言之，响尾蛇幻觉并非"环境错位"造成的，在这个例子中，自然选择设计的感觉，在狩猎—采集环境下为"真的"，而转换到现代生活环境中就变成了"假的"。其实，自然选择设计这种感觉，原本几乎总是幻觉，这种感觉给你的信念（对即时环境中存在事物的判断）在大多数情况下都是假的。这也提醒了我们，自然选择设计大脑的初衷并非要我们看清世界，自然选择设计的大脑会产生有利于基因延续的感知和信念。

这也引出了甜甜圈、路怒症幻觉与响尾蛇幻觉之间的第三点不同：从长远来看，响尾蛇幻觉对你很可能是有好处的，这种幻觉能帮助你躲开可能降临的伤害。根据你生活的不同环境，可能更容易出现类似于响尾蛇幻觉的别的情况，这类幻觉也是同样的道理。你走夜路回家时，听到身后的脚步声，或许会害怕那是行凶抢劫的人发出的。尽管你的感知很可能是错的，但是考虑到个人生命安全，跑到马路对面很可能会防止一次致使你遇害的犯罪行为。

我怕这样讲或许会把现实说得过于清晰。看似好像有两种不同的错误感觉——非自然的"环境错位"类和自然的"误报"类。我们应该忽略第一种，同时遵从第二种。其实，在现实世界中，两者的分界线很模糊。

比如，你是否会担忧自己的话冒犯了某人？而且你很可能很久也不会再见这个人？还有，因为你和这个人不是很熟，那么如果专门给她打电话或发邮件，确认她有没有受到冒犯或澄清你并无恶意，是否会显得很尴尬？

"担忧自己冒犯了某人"这种感觉本身是很自然的，与人保持良好关系，能大幅提升我们祖先生存和繁衍后代的概率。另外，在某些情况下，你可能过分夸大了自己冒犯他人的概率，甚至一度坚信自己确实犯了错，这也很自然。这或许也算是一种自然的"误报"——认为自己犯错的感觉，或许被"设计"得太过强烈，使你做出很多不必要的补救行动。

不自然的是，补救行动太难实施。在狩猎—采集时代，你担忧会冒犯的人可能就住在十几米之外，或许二十分钟左右就会再见到他。到时你可以权衡他的举止动作，或许就能确定自己并没有冒犯对方，或者可以得出结论，认为对方真的生气了，然后尝试扭转局面。

换言之，最初的感觉，即使是幻觉，也很可能是自然的，被设计成在这样的情况下出现。那些不自然的是现代社会的特点，因而令人难以确定这种感觉到底是不是幻觉。所以，这种感觉持续的时间过长，很可能已经不再有实际价值。而且不幸的是，这种感觉令人不悦。

"环境错位"还带来了另外一种令人不悦的产物，即痛苦的自我意识。我们经由自然选择设计，会在意——特别在意——别人怎么看待我们。在进化过程中，受人喜爱、钦佩和尊重的人能够更有效地实现基因传播。但是在狩猎—采集时代的村落里，邻居对你的行为特点非常熟悉，你不太可能突然做出某件事情，大幅改变他们对你的认识，不管那种认识是好还是坏。人际接触（social encounters）

通常不是高压活动。

在现代社会中，我们经常身处不自然的境地，会见不太了解或根本不了解我们的人，这样的场合就会带来一些压力。如果你的母亲说："你只有一次给人留下好的第一印象的机会！"你的压力可能就会更大。你可能会急切地去确认对方对你的态度，从而看到一些本不存在的东西。

20世纪80年代的一项社会心理学实验正好阐明了这个观点。一位化妆师在实验对象脸上画出逼真的"伤疤"，并告知实验对象，实验的目的是观察伤疤会如何影响人们对待他们的态度。实验对象被要求去和其他人对话，实验者会观察他们的反应。实验对象在镜子里见过自己脸上的伤疤，但是在接触他人之前被告知伤疤需要一点修饰，需要涂一点润肤膏，以免伤疤皲裂。其实，这时伤疤被擦掉了。然后实验对象开始了人际接触，心中怀着对自身样貌的错误印象。

在与他人接触之后，实验对象们接受问询：有没有注意到对话伙伴对伤疤有特别的反应？"噢，有"，他们中很多人都这么说。而且在播放对话对象的录像时，他们还能指出对方做出反应的具体地方。比如，实验对象觉得有时谈话对象会看向别处，目光显然是在躲避伤疤。[1]由此，一种感觉——一种不自在的自我意识——再次造成了感知错觉，误解了他人的行为。

现代生活充满了各种说不通的情绪反应，只有放到物种进化的环境中才能解释通。你可能会因为在公共汽车或飞机上发生的某件

----

[1] 原注: Gazzaniga 2011.

尴尬事情而不安数小时，尽管你知道可能再也不会遇见那些目击者，他们对你的评价也不会产生任何后果，但是心底还是难以释怀。为什么自然选择会这样设计，使生物体产生这种看似毫无意义的不适感？或许在我们祖先所处的环境中，这并非毫无意义，因为在狩猎—采集社会中，见识过你的某些表现的人，几乎都会再见，因此他们对你的评价也是重要的。

我母亲以前经常说："我们如果意识到他人很少会在心里评价我们，就不会花那么多时间担忧别人对我们的评价了。"她是对的。我们假想他人会以某种方式评价我们，这种假想往往都是幻觉。同样，我们自然而然地认为他人对我们的评价很重要，这也是幻觉。但是在人类进化的环境中，这些直觉大多不是幻觉，这也是它们如今仍然如此执着存在的原因之一。

公开演讲和其他令人恐惧的事情

如果要说有什么事情比站在一群素未谋面的人面前更不自然的话，那就是在他们面前演讲。想到这样的情景，我们就会对未来产生恐怖的幻觉。假设你明天要做一个展示，或许是幻灯片展示，或许是更开放的展示。现在再做一个假设：你和我一样。如果你和我一样，随着展示的时间临近，你可能会感到焦虑。而且，这种焦虑可能会使你坚信事情将进展得不顺利，你甚至会想象出一些特定的灾难场景，而这些想象往往都不会发生。回想起来，这些因焦虑而起的末世念头都属于"误报"。

当然，有可能这种焦虑正是事情最终进展顺利的原因之一，或许焦虑激励你做出了一次很好的演讲。如果是这样的话，"幻灯片灾难的误报"就和"响尾蛇误报"有所不同。毕竟，你对响尾蛇就在身边的瞬间恐惧与响尾蛇到底在不在身边无关。相反，你的幻灯片灾难焦虑真有可能导致一场幻灯片灾难。

这真的有可能。但是说实话，尽管这样来讲，焦虑有时会提高效率，但是更多的时候，人们心怀很多无谓的焦虑，这是有害无益的。有些人会想象自己对一群人讲话时发生喷射性呕吐并因此饱受困扰，尽管回想起来，他们在对一群人讲话的时候，从未发生过喷射性呕吐的情况。

我也经历过很不合常理的幻灯片灾难焦虑，我曾在一次重要演讲的头天晚上躺在床上睡不着，担心"如果睡不着，第二天就会搞砸"。其实，这是一种过度简单的描述。我不仅担心睡不着，间或还会产生自我厌恶感，厌恶自己会那么担心睡不着。等怒气消退之后，我又会回归正题，继续担心自己睡不着，结果就真的睡不着了。

我可以自豪地说，我在大多数公开演讲之前都不会这样，但偶尔还是会出现这种情况。有人或许会辩称，这是自然选择为了增加我的存活或繁衍概率而设计的，我坚决不同意这种观点。同样，还有很多与人类社交相关的焦虑：参加一场鸡尾酒晚宴前的恐惧，其实不太可能导致任何值得恐惧的事情；担心"孩子在第一次睡衣晚会上的表现"，而这是一件你根本无法控制的事情；或是在幻灯片展示完成之后还要担忧，就好像"担心人们是否喜欢自己的演讲"可以改变别人的想法一样。

我想，上述三个例子都与人类进化过程中的生存环境变化有或多或少的关系。我们祖先的生存环境中没有鸡尾酒晚宴、睡衣晚会，也没有幻灯片。狩猎—采集时代的祖先不需要面对一屋子的陌生人，不用送孩子去一个素未谋面的家庭过夜，也不用向一群根本不认识或大部分都不熟悉的人做演讲。

顺便提一句，这种进化而来的特性与环境之间的错位，并非现代现象。数千年来，人类的社会环境与人性定型时的社会环境相比，发生了很多变化。佛陀生在一个贵族家庭，也就意味着他生活的社会中有大量居民，人口数量远高于狩猎—采集时代的村落。尽管当时幻灯片还没有被发明出来，但是也有证据显示，人们会被要求在大庭广众之下演说，与幻灯片灾难焦虑类似的情绪也逐渐成形。在一次讲经时，佛陀把"当众出丑的恐惧"❶列为"五惧"之一。这种恐惧如今仍然位列前五，甚至，有些调查显示，当众演说是最令人畏惧的事情。

需要再说明一点：我并不是说，社交恐惧在任何层面上都不能算作自然选择的产物。在我们祖先的生存环境——我们进化的环境——中，也有很多的社会交流，这类交流对我们的基因有很大影响。如果你的社会地位低下，朋友很少，那么你传播基因的机会就会大大降低，所以，即使不是通过幻灯片赢得他人的赞许，给人留下深刻的印象也很重要。同样，如果你的后代不善交际，那么就预

----

❶ 原注: Thera 2007.

示着繁衍后代的前景不乐观，你的基因也就难以继续传播。因此，使我们对个人社会地位前景以及后代社会地位前景产生焦虑的基因似乎已经被纳入人类基因库了。

从这个层面来讲，我们的社交焦虑可以被看作"自然的"。但是其运转的环境已经与其最初被"设计"时的运转环境发生了很大的不同，这或许就能解释为什么它们经常徒劳无果，还带来毫无价值的幻觉。因此我们会产生一些在本义和实用层面都错误的信念，比如笃信灾难将近，这些信念既不是真的，对我们也没有好处。

很多困扰我们的感觉在某种意义上都是幻觉，如果你认同这种观点，那么冥想就可以被看作一种驱散幻觉的过程。

下面举一个例子。

2003年，第一次冥想静修之后几个月，我出差来到缅因州卡姆登，在一次流行科技年会上做演讲。演讲的前一天晚上，我凌晨两三点钟醒来，感到一丝焦虑。我醒着，思索"醒着思索坏影响"的坏影响，过了几分钟，我决定起身，坐在床上，开始冥想。我把注意力放在呼吸上，但同时特别注意了自身的焦虑：腹部绷紧的感觉。我试着像在冥想静修时学习的那样审视这种焦虑，不做任何判断。焦虑本身不一定是坏事，也没有理由逃避。焦虑不过是一种感觉，于是我坐在那里，感受着它，审视着它。我不能说那种感觉很好，但是我越接纳这种感觉，越是不加判断地观察它，它带来的不悦就越弱。

随后发生的事情就和我在冥想静修时那次对咖啡因摄入过量的突破一样。焦虑好似从我身上剥离了，它就像我的心灵之眼所看到的一样东西，看它就像我在博物馆看一件抽象雕塑一样。它看起来好像一条由紧绷感编成的粗结绳，占据着腹部感觉焦虑的位置，但是感觉已经不再紧绷。几分钟前，焦虑还令我痛苦不堪，现在我却感觉它既不好也不坏。焦虑转化成这种中性状态之后不久就彻底消散了。享受了几分钟从痛苦中解脱的愉悦，我便躺下睡着了。第二天，我的演讲很顺利。

从理论上讲，我们有可能从另外一个角度克服焦虑。就像我那天晚上所做的一样，不要将注意力放在感觉本身上，而是审视与之相关的思虑。这正是认知行为疗法的作用方式：理疗师问你一些问题，比如："根据你以往做展示的经历，搞砸这次展示的可能性大吗？""如果你搞砸了，会立刻断送掉职业生涯吗？"如果你能看出自己的思虑缺乏逻辑，伴随思虑而出现的感觉就会随之弱化。

所以，认知行为疗法和正念冥想非常相似。二者都是在某种程度上质疑感觉的真实性。只不过认知行为疗法中问的问题更直白一些。顺便说一句，如果你想结合二者，成为新的理疗方式的奠基人，闻名世界，那么我只能告诉你一个坏消息：以正念为基础的认知行为疗法（MBCT）已经存在了。

幻觉的类型：扼要重述

如果我讲得够清楚，你应该会感觉受到了欺骗，不是被我欺骗，而是被你的感觉欺骗。我甚至没有谈及你的感觉所带来的最深、最微妙的幻象，这一点我会在本书后文中详述。与此同时，我们来回顾一下感觉可能产生误导的几个类型：

1.即使在"自然"环境中，我们的感觉原本也并非为准确描述现实而存在的。感觉出现的目的就是帮助我们狩猎—采集时代的祖先将基因传递给下一代。如果实现这一目的需要我们的祖先陷入幻觉，比如使他们感到恐惧、"看见"并不存在的蛇，自然就会这样设计。这种"自然的"幻觉有助于解释我们对世界，尤其是对社交世界各种扭曲认知的理解：对自己、朋友、亲戚、敌人、点头之交甚至陌生人的扭曲认识。（差不多说全了吧？）

2.我们并没有生活在"自然的"环境中，这使得我们的感觉在引导现实时更不可靠。旨在制造幻觉的感觉，比如看到本不存在的蛇，或许至少有利于生物体的生存和繁衍。但在现代环境中，很多从达尔文主义层面对我们的祖先有利的感觉，如今却起到了反作用，它们可能会降低一个人的生存预期，暴怒、贪恋甜食都是很好的例子。曾经，这些感觉至少在实用角度上是"真的"，可以引导生物体趋向一定程度上对其有益的行为。但是现在，这些感觉更多的是误导。

3.所有这一切的根本都是幸福的幻觉。正如佛陀所强调的，我们不断努力追求更好的感觉，一定程度上是对"更好"所能持续时间的过高估计。而且，一旦"更好"结束，伴随而来的可能是"更糟"——一种不安的感觉，一种更深的渴求。早在心理学家描述"享乐跑步机"之前很久，佛陀就已看穿了。

他看不穿的是其本源。我们由自然选择塑造，自然选择的目标是实现基因增殖的最大化，别无他求。自然选择不仅不关心真相，也不关心我们的长期幸福。如果一种幻觉有利于我们祖先的基因传播，自然选择会毫不犹豫地迷惑我们，使我们分不清什么能够带来持久的幸福、什么不能。其实，自然选择甚至不关心我们的短期幸福。看看那些误报的代价就够了：被一条连续误报九十九次都不会出现的蛇吓到，可能会对人的心理健康造成极大的伤害。当然，好消息是，第一百次时，这种恐惧可能会帮助我们的祖先活下去，并最终令现在的我们可以有机会诞生在这个世界上。尽管如此，我们还是继承了这种误报的倾向，不仅仅表现在躲避蛇这方面，还表现为其他恐惧和日常焦虑。正如亚伦·贝克（Aaron Beck）——有时被称为认知行为疗法的创始人——所写的那样："血统存续的代价或许就是一生的不适。"[1]或者，可以用佛陀的说法，是一生的"苦"（dukkha）。而且佛陀可能还会补充说，如果你能够直面"苦"的心理原因，这种代价就是可以避免的。

当然，本章并非对人类感觉的控诉。我们的感觉终归有一部分，或许大部分都能合理地为我们服务，它们不会过分扭曲我们眼中的现实，可以助力我们的生存、兴旺。我喜欢苹果，我厌恶抓刀刃、攀爬摩天大楼，这些都是对人有利的感觉。尽管如此，我希望你能看到"审视感觉"的好处，查验哪些值得遵从、哪些不值得遵从，尝试摆脱那些不值得遵从的感觉的束缚。

与此同时，也要认识到其中的困难。感觉从本质上会刻意制造

----

[1] 原注：Beck and Emery 1985, p. 4.

困难，使我们难以辨别它们是有价值的还是有害的、是可靠的还是误导性的。所有的感觉都有一个共同点：它们最初被"设计"出来，就是为了说服你遵从它们。一看它们的设定就感觉它们应该是对的，是"真"的。它们会努力阻挠你去客观地审视。

或许这也可以解释我为什么用了这么长时间才了解正念冥想的窍门——采用完全沉浸的方式，做一周冥想静修，而在此之前，冥想从来没有"奏效"过。但这并非唯一的原因。感觉还会通过其他一些方面影响我们，使我们难以转劣势为优势，改变与它们的主仆关系。另外，头脑运转的方式会使我们从一开始就难以进入冥想状态。其实，直到经历了第一次静修，我才开始意识到，想要达到正念冥想真正起作用的那个点是多么难，也知道了为什么会这么难。

另外，有益的事情总是需要耗费心力才能实现。经过那一次静修，我还认识到正念冥想的益处是多么大。其实，正念冥想的益处远不止前面提到的那些，我甚至有些担心自己会不会把冥想的体验说得太平凡了。当然，逐步掌控一些特别困扰你的感觉是很好的，如果认清这些感觉在某种意义上是"假的"对你有所助益，那就再好不过了。但是驯服令人困扰的感觉可能只是个开始。正念还有其他的维度，除了认识到"屈从于路怒症并非好主意"，还有很多更深刻、更精妙的洞见。

第四章

极乐、狂喜，以及内观的更重要原因

　　严格来讲，"冥想静修"其实是一种误称。2003年夏天，我第一次参加为期一周的静修，当时有两次冥想老师与学生之间的交流。其中一次，我们一组八九个"修行者"聚在禅室附近的一间屋子里。四十五分钟的时间里，我们可以畅所欲言。

　　这样做很好，因为当时我正好被一个问题困扰：我无法冥想！当时我还没有经历个人的重大冥想突破——正念审视咖啡因摄入过量的状态，从而得到超脱。整整一天半的时间里，我连专注于自己的呼吸都没有做到。我不断尝试，但还是忍不住去想其他各种事情。

　　轮到我讲话的时候，我透露了自己的沮丧之情。随后与老师之间的对话如下：

　　　　"这么说你注意到自己经常走神？"
　　　　"是的。"

"那很好。"

"我走神很好？"

"不是。你注意到自己经常走神，这很好。"

"但是这种情况一直没有改善。"

"那就更好了。这说明你注意到了很多。"

这番对话的效果或许并不像我的老师预期的那般令人振奋。我感觉他是在宽慰我。就好像我的某个女儿在蹒跚学步的年龄，学某样东西而惨败时，我就会绞尽脑汁想出一些鼓励的话来。或许，就如她试着爬上三轮车却摔倒时，我会说："你又爬起来啦！真是个大姑娘啦！"却忽略了，其实大姑娘在上三轮车的时候根本不会摔倒。

但是，随后我就意识到，最初从冥想老师那里得到的这一点点反馈，其实并不是牵强的鼓励。我的老师是对的：时常注意到脑子开了小差，我就已经开辟了新天地。在平常的工作日里，脑子开小差的时候，我的思绪就会随之而动，完全没有意识到自己被牵着鼻子走。如今我只会短暂地受其摆布，很快就能摆脱其束缚，或者至少得到短暂的自由，这足够我认清自己在被牵着鼻子走，意识到这样下去只会被控制得更久。

用听起来更科学的说法来讲，我开始觉察到心理学家所谓的"默认模式网络"是如何运转的。[1]根据大脑扫描研究，大脑中的这种网络在你不做什么特别的事情——没有和人说话，没有关注自己

------

[1] 原注：See Brewer, Worhunsky, et al. 2011; Andrews-Hanna et al. 2010; Farb et al. 2007; Holzel et al. 2011; Lutz et al. 2008; and Davidson and Irwin 1999.

的工作或其他任何任务，没有运动或读书或看电影——的时候被激活。它是我们的大脑无所事事时思绪游荡的区域。

至于思绪游荡到什么地方，它显然会去很多地方，但是研究显示，它通常是去过去或未来；你可能会思考最近发生的事情或久远之前的深刻记忆；你或许会担忧或热切期盼即将发生的事情；你或许会筹划如何应对迫近的危机，或幻想与旁边工位富有魅力的同事发生一段浪漫故事。思绪游荡的时候，大脑想到的往往不是当下的直接经历。

从某种意义上讲，关闭默认模式网络并不难，只需要集中注意力便可。做一道填字游戏或者抛接三个网球。除非玩杂耍成为第二天性，否则，你应该不会再幻想旁边工位那位有魅力的同事了。

难的是，在不做任何事情的时候关闭默认模式网络。比如说，坐在禅室里闭上眼睛时。这也是为什么要努力专注于呼吸：大脑需要某种关注对象，使其摆脱习惯性的思绪游荡。

但是，即便有这样一个支点，你可能还是会遭遇与我在静修初期同样的境况：反复地、经常地、无助地从体验模式陷入默认模式。每次你意识到自己又失去控制时，就会心生沮丧或愤怒或自我厌恶（我个人最常有的情绪）。但是标准的指导意见是，不要在这上面浪费时间，只要注意到思绪在游荡就好，甚至可以注意一下大脑思量的是什么（担忧工作、期待午餐、惋惜某一杆高尔夫打得不好），然后让注意力回到呼吸上。毫无疑问，我的老师是在鼓励我这样做。

结果看来，这反倒是很好的指导。我打断了默认模式网络，并通过"突然调整情绪"，意识到我的思绪在游荡，然后把注意力重新放到呼吸上，从而减弱了该网络的控制。随着我能专注于呼吸的时间越来越长，这个网络变得越来越不活跃。至少，这个猜测是合理的。脑部扫描研究显示，冥想修行新手身上常常会发生这种思绪四处游荡的状况。研究还显示，有过数千小时冥想经验的资深冥想者，已经完全超越我的境界，冥想时，默认模式网络会得到明显的抑制。❶

默认模式网络弱化，思绪不再游荡——这种感觉很好。有一种从喋喋不休的大脑中解放的感觉，那是一种安宁，甚至深度的安宁。你或许不会每次冥想都能达到如此的境界，但是对有些人来说，这样的感觉出现得足够多，成了他们第二天再次坐到垫子上冥想的主要动力之一，它给了他们正面积极的动力，使他们继续这项活动。

而一旦你做到了这一步，一旦你能够利用呼吸，摆脱一点思绪游荡的状态，你就来到了十字路口。你有两条不同的路径可以走，它们分别对应着两种不同的冥想。

正定和正念

其中一条路径是持续专注于呼吸：你最好一开始就专注于呼吸，然后持续很长一段时间。尝试强化和深化这种专注，使自己越来越沉浸到呼吸中，然后这样坚持下去，你可能会发现自己感觉越来越

---

❶ 原注: Brewer, Worhunsky, et al. 2011.

好。这就是所谓的"正定冥想"（concentration meditation），专注的对象不一定是呼吸。根据冥想传统的不同，专注的对象可以是咒语、想象中的视觉形象、反复出现的声音，或者其他任何东西。

正定冥想有时会被称作"宁静冥想"（serenity meditation），这样说是有道理的，因为专注（入定）会带来宁静。其实，专注带来的不只是宁静。有时，如果能够持续足够长的时间，专注还可以带来极为强烈的极乐和狂喜的感觉。

是真的强烈的极乐和狂喜。在我进行第一次静修的第五个晚上，我在标准的专注呼吸技巧上做了一些新的尝试。我在吸气的时候专注于呼吸，呼气的时候专注于声音。专注于声音是很容易做到的，因为那是在马萨诸塞州乡下的一个炎热夏夜，禅室的窗户开着，窗外可能是蝉鸣，阵阵如歌咏。我冥想着，对呼吸和蝉鸣的专注越来越深，二者都变得极为强烈，好似完全吸引了我的注意力。经过二十五至三十分钟的冥想，我产生了一种难以描述的夸张和强烈的体验。在后文中，我将尽力描述它，但是眼下我只能说，那种感觉非常非常生动。

我自己没有吃过摇头丸，也没有吸食过海洛因，不知道吸食后是怎样的体验，不过我猜，那应该和那天晚上我的体验很像：产生强烈的视觉冲击，近乎出现幻觉，有强烈的极乐感觉。我记得有一种特别的感觉，好似我的下巴被注射了麻醉剂。整个人都充满了喜悦，眼前全是幻象，感觉自己好像穿越了某种界限，进入了另外一个境界。

不过，带给我这种巅峰体验的冥想——正定冥想——并非本书要探讨的冥想类型，也不是我那次静修应该修习的冥想。那次静修之后，我自豪地把这种巅峰体验告诉了静修的两位老师之一迈克尔·格雷迪（Michael Grady）。他的回答却很冷淡，令我不禁感到沮丧，他说："听起来不错。但是不要太过留恋。"因为那次静修本来是修习正念冥想的，也就是你可以选择的第二条基本冥想路径。

"正念"和"正定"是佛学的重要组成部分，属于虔诚追求佛道之人应追寻的"八正道"（Eightfold Path）之二道。具体讲来，二者分别是"八正道"的第七道和第八道。但这并不意味着它们是终点，因为"八正道"的排序有误导性。它并不要求你完全掌握了第一道"正见"之后才开始修习第二道"正思维"和第三道"正语"，等等。"八正道"之间互相依存的地方太多，所以不能这样线性修习。比如，第七道"正念"和第八道"正定"的精进，有助于深刻体验、理解佛教的核心思想，进而强化"正见"。

而且，与本章更切合的是，尽管在"八正道"中，"正念"在"正定"之前，但是培养"正念"之前也会要求先学着"正定"。正因为如此，正念冥想训练的初期才特别要求专注于呼吸或其他一些东西。习得了专注的能力才能从默认模式网络中得到解放，停止平日头脑中喋喋不休的杂音。

利用正定冥想稳定注意力，就可以将注意力转移到心中所念的事物上——通常是内心发生的事情，比如情绪或体感，不过也可以关注外界事物，比如声音。与此同时，呼吸尽管依然是"锚"，但已经逐渐退为背景音，在检视其他事物时，你只能隐约觉察到它，只时不时地将注意力重新转回到呼吸这个"锚"上。关键的是，不管你体验什么，都要心怀"正念"，既要靠近，又要保持距离，就像我之前克服咖啡因摄入过量的感觉时一样。

我意识到，用心体察自身的焦虑或不安等感觉，听起来可能不像在马萨诸塞州的那个夏夜里正定冥想带给我的忘形体验那么吸引人。但是修习正念冥想也有诸多令人宽慰之处。

现实生活中的"正念"

首先，正念冥想是很好的训练。在冥想垫上用心体察自己的感觉，有助于你更用心地体察每日的生活，也就意味着负面感觉对你的控制会变弱。你不会像之前那样，对绿灯亮了好几秒后才踩油门的司机们大发脾气，因为他们毫不顾忌你有个重要会见即将迟到；不会像之前那样浪费那么多时间朝孩子、配偶或自己或别的什么人大喊大叫；不会像之前那样浪费太多时间愤恨别人对自己的侮辱；不像之前那样浪费太多时间幻想着对侮辱者复仇（并不是说这样的幻想没有乐趣）；诸如此类。

正念冥想的另外一个好处是能使我们更好地体会美，这个好处在静修的时候尤为突出。静修过程中，你做了很多冥想，与"现实世界"隔离，担忧的事情、急切的渴求或追悔莫及的事情都少了。当默认模式网络缺少新燃料时，保持体验模式就容易多了。

深深沉浸在每日的感觉中，可以极大限度地改变你的知觉。鸟鸣听起来会无比动听。砖石、柏油、木头等所有东西的纹理都会变得迷人。在静修期间进行林间漫步时，我曾不自觉地爱抚（是的，真的是爱抚）一棵树斑驳的树干。相信我，我可不是那种狂热的环保人士。

通常说来，我不是那种会停下来闻闻花香的人。一般工作日的午餐，我都是这样吃的：打开一罐沙丁鱼罐头，拿起一把叉子，站在厨房水槽旁边，直接从罐头盒里叉沙丁鱼吃，然后扔掉罐头盒。就这样，午餐结束。

但是，在我第一次静修之后不久，我发现自己吃饭的方式发生了彻底的改变。更令人惊奇的是，用传统标准来看，我吃的都是些粗茶淡饭：严格意义上的素食，没有现成的小吃，而且最令人困扰的是，不能每天都吃巧克力。

我第一次在用餐时间走进餐厅时，很疑惑为什么会有那么多人闭着眼睛吃饭。没过多久，我就了解了个中奥义：闭上双眼，味觉就会发挥近乎100%的潜力。这样尝试的结果非常好。吃一口沙拉，慢慢咀嚼，不仅仅品味滋味，还要体味质感，这会带来将近十五秒钟的极乐感觉。所以，想象一下吃黄油玉米面包会是怎样的体验吧！

静修时，普通的视觉体验就能带来夸张的效果。我记得当我打开一扇老化的纱门时，忽然之间感觉自己好像在看一场电影——某种普通物件的一个超级特写镜头，预示着某个重大的事件即将发生。当然，当时并没有重大的事件发生，除非把不久之后再次降临的一段夸张的视觉体验也算进来。在第一次静修期间，有一次我在卧室里，在索引卡上记录着观察的结果，抬头看到了拉上的百叶窗，记下了这样一段话："写下这张卡片的时候，太阳透过树木和幕帘，显出斑驳陆离的形状，美得令人眩晕。这种感觉好似注射了麻药。"

说到药物，如果要赞美冥想静修，我有责任讲一讲它的副作用。宁静的隐居生活，使你从每日的忧虑中获得解放，但是也可能使你陷入其他的忧虑——一些日常可能会反复遭遇但不会停留太久的个人或家庭问题。此外，比平时更接近大脑的真实运转状态，使你能够以一种全新且心绪不宁的真诚态度去面对这些问题。但是想来这些也不算什么。佛教的真谛不就是要直面痛苦，不要逃避，然后才能离苦得乐吗？

以我的经验来看，这样的做法往往是有效的。我经常在静修时"解决"困扰我的问题，从全新、健康的角度看待这些问题。尽管如此，解决的过程还是要花费一些时间的，而且可能还要伴随程度不小的努力。我有时会告诉人们，经历一次长时间的冥想静修就好似做一次大脑的极限运动：它能使你的精神得到升华，也会给你带来痛苦。不过，我可以很高兴地告诉你，以我的体验来评估，这二者的比例是4:1。

不静修的时候，我早上的冥想时间只有三十分钟（可能晚些时候会打坐一小会儿），所以收效就没有那么显著了，还好邻居从没因为我爱抚他们的树木而报警。不过，只要我保持每日冥想的习惯，遛狗的时候就更有可能停下脚步，观察树皮。我也更有可能用心品味沙丁鱼，或者吃鱼的时候，细细端详厨房窗户外面的树木。

此刻，我会克制自己不要说出"活在当下"或"及时行乐"或"勿负良辰"之类的话。不管是福音牧师还是职业高尔夫球手，大家都在赞颂现时观念，"活在当下"这个主题也不需要我再多宣扬。

另外，过分强调"活在当下"的理念，会让人忽视正念冥想的潜力，从而在一定程度上误导你对佛教教义核心的理解。正如我在第一章中提出的，《念住经》（*Satipatthana Sutta*）——古代佛经《四念处经》——并没有劝诫世人活在当下。其实，在整个文本中都没有可以翻译作"现在"和"当下"的词。❶这并不是说两千年前的佛教冥想者没有"活在当下"的体验。如果你像古代正念文本中介绍的那样专注于呼吸或体感，你所感受到的就是当下。不过，如果你想要全面接纳佛学，选择红色药丸，那么就需要理解，"活在当下"尽管是正念冥想的内在组成部分，但并非这种修行的关键所在。它是达成目标的手段，并非最终的目标。

开悟

说到这里，自然而然就涉及了"开悟"这个话题。佛教中所谓的达到开悟，就是要摆脱使人受苦的两种并生幻觉：关乎你头脑中事情的"内在"幻觉和关乎其他事物的"外在"幻觉。❷为避免这种完美的理解状态听起来不够吸引人，我应该补充另外一种用于描述"开悟"的词语——"解放"，从痛苦中得到解放，或者至少从有多

---

❶ 原注：有一个术语可以翻译为"在这个世界上"或"在此生"，偶尔会被翻译成"此时此地"，但从语境来看，它是指某一层次冥想成就显现效果的时候，即，在此生，而不是死后，并非教人实现正念的指导说明。

❷ 原注：佛教文献中有很多关于何为开悟（或者"觉醒"，经常被翻译成"开悟"这个词的直译对应词，参见本书末尾的术语注解）的描述。但是最常被看作开悟要素的就是驱散这两种幻觉。我们将在第十三章中了解到，还有一种经常被看作开悟的要素（克服贪爱或渴望）可以说与驱散这两种幻觉紧密交织在一起，基本可将其等同起来。

层含义的"苦"（dukkha）中得到解放。能够描述这种状态的另一个词是"涅槃"（nirvana）。你一定听说过"涅槃"吧？

关于"开悟"境界的可及性，还存在一些争议。有些人认为开悟是所有人都能实现的实际目标。有些人认为，想要开悟，就要去亚洲找一片森林，要数年至少也要数月的24/7修行才能实现。有些人则认为，开悟是根本不可能实现的。确实，从这种角度来看，纯粹的开悟就像数学中的渐近线：可以不断接近，但永远也无法触及。

到底有多少人达到过开悟的境界，或者到底有没有人达到过这种境界，我没有资格回答。但是，确实有人似乎突破了某种门槛，彻底驱散了"内在"和"外在"的幻觉。他们达到了，并或多或少维持了与平时意识完全不同的意识状态，而且据他们所说，感觉极好。

这就很自然地引出一个问题：他们是如何做到的？他们到底是怎样达到开悟境界的？或者至少是如何接近开悟，感到实质性的转变，感觉进入一个全新世界的？

我们有一种天然的倾向，认为这种转变是一种突然发生的剧变。毕竟，得道不就是这样的吗？摩西在火焰中的荆棘里，穆罕默德在山洞里，保罗在去往大马士革的路上？即便是佛陀，据称也在某次特别的冥想中看到过一缕光。如果你对那一刻生动的戏剧性有所怀疑，只消看看电影《小活佛》里开悟的场景。有趣的是，这部电影的主演也是基努·里维斯。这些都是极富视觉冲击力的场面！如果你以这种方式看待冥想，将其目的看作救赎和开悟的一种夸张、强大的体验，你或许会因此认为，在我提及的两种冥想路径中，正定冥想才是更可靠的路径。当然，我在第一次静修时无意间尝试的正定冥想经历确实也能得到同样的结果。我的确产生了一种感觉，感觉突然之间对事物有了更真实的体验，获得了重大的突破。尽管这次经历还不至于使我走向开悟，但我相信有些人确实能够通过正定冥想，以突然之势进入或接近那种罕见的境界。

但是，在第一次静修之后，虽然有过正定冥想戏剧性且深刻的体验，而正念冥想相比之下显得也不那么起眼，但我还是开始相信，正念冥想真的可以引领我们走向同样的境界。"正念"的日常修行——以无尽的专注观察"内在"和"外在"世界——不仅能缓和困扰的感觉，提升感知美的能力，还能慢慢地、一步一步地改变你对"外在"和"内在"真谛的认识，虽然过程崎岖，但最终也能系统化。以适度的追求——作为减缓压力或焦虑、缓解愤怒或控制自我厌恶情绪的方式——为开始，可以实现对事物本质的深刻理解，以及对自由和幸福相当深刻的体会。一种原本是理疗性的尝试，最终转变成了深刻的哲学和精神追求。这也正是正念冥想的第三个优点：为你提供一条从"母体"中解放的道路。

我真希望上面那段话都是根据我个人体验的总结，希望自己能够用透彻的眼光看万物，经历持久且重大的视角转换，生活在极乐世界的边缘。可惜，不是。但是我和很多资深冥想者交流过，他们在冥想的道路上比我走得远很多，也很认同上面那段话。我们会听听他们给的一些证言，我希望你也能从中得到与我一般的信心。

另外，我也亲身体验过相当巨大的视角转变，尽管有时这种转变很短暂。我已经提及了其中几次经历，值得一提的就是，我与个人焦虑和早先咖啡因摄入过量之间关系的突然转变。我在和那些资深冥想者交流的过程中还注意到一点，他们在冥想的道路上几乎都有过和我的这些经历类似的体验。说实话，这些经历中有很多成为基石，为他们的顿悟铺平了道路。尽管我还未见过"开悟大厦"的全景，但是显然已经见识了组成"大厦"的一些"砖石"。

内观修行

严格来讲，不仅仅是正念冥想使我见识了"大厦"的这些"砖石"。我所修习的正念冥想属于某一特别的冥想流派，称作"内观派"（Vipassana）。"Vipassana"是一个古代词，指清晰的视觉，又常译作"洞见"。2003年，我做冥想静修的地方名叫内观禅修社，其实从字面和本质上看，可以叫作洞见冥想社。

内观禅修特别强调"正念"，所以有些人经常将二者互换使用。但弄清二者的差异很重要。正念冥想是一种技巧，可以用作很多目的，最初可以用于简单的减压。但是如果在传统内观的框架内修习正念冥想，最终目标就要宏大得多：获得洞见。并不是理解一些新事物在日常意义上的洞见，而是要看清事实的本质。千年前的佛教经文解释了其中的含义。经文将"内观"解释为"三法印"（the three marks of existence）。

"三法印"中有两个概念比较好理解。第一法印是"无常"（impermanence）。谁又能否认万事不永存呢？第二法印是"苦"（dukkha），不满足。我们中又有谁没有受过苦，没有感到过不满足呢？这种基本的理解不难，而通过内观冥想，人们对上述两法印的理解不仅仅停留在表面，还能从中体会新的精妙之处，清晰地看待二者并深刻认识到它们无处不在。但是第三法印"无我"（not-self）则不同。单要理解"无我"这个概念就很有挑战性。❶然而，根据佛教教义，如果你的目标是内观，想要做到明眼悟真，为开悟铺平道路，那么掌握"无我"的概念至关重要。

我对"无我"概念的理解从第一次冥想静修时就取得了一些进展。其实回想起来，对"无我"的理解应该开端于我告诉老师我总是开小差，无法专注于呼吸。"注意到我的头脑开小差"看似不算什么深刻的洞见，即便我的老师善意地坚持加以赞扬，那也确实算不上什么。但也不是说那段经历完全不重要。在那次静修期间，与老师的那段对话中，我的意思是，我——我的"自我"，我一直以为自己能够控制的东西——不能很好地掌控精神世界的基本面：我所想。

在下一章中我们将讲述，佛陀强调掌握"无我"概念重要性的时候，心里想的至少有一部分是这种控制力的缺失。在本书后续章节中，我们会发现一个听起来很矛盾的观点，理解了"你并不存在"这一点，正是使你——或至少是"你"——掌握主动权的第一步。

----

❶ 原注：我们在古代对佛经的一段评论中有如下发现："无常是显而易见的，就比如一个浅碟子掉落摔碎了；……痛苦是显而易见的，就比如身体上生了疖子；……无我的特征并非显而易见。"参见 Buddhaghosa 2010, p. 667。

第五章
所谓的无我

20世纪泰国僧人阿姜查（Ajahn Chah）花了大力气在西方世界推广内观冥想，他以前经常警示世人，要掌握佛教的anatta，即"无我"的概念，是很困难的。"自我"——你的"自我"、我的"自我"——的基本理念在某种意义上是不存在的。"要理解无我，你就要冥想。"他建议说。如果你想单纯通过"理性"来理解其内涵，"你的脑袋会爆炸的"❶。

我很高兴地告诉大家，头会爆炸这种说法是错误的。你不一定非要用冥想的方式去看透"无我"，也不用担心脑袋会爆炸。我并不是说你会成功地理解无我。虽然不能保证什么，但我会尽力帮助你去理解。而就算读过本章之后你仍然感觉对这个概念没有非常清楚的认识，也不用担心，因为有类似情形的人不止你一个。

----

❶ 原注：Kornfield and Breiter, eds. 1985, p. 173.

无论如何，阿姜查不仅仅强调了通过理性的思考来掌握"无我"的理念是困难重重的。他还强调，在佛教中要掌握"无我"的核心理念，冥想过程中的个人体验很重要。抽象地看待"无我"的教义与真正直接地感觉——或者说，在某种程度上感受——"无我"是不一样的。如果你希望在理解"无我"的基础上做到学以致用，以成为一个更幸福甚至更好的人，与他人建立全新的联结、对他人更慷慨，那么直接的体验尤为重要。根据佛教教义，真正深刻地认识到你是无自我的（认识到没有自我）可以使你更好地理解"无我"的理念。

佛教僧人化普乐·罗睺罗（Walpola Rahula）在1959年出版了一本很有影响的书，名为《佛陀的启示》（*What the Buddha Taught*），他在书中言辞激烈地探讨了这个问题："根据佛陀的教诲，'自我'的概念是一种虚幻的、错误的信念，在现实中并无真实对应，由此可产生'我'和'我的'、私欲、渴望、贪恋、仇恨、恶意、狂妄、自负、自我主义等有害的思想，以及其他污秽、不洁和问题。它是世间一切问题的源头，不管是个人冲突还是国家间的战争。简而言之，世间一切的恶都可以追溯到这种错误的认识。"❶

你也许开始期待更多的人可以意识到自我并不存在！但是，说到这里，我们就会遇到一个问题：彻底的无我体验只有经过无数冥想训练的资深冥想者才经历过，这类冥想者的冥想经历肯定比我的要丰富得多。如果拯救世界要求人类进行如此大量的体验，恐怕我

----

❶ 原注：Rahula (1959) 1974, p. 51.

们还要等待很久。

但是我们必须从某处开始行动起来！幸好，无我体验并非严格二元对立的。你不要想象出一个门槛，要么设法越过，实现转变；要么永远翻不过去，得不到任何启迪。这或许听起来有些奇怪，但是你可以通过每日少量的冥想训练，体验到一点无我的感觉。而后随着时间的推移，你体验到的会稍微多一点。最终谁知道呢，或许某一天你就达到了无我的境界，彻底转变。即使没实现，你依然可以取得重要且持久的进步，这个过程对你也对全人类有益。

另外，其实我要说，阿姜查所谓的"理性"——尝试从抽象的角度理解"无我"的概念——真的可以帮一个人更好地进行冥想。我觉得，认真思考佛陀关于"无我"的论辩特别有价值。

思考之前，或许我应该在阿姜查的警示之外再提个醒，因为佛陀的论证有一些古怪的地方，这在某种程度上加剧了掌握这种概念的内在挑战性。他对人类的分析方式，是心理学家和你我等人不会用的。不过，本章之后，我们将回归更熟悉的现代科学，而且尝试循着佛陀的方式去看待整件事情具有真正的实用价值。

开创性的"无我"开示

从逻辑上讲，这个问题最好从《无我相经》(*Discourse on the Not-self*) 这个原始文本开始探究。据称《无我相经》是佛陀在

"无我"主题上最早的开示言论。聆听开示的有五位僧人，开示的过程大概如下：佛陀向僧人阐释他的教化背后的逻辑，僧人们立刻就被说服了，随即开悟。这次聆听开示之后，他们都从普通的僧人进阶为阿罗汉（arhats），成为真正开悟的人。据称，这五位僧人是佛陀之外最早获得"阿罗汉"称号的人。

这一历史性的里程碑是通过对"无我"的理解达到的，由此说明了"无我"在佛教思想中的重要性。正是这一次关于"无我"的开示，确立了"无我"在佛经中的特殊地位。与诸多古代哲学流派和宗教的各种教义一样，"无我"的理念也有诸多解释，人们在争论其真正意义的时候，可以援引各种不同的佛经做支撑。但是，这篇经文是一切的基础。

在这次开示中，佛陀采用的策略是通过问询到底在人类身上的何处能找到可证为"自我"的东西，以此动摇僧人的传统自我认识。他的研究是系统性的，他梳理了所谓的"五蕴"（five "aggregates"），根据佛教哲学，"五蕴"构成了人类和人类的体验。准确地描述"五蕴"，需要单独一个章节才行，但是为了方便解释现在的问题，可以大致将"五蕴"这样分类：（1）"色身"（开示中称作"色蕴"），包括眼、耳等感觉器官；（2）基本的"感觉"；（3）"辨识"（可辨识的景象或声音）；（4）"心所"（很大的一个类别，包括复杂的情绪、思想、倾向、习惯和决定）；（5）"意识"，或认识，特指对其他四蕴内容的认识。佛陀从头梳理了这个清单，问这"五蕴"中有没有可以称得上"自我"的，换言之，这"五蕴"中哪一个显露出了你认为"自我"应该具备的特质。

这转而又引出另外一个问题：你认为"自我"应该具备哪些特质？从更根本的角度来讲，对佛陀来说，"自我"这个词是什么意思？可惜，佛陀并没有花太长时间来定义这些术语。尽管如此，但如果你仔细审视他关于"自我"的观点，就能理解一些他所谓的"自我"的含义，也就是在他的期望中具备哪些特质才能得上"自我"这个名头。

一开始，他将"自我"的概念与"控制"的概念联系起来。听听他是怎么讲"色蕴"即"色身"的："假若色身是我，这个色身不会让它自己有不适。对于'色身'，可以说：'让这色身这样。让这色身不这样。'"然而，他指出，我们的"色身"确实会带来苦难，而我们也不能发号施令说"让这色身这样"就能神奇地如愿。所以，色（人类色身的组成）并不在我们的控制之下。佛陀说，因此一定是"色身是非我"❶。我们并非自己的"色身"。

然后他逐一梳理了其他四蕴。"假若感觉是我，感觉就不会让它自己有不适"，而且我们能够通过说"让这感觉这样，让这感觉不这样"，就可以改变感觉。但我们一般无法做到完全控制自己的感觉，所以，即便我们不喜欢某些令人厌烦的感觉，它们还是会久久不散。❷所以，佛陀总结说，"感觉""是非我"。同样，"辨

---

❶ 原注：在本章中以及第七章中，我使用的都是 Mendis 2010 中的翻译。
❷ 原注：佛陀说我们无力控制"感觉"，这里的"感觉"并不是指情绪。在佛教心理学中，"感觉"是指情感基调——积极的、消极的或中性的。当然，这种情感基调可能伴随着情绪（也可能伴随着感知和其他心理现象），从而使其具有令人愉悦或令人不悦的特质。尽管如此，从技术上讲，焦虑本身还是归类为"五蕴"中的"心所"，而不是"感觉"。因此，焦虑难以驱散，也证明了佛陀所说的"心所"无法受我们控制这个观点。

识""心所"和"意识"也都是非我。这"五蕴"真的都尽在掌控中吗？——彻底在掌控中，永远也不会带来苦难吗？如果它们不受控制，我们又怎么能将其看作"自我"的一部分呢？

关于这一点，一些读者可能会感到困惑，头脑中可能会冒出类似这样的问题："等等，佛陀的意思是说，'自我'就是某种可以受控制的东西吗？我个人认为，'自我'更应该是一种控制的角色，类似生命的首席执行官。"当然，又或许你不会是其中一员，不会冒出这个疑问，也有可能不理解为什么有人会这么问。这里就涉及一个问题，那就是关于"自我"这个词的含义，不同的人会有不同的本能认识。如果此时你心里真的冒出了如上所述问题，那么下面这段话或许可以作为答案：

把"自我"比作控制一切的首席执行官的想法，在其他的佛经中确实有更清晰的论述，这些佛经认为这种"自我"是不存在的。不过，从佛陀的这次开示中，我们也能体会到佛陀隐隐否定了这样一个"自我"的存在。❶实际上，我们将在下一章探讨这样的首席执行官是不存在的。而现在，我建议不要纠结于佛陀论辩中的细微处，重要的是感受他话语的精髓。佛陀所表达的核心观点、在探寻"自我"的痕迹时从各个角度逐一检视一个人的方式，在我们思考一个冥想者

----

❶ 原注：在这段开示的最后，佛陀逐一梳理过"五蕴"之后，提出你的整个系统到底受不受控制这个疑问——有人可能就会说，如果你的系统不受控制，那么怎么会有一个作为首席执行官的"自我"呢？也可能会有人说，我在此做对比的两种对"自我"的认识——像首席执行官一样占据控制地位的"自我"和某个被控制的"自我"——其实差得并不远，因为任何占据控制地位的事物应该也受到控制。不论怎样，正如第六章开头那段逸闻中所述，在其他经文中，佛陀确实用过"国王"的比喻，将大脑比作类似于首席执行官的"自我"。

（即使是新手冥想者）如何利用"无我"的概念时会派上用场。

"控制"并非唯一与"自我"相联系的特质，也不是佛陀在这次开示中检视的唯一特质。当我想到"自我"的时候，我会想到某种"恒常"（persists through time）的东西。十岁之后我发生了很多变化，但是某些内在的本质——我的身份，我的"自我"——在某种意义上是被保留下来的吧？这不正是沧海桑田中的不变之处吗？

佛陀自然会对这种说法提出质疑，因为他认为一切都在变化，任何事物都非永恒。在《无我相经》中，他分别针对"五蕴"提出了这样的质疑。"比丘们，你们觉得如何——色身恒常还是无常？"众僧立即回答："无常，世尊。"他继续问："辨识是恒常还是无常？"如是问过"心所""色身"和"意识"，众僧人都赞同，"五蕴"都不是恒常的。

因此，"控制"和"恒常"这两种通常与"自我"相联系的特质，在构成人类的"五蕴"中都有缺失，找不到足够的存在依据。上述内容就是佛陀第一次也是最著名的一次关于"无我"论述的核心，也经常作为佛家关于"自我不存在"的核心论据来使用。

"无我"真的意味着没有自我吗？

但是，前面那段关于"自我不存在"的里程碑式论辩有一个奇怪之处：它偶尔有暗示"自我"存在的倾向。

在开示的最后，总结训诫的时候，佛陀指导众僧逐一检视"五蕴"说："这不是我的，这不是我，这不是所谓的'自我'。"他说，坚定不移地遵从训诫的僧人将"达到无欲。藉著无欲，他彻底解脱"。

好吧，就算是这样的。但如果没有"自我"，那么否认所有并非"自我"的东西，得到解放的"他"的本质又是什么呢？是由谁来否认的？如果你不存在，那么又怎么能说"五蕴"中的每一种"这不是我的，这不是我"？如果说某样东西不归你所有，说你不是某样东西，那么最开始就一定要先有个"你"，对吧？佛陀怎么能一方面坚称"自我"不存在，另一方面又不断使用"我""你""他"和"她"这些称谓呢？

佛教徒对这个问题有很多常见的回应，其中一个是这样讲的：最深层次的"自我"是不存在的，但是人类语言还不足以描述最深层次的那个特别的存在。因此，从实用角度考虑，也就是出于语言习惯方面的考虑，我们不得不称之为"我""你""他"和"她"。换言之，在终极意义上，"自我"是不存在的，但是在传统意义上是存在的。

这样解释是不是就清楚了？还不清楚，是吧？那么看看下面这段话，它是某位佛学教师针对这一基本问题做出的相对不那么正式的阐释："你是真的。但你并非真正是真的。"

还有些困惑？那么你或许应该尝试另外一种方式来解决这个矛盾：考虑一下，有没有可能在这次著名的开示中，佛陀*并没有真的想要否认自我的存在*。你会好奇为什么上面一个句子的后半部分用了斜体，那是为了凸显这个想法的激进程度，至少对主流佛学思想家而言是很激进的想法。尽管只有少数特立独行的学者❶严肃对待这种想法，但它还是值得探究的。

探究异端邪说

这些特立独行的学者指出，在关于"无我"最早也最基本的一次布道中，佛陀并没有说"自我"不存在。他确实说过"五蕴"都不是"自我"，但是并没有说检视了"五蕴"就意味着穷尽了对"自我"的追寻。或许一个人所有的不止"五蕴"。

或许如此吧，但是，如果提出这种可能性，你就会受到很多保守的佛教学者的回击，他们坚持认为，根据佛教哲学，"五蕴"就是一个人的全部，即便佛陀在那一次开示中没这么说。而且，"五蕴"已穷尽了一切，这一点已经成为佛教哲学的原则。真的。同样，"自我不存在"这一理念也被纳入了佛教哲学。但我们探讨的不是这些理念是否属于佛教哲学，而是这些理念是否原本就是佛教哲学的一部分，佛陀本身是否秉持着这样的理念。问题在于，二者在佛陀针对这个主题的第一次重大论述中都没有明确的阐释。

不管怎样，这都是佛陀在布道时脑中所想的一种可能性，就好像有一个"你"摒弃了"五蕴"，随之得到了解放：或许，佛陀从一开始就认为一个人不只由"五蕴"组成。还有第二种相关的情况，或许

----

❶ 原注：比如可参阅下文将提到的 Harvey 1995 和 Thanissaro 2013。想要了解对坦尼沙罗（Thanissaro）的回复，参见 Bodhi 2015.

可以解释"你"在摒弃"五蕴",得到解脱之后到了哪里：或许"五蕴"之间并不平等。或许，其中一蕴——"意识"——是特别的。或许，"你"摒弃"五蕴"之后，其实是这特别的一蕴得到解放，同时挣脱了其他四蕴的纠缠。或许，这就是你放弃"自我"理念后的样子：一种得到净化的"意识"。这种说法存在一个很明显的问题，保守学者很快就可以指出来：佛陀在《无我相经》中确实说过，"你"像摒弃其他四蕴一样摒弃"意识"——换言之，得到解脱之后的"你"，与"意识"的联系并不比与其他四蕴的联系更多。这个观点很有道理。另一方面，在为数不多的一些佛经中，佛陀的口吻似乎有些许的不同。有一部佛经描述"你"认真遵循"无我"教诲、摒弃与"五蕴"的联系之后发生的事情，佛陀在该佛经中说，"意识"本身得到了"解放"。此外，他在描述这种得到"解放"的意识状态时，几乎无缝衔接般地转而描述这个得到解放的人的状态。他称"意识"："得解放，而稳定；稳定，而得满足；满足，则不焦躁。不焦躁，则身临涅槃。"❶

　　说到"意识"得到解放时，佛陀将"意识"和其他四蕴置于一种有趣的关系框架下。他说，一般形式（所有未开悟的普通人都熟悉的形式）的"意识"与其他四蕴"纠缠"在一起，也就是，"意识"与"感觉""心所""辨识"以及"色身"纠缠在一起。这不仅仅意味着"意识"会触及"辨识""感觉"等等，毕竟，即便是开悟之人的"意识"，也会触及这些方面；如果不能触及"辨识"等其

---

❶ 原注：Samyutta Nikaya 22:53, Bodhi 2000, pp. 890 – 91.

他四蕴，也就没有什么值得开悟之人去"意识"的了。"纠缠"是指"意识"与其他四蕴之间有很紧密的联系。佛陀说，纠缠是由人们对"五蕴"的"欲"而起，人们对"五蕴"有一种执念和占有欲。换言之，因为"纠缠"得太久，人已经无法认识到"五蕴"其实"无我"。人们依附于情绪、思想和其他"五蕴"元素，好似这些都是私人所有。但其实并不是。❶

关于"纠缠"的开示，佛陀提出了一个有趣而简单的模型："解放"的同时，你的"意识"与你通常认为属于"意识""内容"的东西（感觉、思想等）之间的关系发生了改变。一旦你意识到这些东西是"无我"的，你的"意识"与它们之间的关系就变得更像沉思，而不是纠缠，这样你的"意识"就能得到解放。而此时的"你"——在佛陀第一次关于"无我"的开示中被描述为"得到解脱的你"——就是这个得到解放的"意识"。

我希望这种设想可以利落干脆地解答之前提出的问题：如果"五蕴"即人的全部，那么在第一次关于"无我"的开示中，应该到哪里去寻找得到解脱的"他"？可惜，你越深入探究关于"纠缠"的开示——直面模棱两可和不连贯的地方，思虑翻译问题，权衡古人对此的评

----

❶ 原注：为了方便解释，我省略了"欲"和"纠缠"之间关系的一个重要方面。我们通常认为意识渴求其他四蕴——因为毕竟，这种欲的产物之一便是意识和其他四蕴之间的纠缠。但是根据佛教心理学，对所有五蕴的欲都源自"心所"（与比丘菩提的私人交流）。其中就包括了对意识的欲，以及对心所本身特定内容的欲。但是总体观点还是站得住脚的：对所有五蕴内容的欲，维持了意识和其他四蕴之间的纠缠。

述——就越难自信地总结出这样简单的结论。❶此外也不可否认，佛陀在第一次关于"无我"的开示及其他经文中，反复称"意识"是"无我"的，"你"需要放弃才能得到解脱。这样看来，即使将"意识"与其他四蕴的纠缠撇清，"你"也不一定就能幸福地生活在"意识"中。

　　但我们还是先不要放弃这样的前景。有些佛教哲学家提出，或许存在两种"意识"——或者两种模式的"意识"，或者两种层次的"意识"，或者不管我们怎么去定义的两种"意识"吧。其中一种

----

❶ 原注：从关于"纠缠"的开示中得到这样"简单的结论"面临着诸多问题，其中一个就是如何解释"解放"这个词。古代对佛经有这样的一段评论，在这段开示中，"意识"得到"解放"是指这个得到解放的人死后不再轮回（参见 Bodhi 2000, p. 1060, note 72）。读过第十四章，这种解释会更好理解一些，但现在我们可以说，这种解释使得我们在尝试将"意识解放"等同于这个人的解放时，变得更为复杂。（你或许会说，这种解释暗示，某个人在此时此地得到解放，在得到解放的这一刻，这个人的"意识"获得了一种特性，使其在死去时获得一种不同的解放。）虽说如此，但还是要强调，这只不过是一种解释，在该开示的巴利语版本中，并没有说"得到解放"的使用仅指轮回问题，文中根本就没有就此提到过轮回。而且，这些古代的评论往往只有一个目的，就是消除不同开示经文之间的矛盾之处——因此，这段评论提供的解释，可以将我强调的一些开示经文中的矛盾之处最小化，也就不足为奇了。比丘菩提说，这段评论中给出的解释有些道理，但并非没有争议，不管怎样都无法排除同时从更广泛的意义上解读"得到解放"的含义（选自与比丘菩提的私人交流）。他指出，或许更重要的是，不管如何解读这次开示的含义，都有很多开示经文中提及，"大脑"在开悟时便得到解放，而在某些开示经文中，翻译作"大脑"的词等同于翻译作"意识"的词。（其实，比丘菩提认为，我在本章重点论述的"无我"开示中明显令人疑惑的一句——说"他"得到解放的那一句——可以解读为大脑得到解放；"得解放"这个词组的主语——有时在巴利语里会出现这样的情况——在文中并没有明确指出，大多数译者都会根据上下文认为是"他"，但是比丘菩提则认为"大脑"是一种更合理的解读。）总而言之——不仅在关于"纠缠"的开示中提及得到解放的"意识"，而且在其他开示中也有关于得到解放的"大脑"的清晰描述——有人提出，佛陀认为，一旦开悟，"意识"便得到解放，这种想法一点都不离谱。尽管如此，任何人尝试论辩我们是从"意识"中找到得解放的"你"，都需要应对一种情况，在关于"无我"的第一次开示等很多开示经文中，描述的"解放"都要摒弃包含"意识"在内的"五蕴"。事实上，即便是在关于"纠缠"的开示中，在鼓励人们摒弃对"五蕴"的"欲"时，也包含了第五种蕴——"意识"，因此也符合关于"无我"开示的相关说法。不过，关于"纠缠"的开示中暗示"意识"在某种程度上等同于这个人——不仅仅在我引用的段落中，还在开示经文的最开头，佛陀宣称"纠缠其中之人未得解放；解脱之人方得解放"——并进而讨论纠缠和解脱是"意识"与其他四蕴之间的某种关系，这种阐释很有趣。

"意识"是你从中得到解脱的，另外一种是"你"得到解脱之后，伴随着"你"的。第一种"意识"与其他四蕴完全纠缠在一起，而第二种是对其他四蕴更客观的认识，是在纠缠接触之后仍然存在的更善于沉思的"意识"。

资深冥想者有时会宣称自己体验过"见证意识"，对其的描述与第二种"意识"很像，有些冥想者会有很长时间的类似体验。或许，这种体验一直持续下去，他们就可以称自己开悟了。或许，这种"见证意识"就是得解脱之后，"你"的所在。❶

或许吧。抑或我们应该认可阿姜查的说法：想要以"理性"理解"无我"的理念，会想到脑袋爆炸的。考虑到这种可能，我们还是就此停止理性的分析吧。

当然，虽然你的头脑没有任何损伤，但还是可能处于某种困惑的状态。不过，我有个好消息：你不需要立刻驱散心中的困惑；你可以等几年，等经历了足够多时长的冥想练习，得到开悟的时候。等到你理解了"无我"的概念，你可以讲给我听。

与此同时，我建议：

继续心怀此前人生中已接纳的立场，认定身上某处配得上"我"这个称谓。不要因为你认定自己有"自我"，就感觉好似违背了佛教教义，大逆不道。但同时还要保持开放的心态，接纳激进的可能性，

----

❶ 原注：参见Albahari 2006，该书介绍了这样一种"双模式"意识模型。我并不是说上述关于这种模型的一切都符合阿巴哈瑞（Albahari）的模型。然而，她确实也使用了"见证意识"这个词，而且还暗示，佛陀在《婆醯迦经》（*Bahuna Sutta*，参见Thanissaro 1997）中说僧人摒弃"五蕴"之后，"他将存于不受限制的意识中"时，所说的正是这种"见证意识"。

或许在最深层次，你的"自我"和平时所想的完全不同。如果你遵从佛陀的教导，摒弃平时以为已有的大量心像，你将取得突破，你对何为"人"的认识将发生巨大的转变。如果你能达到他所推崇的境界，那么此时的"有自我"和之前所谓的"有自我"将有很大不同。

达到那种境界到底是怎样的感觉？问我这个问题并不是太合适，因为我从来没有做到摒弃大量的心像。不过，我确实有过第二章中描述的体验——我第一次"成功的"冥想。我下巴的紧张感、咖啡因摄入过量使我想要磨牙的感觉，突然之间好像不再属于我。那一刻的感觉不再令人不悦。我还是能意识到下巴的感觉，但我的意识已经摆脱了与这种感觉的纠缠。我虽然没有像佛陀建议的那样摒弃七情六欲，但也曾摆脱过对某一种感觉的纠缠。可以说，我意识到了这种感觉不必是自我的一部分，我重新定义了我的自我，抛弃了它的存在。

显然，这种感觉在某种意义上还是我的意识的一部分，但是，现在我的意识思量这种感觉的方式，就好似我在写下这个句子的时候思量窗外微风吹拂树枝一样。我不再占有那种令我想要磨牙的紧张感，所以能够客观冷静地观察它。

抽离牙痛中的痛

说到牙齿，20世纪著名的佛教学者爱德华·孔兹（Edward Conze）曾写过一段佛教中关于"自我"的观念："如果有一颗牙齿，而且这颗牙齿正在腐坏，这是发生在牙齿内部以及与之相连的神经上的过程。

如果此时我的'我'接触到牙齿，说服它这是'我的'牙齿，由此认为牙齿发生的一切一定会影响到我，这样几乎肯定会造成思想的扰动。"在这层意义上，"在所有佛教徒眼中，认为有'自我'，是生出苦难的必要条件"。换言之，只有当你占有牙齿，牙痛才会伤到你。❶

我认识一个有很多冥想经验的人，他曾经检验过这种假设。在补牙之前，他决定做一次尝试，于是告诉牙医不要局部麻醉。他说自己并不喜欢这种体验，但是相比常规补牙后数小时内半张脸都处于麻痹的感觉，这种体验还是要好很多。

就我个人来讲，我会选择半张脸麻痹的感觉。我觉得自己无法在牙医治疗椅上进入深度正念状态。然而，在一次为期两周的冥想静修进入第十天时，我也有了同样的体验。有一颗牙在我喝东西的时候疼，后来我才知道那颗牙需要做根管治疗。疼痛很剧烈，令我饱受折磨，即使我喝的东西是室温的也不行。我当时就想试试这样做会有怎样的效果，于是坐在房间里，冥想了三十分钟，然后喝了一大口水，特别注意了水没过牙齿时的感觉。

结果很富戏剧性，而且很奇怪。我感到一阵剧烈的跳动，整个人都随之波动起来，但是这种跳动并非一直都是坏的感觉，恰在苦楚和甘甜之间摇摆。有时这种感觉从传统意义上来讲甚至有些令人赞叹——其力量令人窒息，甚至可以说那种力量很庄严，很美。用最简单的方式描述这次体验与平时牙痛体验之间的不同，就是少了一些"哎呀！"的疼，多了一些"哇啊！"的赞叹。

----

❶ 原注：Conze 1959, p. 18.

如果不是在静修期间，我也做不到这样。在平时工作日冥想三十分钟，我也无法进入这种状态，客观地审视牙痛的感觉，除掉大部分的痛苦。尽管如此，这次体验还是可以作为证据，佐证即使是剧痛也可选择是否占有。

当然，多亏现代口腔医学的发展，牙痛在今日不比在佛陀的年代，已经不是大问题了。大问题是焦虑。我在前文中也提到过，在缅因州卡姆登做演说的前一天晚上，我也确实摒弃了部分焦虑。那时的焦虑已经不再是一种单纯的感觉，它还变成了一种可以观察的东西，可以被冷静地体验。或许，佛陀会说，我的意识不再与焦虑"纠缠"。

稍微换一个角度来看这个问题：摒弃"自我"的一两个部分，其关键在于将观察行为与评价行为分开。我还会体验到焦虑，但是不再评价它的好坏。我在第二章中讲到，感觉由自然选择设计，代表我们对事物的评价和评估，自然选择"想要"你对某事物的体验或好或坏。佛陀认为，越少评价——包括你自己头脑中的内容——就越能清晰地看待它们，也就越少被误导。

放手而后掌控

我经历过摒弃各种令人不悦的感觉，例如咖啡因摄入过量而造成的下巴紧张感、牙痛，还有焦虑，从中学到的一课就是控制的悖论。三种感觉最初都持续不断，令人厌烦，根本不受我的控制，真的，要说控制，也是它们控制了我。而根据佛陀关于"自我"的理念，我对它们缺乏控制正好证明了它们并非"自我"的组成部分。一旦我遵从了这个逻辑，不再将这些我无法控制的感觉看作"自我"的组成部分，我就能从这些感觉中得到解脱，在一定程度上重新获得控制权。或许，这样讲会更好一些：我对它们的缺乏控制已经不再是问题。

注意上一段中主格和宾格的"我"以及"我的"出现过多少次，这可以看作"我"距离"无我"境界还遥远的证据。不管是正在经历这些体验时，还是之后回顾这些体验时，我都远没有摒弃"自我"的概念。不过，虽然坚持了部分"自我"的观念，但我还是可以体验"自我"的重新定义。谁知道呢？或许这种重新定义就是走向某日体验"无我"境界的第一步。

或许一定时间内坚持部分"自我"的观念是有用的；或许坚持部分的"自我"观念有助于你到达不再相信它存在的境界。学者彼得·哈维（Peter Harvey）曾写过："那么，我们或许可以将'自我'概念的作用类比为运载火箭，它抵抗地心引力，乘载物体上天。'自我'的概念驱动大脑摆脱依恋个人要素（五蕴）的'力场'。完成这项工作之后，它就'坠落、烧毁'，变成一个无根基的概念。"❶

哈维坚信，不管怎样，"无我"的训教"更多的是要去做，而不是去想"❷。谁知道呢？或许佛陀也是这么想的。或许他并没有真的要去阐释一种教义，而是要引你走上这样一条道路。这条路是要向你展示有多少东西是你认为属于"自我"的，但你又不必那样认为。从这

----

❶ 原注：Harvey 1995, p. 45.

❷ 原注：同上。哈维写到，尽管关于"无我"的第一次开示未能明确否认"自我"的存在，"没有任何早期小乘佛教资料明确否认过"（p. 7）。

个角度来看，佛陀在第一次关于"无我"的开示中讲述的内容并不是形而上学的或思想/身体问题，或其他纯粹的哲学问题，他只不过是想要众僧人以某种方式思考自己的思维，引导他们走向解放。❶

认为"自我是首席执行官"的人发现佛陀的开示中有些古怪之处——判定你的某一部分"非我"，佛陀的标准是"它不受控制"，而不是"受控制"。这或许正好能够解释他们的疑惑。或许，佛陀所谓的"非我"仅仅是指"通常不被看作你自己的部分"或"得不到认同的部分"。这样看来，他的意思相当于这样："听我说，如果你的某一部分不受你的控制，并使你受苦，那么为自己想想，不要再认同它了！"这种解释和他在开示快结束时给的指导完全契合，他说，对待"五蕴"的恰当态度是"这不是我的，这不是我，这不是所谓的自我"。

在某种程度上，我们又回到了原点，回到了本章开头阿姜查关于"无我"的建议：不要想太多，去做。但是，我希望你能觉得思考这些有用。后文中我们将听听某个人的说法，他似乎不仅想过，而且去做了——这个人说，他摒弃了越来越多传统认识中的"自我"，最终放开了一切。不过，此刻我对新手冥想者的建议是这样的：不要把"无我"的观念看得太重。或许，沉思之路最终会带来完全的"无我"境界的体验，你将产生一种深刻又难以言传的感觉，且开始相信"我"并不存在。

在那之前，只消遵从佛陀关于"无我"开示中不那么夸张的训诫。想象你大体上有能力与自己的感觉、思想、冲动和辨识建立一种不同的关系——有能力解决与其中几样的纠缠，在一定意义上

----

❶ 原注：参考文献中要特别参阅Thanissaro 2013；坦尼沙罗（Thanissaro）将很多佛教经文翻译成英文，其中就包括关于"无我"的开示。

有能力否认它们，定义"自我"的界限，除去它们的存在。想象某种程度的解放是可能实现的——不要担忧这看起来会意味着有一个"自我"需要解放。比"自我"得到解放更糟糕的事情也是有的。

冒着毁掉整个主题的风险，我还是要顺便说一句，其实关于佛陀对"自我"的真正理解，争论是毫无意义的。所有归于佛陀言论的文本不可能都是他亲口所述的。事实上，有些学者会说这些经文中很少有甚至根本没有他亲口说过的话，就好似"历史上的耶稣"，"历史上的佛陀"在历史的迷雾中也很难辨识。恰如关于耶稣的福音书是演化的产物，是经年累月口头和文本的累积，古代关于佛陀开示的记录也是一样。即使假定其中大多数都是依据他的真实言论记录的，但记录的内容在世代相传时总被会有意无意地改动。不难想象，在佛教教义中出现不连贯处甚至彻底的矛盾处，也不算什么怪事。

尽管人们对佛陀所言及其背后的含义莫衷一是，但是佛教传统中有些主题是众人在很早之前就达成共识的。其中一个就是，我们对"自我"概念的认识有极大的误解。我们通常将"自我"与"控制""恒常"联系在一起，但是细细体察之后，我们会发现自己受到的控制比想象中的少，而且感觉更自由，身份也更具灵活性。

在下一章中，我们将探究现代心理学对此有何见解。心理学可以证实佛学观点吗？心理学会证明我们对"自我"的普遍认识——自我是坚实恒久的核心，它确保整个系统处于控制之下——实际上是一种幻觉吗？它能否增强这一佛学观点的可信度，即否认"自我"的大部分——或许有一天，全盘否认——真的能让你更接近真相？依我看，答案是：能，能，能。

第六章

你的首席执行官已失踪

显然，佛陀关于"无我"的著名开示并没有立竿见影地转变所有人的思考方式。根据佛教文本记录，这次开示之后，佛陀遇到一个名为火吠舍（Aggivessana）的人。火吠舍是个好自夸的人，他召集了一大群人，要他们见证自己在关于"自我"的论辩中战胜佛陀。火吠舍从质疑佛陀关于"五蕴"中都无"自我"的论断开始辩论。他宣称："色身为自我，感觉为自我，辨识为自我，心所为自我，意识为自我。"❶

这是明目张胆的挑衅，直击佛陀的世界观。但是，佛陀作为佛陀，依然镇定。他说："很好，火吠舍，我将就此问题问你。"

如果你读过很多佛陀开示的经文，就会知道，在接下来的对话中，火吠舍的主张会被驳得面目全非。唯一的问题就是佛陀会使用

----

❶ 原注：我用的是 Thanissaro 2012 的翻译。

怎样的修辞工具，驱散对话者心中的困惑。最后，他用"国王"的比喻回答了这个问题。

佛陀问："一位神圣高贵的骑士国王——比如拘萨罗（Kosala）的波斯匿王（Pasenadi）或摩揭陀（Magadha）的阿阇世王（Ajatasattu Vedehiputta）——可以行使权力，处决应受死刑之人，惩罚应受惩罚之人，放逐应被放逐之人吗？"

"可以，乔达摩尊主，"火吠舍回答说，"他可以行使这些权力，而且他应该行使这些权力。"

佛陀随后说："火吠舍，你是怎么想的？当你说'色身是自我'时，你能将权力施加于色身，说'让这色身这样。让这色身不这样'吗？"火吠舍没有说话。佛陀又重复了一遍自己的问题。火吠舍依然沉默。

这时佛陀拿出了撒手锏。他提醒火吠舍："当如来佛（Tathagata，即佛陀）向任何一个人提出一个合理的问题，他重复三次之后仍然得不到回答时，被问话人的头将立刻被劈作七瓣。"这时火吠舍抬起头，看到一位凶恶的神灵正手持金刚杵（神灵即因陀罗）。神灵开口警告火吠舍："如果连续三次不回答尊主提出的合理问题，我将在此把你的头劈作七瓣。"

受此刺激，火吠舍回答了佛陀的问题："不能，乔达摩尊主。"他承认，自己不能完全控制自己的身体。然后，佛陀一一梳理了其他四蕴——"感觉""辨识"等。火吠舍看清了，他对"五蕴"中任何一种都不能像国王对其疆域一样进行掌控。这样一来，佛陀就阐明了他的观点。你——体验"感觉""辨识"，占有思想的

"你"——并没有真的控制这些东西。如果你认为头脑中存在某个至高无上的统治者、首席执行官，那么问题在于到底在哪里才能找到它。

两千五百年后，心理科学说出了和佛陀同样的话。嗯，也不完全一样：心理学家不会总是断言你不是个人领域的国王，因为如今已经没有太多国王可以真正掌控王国的领土了。心理学家用的是更加现代的术语。正如宾夕法尼亚大学心理学教授罗伯特·库尔茨班（Robert Kurzban）所说："'你'不是总统，不是首脑，不是总理。"❶

心理学家们几乎一致认同："意识自我"（the conscious self）并非无所不能的行政当局。事实上，根据现代心理学的研究，"意识自我"的权力很弱，比佛陀澄清了火吠舍的思想之后，火吠舍赋予它的权力还要小。火吠舍经过再三思量，只不过承认了"五蕴"并非完全受到控制。毕竟，如果它们完全受控制，那么正如佛陀所问，为什么会造成如此多的苦痛？现代科学的观点更激进，其大意如下：你经过再三思量，总结出和火吠舍一样的结论，认可自己没有完全的控制权。但其实，你的控制力比再三思量之后总结出来的还要弱。

除非，你所谓的"再三思量"是"一周的静修冥想即将进入尾声时所做的那种反思"。如果静修进行得顺利，那个时候你的头脑比平时更平静，审视脑中的内容也比平时更客观。你平时认为是由自己的意识产生的一些内容，好似变得是由你之外的什么东西产生的。我不止一次听到一位冥想老师说："想法自我思考。"很奇怪，在一

次静修之后，这句话似乎变得有道理了。

如果"意识自我"没有控制权，那么哪部分自我有控制权呢？我们会发现，或许答案是，哪一部分都没有。我们越了解大脑，就越会发现它是由许多不同的玩家组成的，不同的玩家之间有时合作，有时互相争夺控制权，获得胜利的是某种意义上最强的那一个。换言之，大脑好似一片丛林，你并非丛林的国王。有个很矛盾的好消息：意识到你不是国王，可能会成为你获得真正权力的第一步。

当然，承认自己不是国王很难，原因也不仅是因为成为国王是一件不得了的事情，还因为我们感觉自己像个国王，我们感觉"意识自我"掌控了我们的行为，它们决定了去做什么、何时去做。但是，过去数十年的大量实验使人们对这种直觉产生了怀疑。

两种思维

这些实验中最著名的要数"裂脑"实验了。实验对象通常是严重的癫痫患者，医生通过手术切断了连接他们大脑左右半球的神经束，以此控制癫痫发作。结果显示，这种手术对人的行为影响很小，在正常情况下，裂脑人的行为是正常的。但是早在20世纪60年代，神经科学家罗杰·斯佩里（Roger Sperry）、迈克尔·加扎尼加（Michael Gazzaniga）就设计了一个精妙的实验，引出了裂脑病人的古怪行为。

这个实验的关键点在于只向病人的半侧视野展示信息，将信息控制在单个脑半球中。比如，如果一个单词只展现在左侧视野，这个单词就会由右脑处理，完全不会进入大脑左半球，因为大脑的两个半球的连接通过手术被分离了。

对大多数人来说，控制语言的是左脑。如果病人右脑接收到一个词，假设是"坚果"，他对这种信息输入就不会产生反应。然而，右脑控制的左手如果在盒子里的各种物品中翻找，却会找出坚果。

单是这种发现就会促使你质疑传统的意识"自我"理念。现在再思考一下：如果要求左脑解释右脑发起的行动，它就会试着讲一个合理的故事。如果你向这些病人的右脑发送"行走"的指令，他们就会站起身行走。但是，如果你问他们要去哪里，回答问题的是左脑，而左脑并不知晓你发出的指令。这时，左脑就会从自己的角度出发，给出一个合理的答案。有一个人回答说他要去取一瓶苏打水，这个答案足够合理。给出即兴回答的这个人——或者至少是这个人负责说话的左脑——似乎也相信这个故事。

在一次实验中，实验人员向一位病人的左脑展示了一张鸡爪子的图片，向右脑展示了雪景。随后，他向该病人大脑的两个半球展示了一系列图片，并要求他从中选出一张。病人的左手指向了铲子，想来是因为控制左手的右脑看到了雪景，而雪是需要用铲子铲的。右手则指向了一只鸡。加扎尼加描述了随后发生的事情："随后我们问他为什么选择这些物品。他的左脑语言中枢回答说，'哦，很简单，鸡爪子对应的是鸡'，简简单单就根据它所知的做了解释。它看到了鸡爪子。随后，他低头看到左手指着铲子，又毫不迟疑地说，

'而且需要铲子来清理鸡窝'。"❶大脑控制语言的部分又一次清晰地解释了身体的行为，虽然那是错误的解释，但它还是说服自己相信了这种解释的真实性。

裂脑实验有力地证明了，"意识自我"有能力使自己误以为是自我在发号施令。然而，这个实验的受试者是大脑异常的人。我们这些大脑两半球没有分离的人又是怎样的呢？我们的大脑真的会利用这种能力自我欺骗吗？

有充足的理由证明上述问题的答案是肯定的。在一项被广泛引用的实验中，心理学家理查德·尼斯贝特（Richard Nisbett）和蒂莫西·威尔逊（Timothy Wilson）请顾客评价四双连裤袜，并从中选出最好的一双。结果显示，人们有强烈的选择最右面袜子的倾向。当被问及选择那双袜子的原因时，他们不会说"因为那是最右面的一双"，而是会从连裤袜的质量来分析，有时会详细对比材质和手感等。可惜了这么多解释，其实那四双连裤袜是一模一样的。

心理学家设计了各种方法，让实验对象不明就里地去做一些事情。常用的一种技巧就是向实验对象的潜意识传递信息，比如，在屏幕上快速闪过一个单词或一种图像，时间很短，自觉意识还无法觉察。

在英国进行的一项研究中，实验对象被告知，将根据他们在一系列试验中握把手的力度给予金钱奖励，每一次试验的奖励会有所不同。他们在等待下一次试验的时候，看着屏幕上显示的前几次握力数值，硬币的图像在屏幕上闪过，有时是一便士，有时是一磅。

----

❶ 原注：Gazzaniga 2011, pp. 82 - 83.

即使实验对象无意识地看到硬币出现，他们的握力也受到了影响。

这个实验还有另外一层设置：实验中实验对象的大脑接受了扫描。科学家特别关注了大脑中与动机和情绪相关的区域，该区域同时也是关于奖励信息编码的区域。当金钱奖励提高的时候，大脑的这片区域变得更活跃——不管奖励的信息是通过潜意识传递给受试者，还是在屏幕上停留较长时间，足够进入受试者的意识，结果都是一样的。科学家总结称："支持潜意识动机和意识动机的都是基底前脑的同一块区域。"❶

但是"有意识动机"真的是正确的说法吗？这样讲可能就意味着动机是由有意识的意志发起的，可这次实验却显示了不同的结果：不管你是否有意识地注意到这种激励，是否有意识地体验这种转化，大脑机器都会将激励转化成动机，那么，或许"自觉意识"对这个过程并没有什么贡献。换言之，与其说是"有意识动机"，不如说是"动机的意识"。不管有没有"自觉意识"，似乎都是同样的身体激励机制在起作用。❷

当然，你或许感觉好像是自己意识到了激励，才加强了握力。但是，这次实验显示，或许这种想法是幻觉。这或许并非唯一的解

---

❶ 原注：Pessiglione et al. 2007.

❷ 原注：诚然，有意识地看到一英镑钱币的图像，相比一英镑钱币的图像在无意识中展示时，握力往往更强。但这可能仅仅是由于大脑接触图像的时间长短不同产生的影响，而并不是"自觉意识"的影响。换言之，或许100毫秒的接触时间（可以带来"自觉意识"）即使没有触发"自觉意识"，也可能造成握力更强。事实上，有证据证明，接触时间和握力强度之间的这种联系，是独立于"自觉意识"的。该实验中使用了两种潜意识接触时间——17毫秒和50毫秒——后者触发的握力比前者要强。（而在闪过一便士图像的案例中，结果恰恰相反，这也很符合逻辑。）顺便说一句，50毫秒并非在所有情况下都属于潜意识范畴。但是在这个实验中，硬币的图像是在两个硬币大小的图案中间展示的，因此变得"模糊"。受试者在每次试验之前都会看到那个图案，不管它会不会使硬币的图像模糊。

释，却是最合乎逻辑的一种，也应该是佛陀最认同的一种：你以为自己是电影导演，但其实你只是个观众。或者用一种很难理解的隐喻来表达，那就是电影在导演你，除非你能从中得到解放。

人们从很多实验角度质疑过"意识心"（the conscious mind）到底是如何处于控制地位的。20世纪80年代初期，本杰明·李贝特（Benjamin Libet）发起了著名的系列实验❶：受试者"选择"某种行动时，研究人员会对他们的大脑进行监控。研究人员总结称，受试者尚未意识到行动"决定"之前，大脑已经实施了行动。

研究数据仍在汇总。实验不断重复着，并非所有的研究结论都能得证为真，包括李贝特的实验在内的案例到底该如何解读，至今仍然存疑。❷尽管如此，至少可以说，我们的"意识自我"在引导行为方面的作用远远没有我们想象中那么重要。它的作用被夸大的原因应该是"意识心"自我感觉太强大，换言之，"意识心"天然蒙蔽了自我。

自我欺骗在进化论层面的益处

如果你是一名佛教哲学家，此时或许会感觉沉冤昭雪了，但或许也会感到疑惑。为什么自然选择会设计出这样的大脑，使人自我欺骗？有一种答案是这样的：如果我们相信自己，就有助于说服别

----

❶ 原注：参见 Libet 1985.

❷ 原注：参见 Jarrett 2016 and Danquah et al. 2008.

人相信我们。向他人证明我们是始终如一、理性、有掌控力的行动者，当然是对我们有利的——或者更准确地说，对我们狩猎—采集时代祖先的基因传播是有利的。

还记得那个右脑接受行走指令的人吗？当被问及要去哪儿的时候，他的左脑说要去取苏打水。他给出的答案不是真实情况，但是确实给了他一定的自信。他看起来像一个能够掌控自我的人，不会毫无来由地四处游荡。相比之下，据实回答的人会这样说："我也不知道为什么要站起来，也不知道要去哪儿。有时我就是会做一些毫无来由的事情。"如果在狩猎—采集时代有这样两个邻居，你会选哪一个一同去打猎？你想要和哪一个成为朋友？在人类进化的过程中，这类问题的答案是有分量的：如果你被认作不值得合作、不适合做朋友的人，你的基因就会陷入窘境。

简而言之，从自然选择的角度来看，把自己描述成一个始终如一、理性、有自知之明的行动者，对你是有好处的。所以，当你的真实动机和你的大脑中与外界沟通的部分失去联络时，大脑的这片区域就会编造出一个合理的动机。

当然，虽然有合理连贯的动机是成为朋友和协作者的有利条件，但是单有这一点还不足以决定一切。如果某人有清晰、始终如一的目标，但是他一直无法实现目标，或者无法为团队做出贡献，或者无法兑现承诺，那么这个人就无法得到朋友和协作者的信任。因此，我们不仅会讲述（而且相信）关于自身始终如一的故事，还会吹嘘自己的能力。

大体说来，我们都会这样。1980 年，心理学家安东尼·格林沃尔德（Anthony Greenwald）提出"益效"（beneffectance）这个概念❶，用它描述人类自然而然地向世界展现自我的方式——带来益处且对他人造成影响。自那以后，很多实验显示，人们不仅会自我美化，而且对此深信不疑。

他们真的有可能是对的！世上确实有许多能带来益处且能对他人造成影响的人。但是，这里有一个问题，大多数人在这方面都高于平均水平是不可能的。然而，一项又一项的研究表明，大多数人都认为自己在运动能力和社交技能等各个层面都要高于平均水平，坚实的证据在这种自我美化的评估中也会遭到否认。有一项研究调查了五十个人，结果发现，他们都认为自己的驾驶技术高于平均水平——可惜这五十个人在参与调查之前不久都遭遇过车祸，其中三分之二的人被警察认定是事故的主要责任方。❷

除了宣扬自己的能力，我们做得更夸张的是美化个人的道德品质。在诸多研究中，有一项可以很好地证明这一点：一般人都认为自己比正常人做了更多的好事，犯了更少的坏事。❸蒙田（Montaigne）去世之后将近五百年，科学终于证实了他略显温和的评价："除了有自知之明这一点，我自认为是个普通人。"

而且，我们不仅会认为自己在假想的人群中高于平均水平，在一个很小的团队里，我们也会认为自己比一般的团队成员更有价值。在一项研究中，共同发表论文的科研人员被问及各自在团队中

----

❶ 原注：Greenwald 1980.
❷ 原注：Preston and Harris 1965.
❸ 原注：Allison et al. 1989.

的贡献。在平均四个人的小组中，所有成员自称的功劳比例总值为140%。上个句子中最关键的词是"功劳"。如果团队没有出成果，那么团队成员自认为对结果的贡献比例就会缩水。❶

人们经常会注意到这类自我欺骗行为，至少会注意到他人有这样的倾向。在美国的一项研究中，实验人员描述了常见的八种偏见，比如，"他们会争夺成功的功劳，否认失败的责任；他们认为取得成功全靠干劲和能力等个人特质，认为遭受失败全赖无理的工作要求或不充分的指导等外界因素"。受访者在谈及这八种偏见时都认为，普通的美国人比他们更容易受这类偏见的影响。❷库尔茨班如是总结这个发现："我们认为自己比一般人强，不像一般人一样心存偏见。"❸

记忆的运转方式又成为我们自大偏见的帮凶。尽管有些痛苦的经历会牢牢刻在记忆中——这或许可以使我们避免重复类似的错误——但是，总体说来，我们更容易记住自己表现好的时候，忘却表现不好的时候。而且在我们的记忆中，积极经历的细节要比消极经历的细节生动很多，就好似正面事件就是要精心修饰，详尽地向大众展示。在我们的记忆中，他人身上发生的积极和消极经历，都没有类似的叙述细节不对称性。❹

此外，当我们向他人讲述一段经历的时候，复述的过程也会改变我们的记忆。所以，如果我们每次对故事做一点修改——忽略对

---

❶ 原注：Greene 2013, p. 97。更广义的归因偏差，参见 Mezulis et al. 2004。

❷ 原注：Pronin et al. 2002.

❸ 原注：Kurzban 2010, p. 105.

❹ 原注：D'Argembeau and Van der Linden 2008.

我们不利的事实，夸大有利的内容——经年累月，我们对真实经历的记忆就会发生改变。这样做才更容易说服他人相信我们的故事。

当然，人们也不总是自我夸耀，还有自卑的人——从进化论角度来看，关于为什么某些经历会使人产生自卑心理，有一些颇为合理的猜想。此外，人与人之间还存在着其他一些差异，这些差异会影响每个人讲述和相信的个人故事。在一项研究中，外向性格和内向性格的人分别记录下每日的情感经历。后来，外向性格的人回忆的经历往往比实际经历更积极，而内向性格的人回忆的经历往往比实际经历更消极。[1]这也证明自我夸耀虽然在人类中很普遍，但也并非铁律。不过，要注意，这两类人都错了，他们各自的性格引导他们产生了不同的幻觉，但这两类人都被幻觉操纵了。

我们讲述的个人经历还会因文化背景的不同而有所差异。一般来讲，亚洲人自我夸耀的程度比西方人要低一些，但在某些特别的方面——特别是对群体的忠诚度等"集体主义"品德——亚洲人又比西方人自我夸耀的程度要高。尽管如此，从全球范围来看，自我夸耀还是占主流，特别是在公平、正义等伦理道德方面，一般来讲，人们都认为自己的品德高于平均水平。道德的自我粉饰会造成自以为是的结果，引发并激化各种冲突，小到争吵，大到战争。[2]

说到底，我们至少身处两种幻觉中。一种是关乎"意识自我"的本质，我们以为自己对事物的掌控力比实际情况要强。另一种幻觉关乎我们到底是怎样的人，即我们的能力和品德。你可以将这两

----

[1] 原注：Feldman Barrett 1997.

[2] 原注：See Mezulis et al. 2004 and Sedikides et al. 2005.

种错觉称作"关于自我的幻觉"。二者是协同作用的。第一种幻觉帮助我们说服世界认同我们是统一、始终如一的行为者：我们不会毫无来由地做一件事，而且我们做一件事的理由是讲得通的；如果我们的行为应该得到赞扬或遭受责备，那么得到这些评价的应该是一个内在的我。第二种幻觉帮助我们说服世界认同我们应该得到赞扬，不应遭受责备；我们的道德水平比一般人的更高，效率也比一般团队成员更强——我们有"益效"。

换言之，如果你要在头脑中建立一个负责公共关系的部分，那么它就应该和"意识自我"一样。人类学家杰罗姆·巴可（Jerome Barkow）曾写道："我们有理由认为，自我在进化上的首要功能是作为印象管理器官，而不是大众心理学中认为的决策者。"❶ 在此我只想补充一点，大众心理学本身或许也是进化功能的一部分，我们展现出有能力、正直的自我，完全是基于对自我力量的认同。

诸多思维

如果"意识自我"不是首席执行官，并非想象中的行为引导者，那么我们的行为由什么来引导呢？决策是如何做出的呢？

在心理学领域，特别是进化心理学领域，人们逐渐达成共识，认为思维是"模块化"的（modular）。这样来看，你的大脑是由很多专

----

❶ 原注：Barkow 1989, p. 104.

门的模块组成的，模块可以评估境况并做出反应，模块之间的相互作用塑造了你的行为。而且，模块之间的大多数互动是你意识不到的。

模块化的思维模型虽然问世时间不长，细节尚不完善，但是很有前景。首先，这种模型符合进化论的逻辑：大脑经过漫长的演化，逐渐构筑成今天的模样，当我们的物种遇到新挑战的时候，新的模块就会补充进来。我们能看出来，这种模型也有助于我们理解生命中更重大的内在冲突，比如，要不要对伴侣不忠，要不要吃药，要不要再吃一个甜甜圈。从我们的角度来看，将思维看作模块化的最重要的原因或许在于其有助于我们理解佛学冥想老师讲授的内容，比如"想法自我思考"，而理解了这一点就有助于我们得到一定程度的解放。

但是，模块化的思维模型有一个大问题：它的名字。"模块"这个词本身很容易被误解，所以，在探讨模块化思维之前，我们先澄清对模块的三种错误构想：

1.模块并非一些物理隔间。你不能指着大脑的某一部分就说："这个模块负责通过他人的话语、肢体语言和面部表情推测他人的想法。"心理学家确实认为有这样一个模块："心理理论"模块（自闭症就与这个模块的缺陷有关）。但是，科学家想要通过脑部扫描勾画出这个模块的轮廓时，却发现这个模块分布很广，在大脑的不同区域都有，有时在这个区域更活跃，有时又在另外一个区域更活跃。

2.不同的模块不同于一把瑞士军刀的不同刀片，也不同于智能手机的不同应用程序。我说这些的时候有些犹豫，因为模块化模型的倡导者有时会用上述形象做类比。但在真实情况中，不同的大脑模块之间的交互和重叠比瑞士军刀刀片之间的交互和重叠要多，甚至比智能手机应用程序之间的交互和重叠还多。

比如，有些心理学家称，有一个"骗子检测"模块可以帮助你分清应该信任谁。这个模块应该很接近"心理理论"模块，但二者不完全重叠，它或许会与某种标签模块有重叠。标签模块会根据对方能否通过骗子检测，给对方打上负面或正面的标签。

更复杂的是，需要检测的骗子有很多种。有交易型骗子，比如不择手段的二手车销售员；还有情感骗子，比如不忠的伴侣。由同一个模块负责识别这两种骗子到底合不合理？二者之间很可能有些重叠，在两种情况下，我们都有可能通过下面的方法做出评判：我们感觉对方在说假话的时候，他们是否敢于直视我们的眼睛。但是二者又并非完全重叠，因为在两个案例中，驱动骗子检测机器的动机体系不同：我不会因为忌妒而特别注意一个二手车销售员的面部表情，如果我认定他不值得信任，也不会因忌妒而发怒（不过，只有在他卖给我的二手车抛锚之后，我才认定他不可信，或许我会因忌妒之外的原因而发怒）。总而言之，大脑中个同模块的功能划分和活跃区域并不像"模块"这个词暗示的一般清晰。所以，如果你想用"网络"或"系统"之类的词来描述，也大可随意。

3.模块不同于一家公司组织机构中的各个部门。我刚才就指出模块之间的交互和重叠非常普遍，而且我们探讨这个问题的大背景就是大脑没有首席执行官，这样看来或许这一点是不言而喻的。尽管如此，还是有必要详述一家公司的理想工作状态与大脑运转之间的本质差异。模块之间往往没有服从与和谐可言。模块之间确实可能会协作，但有时也会竞争，而且竞争得非常激烈。有人曾经制作了一系列大公司的组织机构滑稽图，微软因为内斗很激烈，被画成了一支循环解雇大队。我们大脑的内部争斗没有这么激烈，但有时也和微软的组织机构图很相似。裂脑实验的先驱加扎尼加就曾写道："尽管模块内部有分级处理的情况出现，但是模块之间好像并没有等级分化。所有这些模块都不需要向部门领导汇报——这是一个放任自由、自组织的体系。"❶

最后一个句子有一点矛盾。"放任自由"和"自组织"的隐含意义不同。不过，还是如之前所说，这两种状态并不一定在大脑中同时出现。有时大脑感觉好像是放任自由的，有时感觉更有组织性，好似混乱的状态得到了解决。另外，组织感有时是具有误导性的，因为放任自由的状态可以发生在潜意识层面，也可以在潜意识中得到解决。"在某一特定时刻，哪一种状态冒出来占据主动，你意识到的就是哪一种状态。"加扎尼加写道，"你的脑中是一个狗吃狗的世界，不同的系统相互竞争，想要赢得意识的认可。"❷

加扎尼加说脑中是"狗吃狗"的世界时，他所说的不仅仅是指想要吃甜甜圈（甚至偷一个甜甜圈！）的你与保持克制的你之间的斗争，就像《化身博士》里杰基尔博士和海德先生之间的斗争一样。其实，这样的心理斗争，本身就属于意识的一部分。我们在后续章节中探讨俗称"自控"的问题时，会论及模块间的这类斗争。加扎尼加探讨得更多的是在潜意识或几乎无意识的层面解决的心理斗争。我所关

----

❶ 原注：Gazzaniga 2011, pp. 69 - 70。
❷ 原注：同上，p.66。

注的事物，我讲述的关于我所关注的事物的故事，我讲述的关于我自己的故事——所有这些选择的结果，而总体来说，做出这些选择的并不是"我"——意识的"我"，我们认作"自我"的"我"。

说了这么多已经足够引发你思考你所认为的"自我"是否配得上"自我"的标签！库尔茨班曾写道："如果你的大脑真的是由很多功能不同的小模块组成的，而且其中只有很少一部分是意识，那么我们就没有特别的理由认为它们中的某些是'你'或'真的你'或你的'自我'或别的特别存在。"[1]库尔茨班在《人人都是伪君子》[*Why Everyone (Else) Is a Hypocrite: Evolution and the Modular Mind*]一书中写下这段话的时候，他对佛学中的"无我"思想并不是特别熟悉。在"无我"思想出现千年之后，他在科学的引导下提出了与"无我"思想不谋而合的观点。

库尔茨班提出，"意识心"并非"特别"的存在，对此我有些异议。我认为"意识心"是特别的，因为它是有意识的。它可以感觉到快乐和痛苦、喜悦和悲伤。正是情感能力和主观体验的能力赋予了生命意义，赋予了道德问题价值。假想地球上全是人类一样的机器人，它们没有任何主观体验，那么摧毁或创造它们到底有没有明确的善恶可言呢？

虽然说"意识心"——意识"自我"——有特别之处，但和我们平时认为的那种特别不同。它不是总统，而是更像美国众议院议长，它主持投票，宣布投票结果，但无法控制投票过程。当然，众议院

----

[1] 原注：Kurzban 2010, p. 56.

议长在幕后也可以做些动作，可以对投票过程施加影响。所以，我们也无法排除"意识心"在暗处发挥的作用。

事实上，你可能会发现，认为冥想可以大幅提升"意识心"的影响力是很有帮助的——"意识心"甚至可以从众议院议长变成总统。为了达到这个目的，你或许会发现，理解大脑在任意时刻是如何决定由哪个模块负责是非常有用的。这也是我们下一章要关注的问题。

第七章

控制人生的大脑模块

我刚上大学时，认识到自己有"时际效用函数"（intertemporal utility function）。这不是一种诊断，"时际效用函数"并非疾病，所有人都有。它是一种函数，粗略来讲，是用来描述你延迟满足感的意愿的——放弃某种喜欢的东西，以便之后获得更多此类东西的意愿。

比如，如果能确保一年后获得125美元，我或许会愿意放弃现在工资里的100美元。但是，我的朋友的时际效用函数计算方法与我的不同，他可能会要求一年后给他150美元，他才愿意放弃现在的100美元。

这种现象又被称作"时间贴现"（time discounting）。人们倾向于对未来"贴现"，感觉一年后得到100美元不如现在就得到100美元。在上述例子中，我朋友的未来贴现率比我的要高很多。

根据我在大学经济课上学到的模型，不管我的时际效用函数如何计算——不管我的时间贴现率多高——到了第二天、下周、下个月、下一年，它都是保持不变的。时间贴现率是我的心理状态中保持恒定不变的特性。

我想，佛陀应该会质疑这个结论。他一般认为事物并非永恒不变的——人的心理状态就更不用说了。我想，如果他是我的大学同学，肯定会在经济课上站起来说："比丘们，你们觉得如何——心所恒常还是无常？"

其实，他应该不会这样扰乱课堂。不过，根据佛经记载，他确实在另外一种场合说过同样的话，就是我们在第五章提到的，在他著名的第一次关于"无我"的开示中。在第五章和第六章中，我主要关注了佛陀关于"无我"的基本论断："五蕴"不受你的控制；又如他在后文中所述，"五蕴"之于你，不似率土之滨之于国王。

我并没有过多谈及佛陀关于"无我"论断的另外一个重要方面：变化、无常。他问过众位僧人"心所恒常还是无常？"之后，众僧人给了意料之中的回答："无常，世尊。"

佛陀又继续问，说无常的东西"它们是我的，这是我，这是所谓的自我"适合吗？

"不适合，世尊。"

随后，佛陀又以同样的方式梳理了其他四蕴，每一次他都坚持认为一种随时变化的东西不能被看作"自我"的一部分。他并没有给出明确的理由。❶要全面解释这个论点，我们需要深入研究佛陀所处年代关于"自我"的看法。当然，先不考虑他的思想背景，他的论辩中有一些基于常识的判断：我们确实会倾向于将"自我"——内在、真实的我——看作某种恒常的东西，认为它从孩童时期一直到成年都保持不变。

但事实上，我们肯定是变化的。我们的变化不仅是从孩童变为成人，而且是每时每刻都在进行。有时在通常被认为是恒常的方面，我们也会发生改变。

这引导我们回到时际效用函数的问题上。心理学家发现，如果你向男人展示对他们有吸引力的女人的照片，他们的时际效用函数——未来的贴现率——就会发生改变。他们变得更不情愿放弃短期的金钱收入——是的，实验者给了他们真正的钱——以换取未来的更多现金。

为什么就看了几张女人的照片，一个人的基本财务理念就会发生改变？后面我们会讲到。但是，从这个例子里，我们能得到一点

----

❶ 原注：佛陀在这次开示中确实强调了无常和"苦"（痛苦或不满足）之间的联系。但是他的措辞表明，"五蕴"的无常和"苦"这两种特性（在"五蕴"无法控制之外的特性）使得将"五蕴"等同于"自我"不合情理。有一种解释认为，因为无常带来"苦"，所以无常的事物并非"自我"。考虑到这次开示还将"五蕴"难以控制与痛苦联系在一起（尽管在这里表示痛苦的不再是"dukkha"这个词），上述解释就更有道理了。在这种解读中，并非难以控制和本身的无常使得"五蕴"难以称得上"自我"，反而是无法控制和无常带来的痛苦使得"五蕴"不能算作"自我"。但是，也不清楚为什么会有人认为引发痛苦的事物能够称得上"自我"，而不易控制或无法历久弥新的事物就不能称得上自我。因此，我就遵从了一种比较流行的解读，将佛陀的论辩看成主要针对无常和难以控制展开的。说到这里，我要补充一点，如果我们认为佛陀的论辩是纯粹实用性和治疗性的——将"五蕴"看作"自我"就会带来痛苦，因此你应该将它们看作"无我"，这样就能少受痛苦——那么就可以合理推论，佛陀将无常和难以控制的事物称作"无我"，仅仅是因为这些特性会招致痛苦。这种解读与第五章中探讨过的关于佛陀开示的"异端"的解释是吻合的。

线索：改变似乎与上一章中提到的大脑模块有关。从更广泛的意义上讲，佛陀用作质疑"自我"存在证据的心理变化和无常，在一定程度上可以看作这些模块作用的结果。看清这一点有助于我们理解佛教冥想实践中的一个核心矛盾：接纳"自我没有控制权，甚至在一定意义上不存在"这个理念，可以使你的"自我"——或者某种类似的东西——掌握控制权。

关于时间贴现率的这个实验属于一个大的心理学实验，这类实验主要通过控制实验对象的心理状态，来观察他们个人倾向的变化。这类实验总结出的结果通常与该实验相同：某种你认为在人类头脑中非常稳固的特征其实并没有那么稳固。❶

比如，你是愿意去人多的地方，还是愿意去清静的地方？正确的答案是，视情况而定！《市场营销研究杂志》（*Journal of Marketing Research*）发表过的一篇文章给了广告人一些建议：通过推销辞令和媒体语境的配合提升影响力。❷实验者为实验对象播放了一些电影片段，有些选自恐怖电影《闪灵》（*The Shining*），有些选自浪漫爱情电影《爱在黎明破晓前》（*Before Sunrise*）。随后，每组实验对象都会看一两段艺术博物馆的广告。第一段广告中，广告语是"每年游客量超百万"。第二段的广告语是"走出人群"。

看过《闪灵》电影片段的人，听到第一段广告词的时候，会更倾向于游览博物馆，原因应该是恐惧心理使他们将人群看作安全港。而看过《爱在黎明破晓前》片段的人，反应恰恰相反，或许是因为

----

❶ 原注：Wilson and Daly 2004. See also Kim and Zauberman 2013.

❷ 原注：Griskevicius et al. 2009.

浪漫的感觉使他们更喜欢私密的环境。

这或许不算是惊天动地的大发现。我们都知道人在不同的情绪下会有不同的行为表现，所以，称浪漫的情绪会改变我们的行为是站得住脚的。但是，做这项研究的人认为以"情绪"为例做解释不够恰当。参与这项研究的心理学家道格拉斯·肯里克（Douglas Kenrick）和弗拉德斯·格利斯科维西斯（Vladas Griskevicius）认为，我们每个人都有多重的"次级自我"——有时肯里克会将之称为"模块"——在这个案例中，你看的电影决定了哪一个"次级自我"或模块控制着你对广告的反应。浪漫爱情电影促使你的"求偶"模块掌握控制权，恐怖电影使你的"自我保护"模块掌握了控制权。

我能想象，佛陀应该会喜欢这样的语言。另外一种描述这种状况的方式——"我"在不同的"情绪"下表现出不同的行为——就好似在回避他一直质问的问题：如果你的喜好随着时间推移而改变，那么不同时刻的你又怎么能算作同一个"你"呢？所谓的情绪变化，难道不正是在掩饰今天的你和明天的你并非同一个你这个事实吗？

关于这个问题，争论一天也不会有结果。但是，值得一提的是，过去二十多年来，相当多的心理学家逐步接受了肯里克和格利斯科维西斯的观点——以及上一章中提到的库尔茨班和加扎尼加的观点——认为大脑的动态变化可以通过模块化模型很好地展现。这样看来，假设你制造一个机器人，它的大脑与人类大脑的工作方式一样，如果请计算机科学家描述它的运转方式，他们会说，机器人的大脑由很多互相重叠的模块组成，模块中还有模块，某一时刻机器人所处的环境决定了由哪一个模块操控局势。计算机科学家无法指出机器人程序的某个部分，说："这一部分就是机器人的自我。"

最接近"自我"的应该是决定何种环境下由何种模块负责的算法。这种算法不可能等同于我们所谓的人类的"意识自我"——作为首席执行官的自我——因为人类不会有意识地决定进入浪漫模式还是恐惧模式。其实，如果心理学家告诉受试者，他们对广告词的反应会因观看电影片段的不同而有所不同，或者因看到女人照片而改变时间贴现率，受试者很可能会感到诧异。

所以，如果说并不是"意识自我"引导我们选出新模块掌控局势，那么是什么呢？好吧，模块的激活与感觉有密切的联系。《闪灵》使你感到恐惧，这种恐惧似乎起到了激活"自我保护"模块的作用，从而引发在人群中寻找庇护的倾向。《爱在黎明破晓前》激活了浪漫的感觉，这些感觉似乎调动起了"求偶"模块，从而使人有寻找私密空间的倾向。

"模块由感觉激活"这一观念使我们对佛教的两种基本理念——"不执于情"和"无我"——之间的联系有了新认识。我们已经看到了二者之间的一种联系：当你通过正念关注某种感觉，将其摒弃的时候，你也摒弃了之前被认作"自我"一部分的某种东西，你一点一点地凿下了"自我"的碎片。但现在我们回头再看，用"凿下碎片"这种说法可能低估了你所做事情的量级。感觉并非你所认为的"自我"的一小部分，它们近乎那个"自我"的核心，它们所做的事情正是你以为"你"所做的事情：做决定。是感觉"决定了"当下由哪个模块负责，随后则由该模块决定你在那段时间里所做的事情。

从这个角度来看，我们就能更清晰地认识到为什么"不执于情"有助于你接近"无我"境界。

忌妒：头脑的暴君

有时，感觉和模块之间的联系非常强，我们可以清晰地看到其联系的痕迹：感觉非常强烈的时候，被激活的模块也会易变。我们来看看勒达·科斯米德斯（Leda Cosmides）和约翰·托比（John Tooby）分析的性忌妒案例。❶科斯米德斯和托比在20世纪80年代至90年代为进化心理学的发展奠定了基础，是大脑模块化理论早期的重要支持者。随着他们思想的发展，开始思考大脑模块是如何与情绪相联系的。他们总结到，情绪的作用在于激活并引导模块功能，使其适应当下环境。（当然，他们所说的并非从道德层面适应环境的功能，它们甚至不一定有利于个人的福祉，但是有助于我们祖先的基因传播。）托比和科斯米德斯以忌妒为例做了阐释：

> 性忌妒的情绪包含一种有组织的运转模式，这种模式是专门用来调度每一种心理机制的，从而能够从容应对暴露的不忠行为。生理上也做好了准备，用以爆发出暴力等行为……制止、伤害或杀死第三者；惩罚、制止或舍弃配偶；渴望自己变得更有魅

---

❶ 原注：Cosmides and Tooby 2000.

力，以吸引其他潜在对象；记忆被激活，对过往经历重新分析；对原本的自信产生怀疑；对异性（其实是所有人）的信任度评价普遍下降；相关联的羞耻程序可能会被触发，为该个体寻找恰当的时机，在公开场合展现暴力或惩罚举措，以消解公众认为其软弱的看法（或是想象的，或是真的）；等等。

这里面有很多新东西！的确，有太多新东西出现了——它们足够改变一个人的态度、关注点和性情——你甚至可以说一个全新的自我诞生，并控制了你的大脑。在公元7世纪，约翰·德莱顿（John Dryden）写过一首题为"忌妒：头脑的暴君"的诗，现实也确实如诗歌标题所述❶，忌妒至少在某一段时间里是大脑毫无疑问的主宰者。任何因忌妒而愤怒的人都可以做证，不管在忌妒时是谁控制着你的行为，但那个人肯定不是平常的你。

忌妒的感觉太强烈，我们很难想象如何去抵抗这种感觉。但是，严格来讲，抵抗并非正念应对忌妒的方式。正确的做法是，在感觉浮现时，以正念观察，不要对感觉依附得太深。如果你不屈服于执念——或者用佛陀的口气讲，如果你能使意识不与感觉"纠缠"——那么"忌妒"模块就不会被激活。心中不怀执念地观察感觉，这样才能避免模块控制你的意识。我知道，说起来容易，做起来难。

如果你切断了与忌妒之间的关联，你就不会感到难以应对这样的情势了。你依然可以反思伴侣的不忠，思考这件事是否意味着二

---

❶ 编注：原诗标题其实应为"Song of Jealousy in 'Love Triumphant'"。

人关系的终结。不屈服于忌妒，这样你就能更好地判断不忠行为是否为实情，更好地做出正确的行为决定，而且能够有效地降低行凶杀人的可能性。

再强调一次，忌妒是模块控制大脑的典型极端案例。人开始扔东西、大喊大叫，就说明大脑已由新的模块负责管理。即使忌妒没有发展到愤怒的阶段，它本身仍然具有明显的偏执属性，迫使你的大脑不断重复同一系列的想法。

但即便是比忌妒更细腻的情感，其影响力虽然小，也足够造成一些小变化，带来一种全新的心态。回头再想一想之前那个实验：看过浪漫电影之后，人们会倾向于躲避人群。这种反应很难"自己主动"出现，不过，它本来也不是"自己主动"出现的，它是肯里克和格利斯科维西斯所谓的"求偶次级自我"激发出来的诸多变化之一。

这就引导我们回到了时际效用函数的问题上，特别是这个例子：男人看到他们认为有吸引力的女人时，对未来的贴现率远比几分钟前要高得多。这是发生了什么？又是假想的"求偶"模块起作用的结果吗？

马格·威尔森（Margo Wilson）和马丁·戴利（Martin Daly）（与托比和科斯米德斯一样，他们也是进化心理学的先驱），通过反思人类的进化历史受到启发，因而实施了这项时间贴现研究实验。有充分的理由证明，在人类进化的过程中，能够获取资源（比如食物）和更高的社会地位，有利于吸引异性。所以，如果真的有"求偶"模块，它的算法应该如下：看到短期求偶机会的男人会想尽一切办法获取任何短期资源，即使意味着放弃远期机会也在所不惜。他们现在就要获取资源，而当代环境下的资源就是现金。

当然，这些实验里的男人并没有看到真正的求偶机会，他们看到的不过是女人的照片。但是，在我们祖先的生活环境中没有照片，所以任何女性的真实形象都意味着有真实的女人出现在眼前。正是因为这个原因，实验中的男人尽管在意识层面"知道"得不到这些女人，但还是被简单的照片"欺骗"。因此，这个实验再次提醒我们，模块的激活不仅不需要"意识自我"的作用，而且不需要"意识自我"了解激活过程背后的进化论逻辑。

在求偶模式下，比你想象的更易产生变化的并非只有时间贴现这一种心理特征。你可能会预料到人们的职业目标显然会随着时间的推移产生一些变化，但绝对想不到它们会在瞬间产生巨大变化。但是很明显，实际情况就是这样。在一项研究中，心理学家要求男性完成一项职业规划调查问卷，有些人填写问卷的房间里有女性，有些房间里只有男性。结果显示，在有女性的房间里，男人会更倾向于将积累财富作为一项重要的职业目标。❶

此举或许并不意味着他们的职业规划真的发生了改变，或许"求偶"模块只是短暂激活了"自我推销"这个子模块，并没有改变长期的职业规划。换言之，或许是因为女性在场使得异性恋男性的大脑出现波动，促使他们通过分享大胆的未来财富计划来赢得女性的赞叹，从而使他们忽视了计划是否实际，或者这种劲头能够持续

----

❶ 原注：Roney 2003.

多久。但如果是这样的话，男性的"意识自我"似乎对这种策略逻辑毫不知情。毕竟，这些男人是通过问卷调查表达了大胆的职业规划，他们没有理由认为女性会读到他们写的内容。

让我们回到裂脑实验的启示上：出于个人利益（或自然选择定义的他们的"利益"），人们总能说服自己相信他们任何关于个人动机的故事。只不过，他们不是裂脑患者，而这些人是从解剖学上来看由正常运转的大脑（或者说，至少是由当时负责监管的大脑某部分）控制的正常人类。

因此，感受到求偶机会的人可能会发生三种变化：他们会倾向于远离人群，突然之间偏爱私密环境；他们的时际效用函数会重新调整；他们的职业目标至少在当时会变得更加金钱至上。❶处于求偶模式的人脑中发生的变化远远不止上述三种，但是我们可以管中窥豹，理解为什么在人们面对有吸引力的潜在配偶时，有一种模块——或者用肯里克和格利斯科维西斯的说法，叫"次级自我"——会控制他们的大脑。

----

❶ 原注：其实用复数的"他们"具有误导性。在时际效用函数的例子中，该发现的结果对男性适用，但对女性不适用；在职业目标的案例中，这项实验似乎并没有以女性为实验对象展开。通常来讲，说到求偶心理学，根据进化心理学，不同性别之间并非完全对称的。与此同时，也没有理由认为，相比男性，女性的大脑受求偶或求偶预期影响而产生的改变更小，虽然改变的方式或许有些不同。

混乱的模块

与此同时，我们要留意审视大脑的混乱，不能过于迷恋"模块化"比喻。肯里克和格利斯科维西斯有时就会醉心于此。他们将大脑整整齐齐地分为七个"次级自我"，它们分别负责下述功能：自我保护、吸引配偶、保住配偶、友好关系（交朋友，并保持朋友关系）、关爱亲属、社会地位和预防疾病。这种分类法有其优点，自然选择在设计大脑时，毫无疑问是特别重视这七种大脑功能区的。但你只要花点时间研究这个清单，就能发现模块之间的界限很模糊。

比如，男人在职业规划调查中刻意给自己的职业目标镀金，这可以说是为了吸引配偶，但也可以说是为了提升在潜在配偶心目中的地位；此外，为了提升个人在非潜在配偶眼中的地位，他们也可能会做出类似的事情。因此，我们是否应该认为求偶模块中还有一个"社会地位"子模块？或者，我们是否可以认为求偶模块从肯里克和格利斯科维西斯假定的"社会地位"模块中借来了一些功能？这个难题是我提醒各位不要将大脑看作瑞士军刀或智能手机的原因之一。

"智能手机"的比喻还有另外一个问题，那就是模块之间的转换比应用程序之间的转换更微妙。尽管"求偶模式"听起来好像很独特，但是激发求偶模式的感觉远不像激发忌妒情绪的感觉那么强烈。前者或许无关爱或欲望，而只有得到提升的吸引力和兴趣，其随后的大脑状态也与心生忌妒之后混乱的大脑状态不同。尽管如此，那仍是一种与众不同的心理状态，而且也是由感觉激发出来的。

如果你觉得"模块"的比喻太工整，有误导之嫌，因此更喜欢我刚才用的"大脑状态"这种说法，也无妨。不管哪一种说法，得到的启示是不变的：（1）这种大脑状态并非意识"自我""选择"进入的，而是由感觉激发的，尽管意识"自我"大体上能够触及感觉，但它可能未曾注意到这种感觉，也可能没有注意到进入了一种新状态（"意识自我作为首席执行官"的观点就到此为止了）；（2）你可以看出佛陀为什么要强调大脑的各个部分多变、无常，理解他为什么认为这种不断的变化与无我有关；大脑状态在不停地转换，如果"自我"是某种不变的本质存在，那么我们很难想象"自我"到底处于大脑的什么状态。

其实，如果要说在这不断的变化中有什么东西历经时间的考验，真正称得上恒久、本质上无变化，那就是幻觉了：认为存在一个首席执行官、存在一个国王的幻觉，认为"我"——意识自我——就是首席执行官的幻觉。我们在上一章中探讨过，这种幻觉从进化论角度来看是合理的。"意识自我"是发声的我，是与世界沟通的我，因此它能够获得一些想法，目的是要与世界分享。这些想法包括，存在一个作为首席执行官的"自我"，而且是一个非常有效率、能力很强的首席执行官！从本章中我们看到了，意识大脑中除了有这种顽固的幻觉，还会根据哪一种感觉由哪一个模块负责，以及那个模块想要与世界分享怎样的想法，来产生其他更短暂的幻觉——比如说，关于职业野心的幻觉。

看起来我们似乎不必特别处理这些幻觉。男人和女人在互相取悦对方的时候，沉浸在自我幻觉中又有什么错呢？我认为没有错。有些幻觉是无害的，有些甚至是有益的。我绝对不是想要说服各位摒弃一切幻觉。总体说来，我的处世哲学就是宽以待人：如果你喜欢生活在"母体"里的感觉，那么就尽情狂欢吧。

除非，你的幻觉伤害到了生活中的其他人，或对世界造成了困扰。这种情况是会发生的。比如，自我保护模式不仅仅会使我们喜欢身处人群中。在一项研究中，给一些男人看恐怖电影（《沉默的羔羊》）的片段，然后向他们展示异族男性的照片，最终发现，照片中异族男人的面部表情在这些男人眼里比在未看过该恐怖电影的男人眼里更狰狞。[1]

你肯定可以想象出这类幻觉，因为这种对威胁的夸大随处可见。如果你在一个不熟悉的街区行走，小心翼翼地迅速离开这个街区或许能够避免不好的事情发生。但是，另一方面，这种夸大某些种类陌生人的恶意的倾向会妨害你与其他族裔的人建立有建设性的友好交流，而且其代价比一个人在陌生街区行走的命运还要高。政治家经常利用此类心理倾向，使我们"过度解读"威胁，从而导致战争或民族对立。

至于"求偶"模块，它不仅会促使我们远离人群，找到一个私密的小酒馆，还会构建小酒馆里发生的对话。比如，"求偶"模块可能会促使我们为了取悦桌对面的人而贬低竞争对手。对对手的贬低与自我夸耀一样容易出现在这类对话中，而且一样远非真相。但这些贬低的话是由衷说出的，我们倾向于相信自己对竞争对手负面的宣传，而且更乐意四处散布这种言论。[2]

佛陀似乎已经看清了这种相互作用。据称，由他创作的一段话是这样说的：

----

[1] 原注：Maner et al. 2005.
[2] 原注：Buss and Dedden 1990.

六根不净，

轻蔑他人，

自以为是，

将对手视作

"抱歉，无脑的蠢人"。❶

那么，我们该如何应对这一切？如果我们的大脑不停地被不同的模块占据，每一个模块又都带有不同的幻觉，那么我们如何才能改变处境呢？答案并不简单，但是应该明确的一点是，想要掌控局势，或许应该从感觉上着手。早在第三章中我就特别提到，某些感觉或多或少都是"假的"，与它们保持距离就能心明眼亮，以此明确感觉和幻觉之间的关联。但是，只有认识到可以用另一种方式描述感觉与幻觉的关系，我们才能避免被感觉迷惑。感觉不仅会带来特定、短暂的幻觉，还可能引出完全不同的心态，并改变一段时间内的知觉和倾向，不管这种改变或好或坏。

佛学思想和现代心理学在这一点上交汇：在普通的人类生活中并没有掌控局势的唯一的自我，也没有意识的首席执行官，有的似乎是一系列自我，它们轮番上场，掌控着局势。如果它们是通过感觉掌控局势的，我们就有理由认为，改变感觉在日常生活中扮演的角色，就可以改变局势。据我了解，解决这个问题最好的办法莫过于正念冥想。

---

❶ 原注：Burtt 1982, p. 37.

第八章

想法如何自我思考

你知道有一个关于禅宗冥想、藏传佛教冥想和内观冥想的古谚吗？嗯，没有吧，你应该没有听说过。这句古谚主要在于把握了三种佛教冥想之间的区别——内观强调正念；藏传佛教往往引导大脑转向视觉图像；而禅宗有时会沉思神秘的心印（koan）。那句古谚说："禅宗适合诗人，藏传佛教适合美术家，而内观适合心理学家。"

与诸多陈词滥调一样，这句谚语夸大了三者之间的区别，但其中确实有一点是对的：正念冥想作为内观最重要的手段，是一种了解人类大脑的好方法。它至少是研究某个个体大脑的好方法：你的大脑。你坐下来，平定心绪，然后观察大脑的运转。

当然，严格来讲，心理学家做的并不是这些事情。心理学是一门科学，而科学从定义上讲需要产出可公开观察的数据，有可向所有人展示的实验结果。相反，你在观察自己的大脑运转时所看到的东西，除你之外，没有人能看到。它们并非严格意义上的数据，所以，当你冥想的时候，你也算不上一位实验心理学家。就算你在冥想中体会到自我不存在，这也不能作为自我不存在的科学依据。

如果要说科学和冥想之间的关系，那么应该反过来说。并非冥想中对大脑的观察证实了科学理论，更多的反而是科学理论证实了冥想对大脑的观察。如果你在冥想中观察到的大脑工作的方式与可信的科学模型一致，那么只能给你多一点点的理由相信冥想有助于你看清大脑中的动态。

以大脑模块化模型为例。我们有一个足够充分的科学依据来严肃对待这个模型。如果模块化模型真的是大脑的准确映照，如果内观冥想——洞见冥想——确实能使我们洞察大脑的运转方式，那么你就可以通过这种冥想一窥模块化大脑的运转情况。

我想，确实可以。我认为，人们在正念冥想时的某些经历，从大脑模块化模型角度来看很有道理。我说的不仅仅是那些巅峰体验——经过数月闭关冥想而得到顿悟，比如，突然意识到自我不存在。我说的还包括冥想道路上的其他体验，它们可能最终会引导你走向此类顿悟，只是显得更为平常。

在这些冥想体验中，有一种是几乎所有冥想者都经历过的：因为大脑拒绝停留在一处，而难以冥想。我在前文中提到过，发现大脑走神，也算是理解了佛陀挑战传统"自我"概念时所说的部分要义；如果作为首席执行官的自我存在，大脑自然会遵从它的命令，专注于呼吸。现在我们可以再进一步，观察尚难驾驭的大脑——试着观察默认模式网络蔓延的大脑——我们不仅能发现掌控局势的并非意识的"你"，还能充分说明是什么掌控着局势，从而感悟大脑的情形与模块化模型惊人地相似。

想要理解我说的话，只需按照下面四个简单的步骤来做：（1）坐到一张垫子上；（2）努力专注于呼吸；（3）（这一步最简单）无法长时间地专注于呼吸；（4）注意是什么思绪使你的注意力偏离呼吸。这些思绪会因你的年龄和其他一些因素而有所不同，但是最常见的一些包括：

1.想象和同事里有吸引力的男人或女人约会是怎样的情景——或许想象你要说的妙语或俏皮话，或如何取悦对方。

2.回想昨天与他的偶遇，揣测对方话中的深意是否如你所愿。

3.回想对手含沙射影侮辱你的情景。

4.幻想对手卑鄙下贱的一面全部暴露在众人眼前，遭受了公开的羞辱，短暂沉浸在复仇的幻想中。

5.想象辛苦幻想对手覆灭整整一天之后回到家，奖励自己一杯啤酒。

6.回味昨天第八洞打出的精彩一杆，回想同伴钦佩的神情，更不要提你随后的机智妙语引得众人开怀大笑了。

7.担忧明天要做的幻灯片展示。

8.忧心幼儿园里的女儿，或者愧疚于昨天没有给年老的母亲打电话。

9.平时你经常帮助的所谓的朋友不愿帮你的忙，因此感到气愤。

10.期待与另外一位朋友聚餐，因为那时可以发泄对上一个"朋友"的不满。等等。

这里有三个不断重复的主题。第一，这些思绪都是关于过去和未来的，没有关于现在的；产生这些思绪的时候，你唯一不会做的就是注意当时现实世界发生的事情。第二，所有这些思绪都是关于你自己的。在默认的情况下，我们想的都是涉及自我的事情。这也不值得惊奇，因为自然选择设计的大脑就是要关注我们自己的利益（至少，是从自然选择角度定义的我们的"利益"）。第三，这些思绪大多数都牵扯到其他人。这一点也不足为奇，因为我们都是社会性动物。其实，结果显示，默认模式网络和大脑扫描识别的"心理理论网络"——大脑中思考他人在思考什么的部分——之间有相当多的重叠。❶

这里还有第四个主题，几乎所有思绪游荡的人都会去想的第四类事情。你能找出来吗？

提示：前面两章讲的是什么内容？对啦！模块！尽管引你偏离直接体验的思绪可能会带你到很多不同的地方，但是几乎所有这些地方都落在前文中所述的某一种大脑模块里。也就是说，模块模型从进化论角度来看非常合情合理：吸引配偶、保住配偶、提升社会地位（可能意味着要贬损对手）、关爱亲属、经营友谊（要保证友谊是互惠的，不能一味被剥削）等各种模块。

唯一很显眼的例外——上述清单中无法自然落在主要模块里的一种思绪——就是第5条：期待喝一杯奖励自己的啤酒。想来，在进化过程中，我们不会发展出"喝啤酒"模块。但是啤酒和其他很多消遣性药物一样，它们的出现规避了进化论的逻辑：它直击奖励中

---

❶ 原注：Mars et al. 2012.

枢，而奖励中枢往往需要做有助于我们祖先传播基因的事情，费尽心力才能激活。

当你的思绪在游荡时，感觉就好像，嗯，好像你的思绪在漫步——就好像它在模块之间散步，挑选着，沉迷到某个模块里一段时间，然后离开，走向下一个模块。不过，还有另外一种描述方式，其实是不同的模块在竞争，夺取你的注意力，当思绪从一个模块"游荡"到另外一个模块时，其实是第二个模块掌控了足够的力量，从第一个模块手中夺走了意识的控制权。

我绝不会强逼你接受其中某一种观点。此刻，我只想说两点：（1）坚持大脑模块化模型的心理学家倾向于第二种观点——并非"意识自我"选择了模块，而是模块通过竞争掌握了意识的控制权，正如第六章中加扎尼加所说的"赢得意识的认可"；（2）如果你参加了一次内观冥想静修，渐渐能更好地专注于呼吸，你就很可能逐渐倾向于第二种假设：越来越觉得思绪似乎并非在自己的领地中游荡，而是被入侵者劫持了。

最终看来，与其说是劫持，倒不如说是劫持未遂。想法会涌起，但并不能一直把持你的注意力，用不了多久，你就又可以将注意力转移到呼吸上：它们无法把你带走。思绪的列车会进站，你会看着它驶离车站，但并不会上车。

其实，我不应该这么武断地写下上面最后一句话——就好像我经常有这样的体验，超脱地看着载有无数思绪的列车停进车站，然后又离开。我最典型的体验更多是上了车，然后随着列车离开车站，加速，这才意识到自己不想随车而去，于是跳下了车。

我一直因此备感沮丧。一方面，我在客观地审视感觉方面做得已经相当好了——我审视着感觉的涌起，就好似看着某个角色走上了舞台。（至少我在冥想的时候还是很擅长的，在日常生活中时好时坏。）但我发现自己很难超脱地审视自己的想法。换一种说法说出我的问题：还记得加扎尼加说，在某一特定时刻，哪一种想法"冒出来"，占据主动，你意识到的就是哪一种想法吗？嗯，我的难点就在于看不到"冒出来"的那一部分。所以，如果你想听这方面生动的描述，就得找别人讲给你听了，比如，约瑟夫·葛斯汀（Joseph Goldstein）。

1975年，葛斯汀与莎朗·莎兹伯格（Sharon Salzberg）及杰克·康菲尔德（Jack Kornfield）联合创立了内观禅修社。2003年，我做的第一次冥想静修就在那里。他们三人年轻时都曾在亚洲游历，都是在亚洲邂逅了内观学说，三人都成为西方佛学界的重要人物，著述颇丰。葛斯汀在1976年出版了重要著作《内观体验》（*The Experience of Insight*），他是探讨内观体验的绝佳人选。有一次，我追着他让他描述以超脱状态（他更喜欢用"不执"）审视自己想法的感受。

审视想法是怎样的感受

葛斯汀说，有一种方法就是"想象大脑中涌起的每一种想法都是身边人的"。那么你又将如何与这些想法联系起来呢？他认为，你不必与这些想法有任何联系。"想法出现和消失，就像声音一样，但与之建立的联系是我们强加上去的。"

我问："那么说，在冥想时，可能会有一种感觉，想法就像声音一样，不知是从哪里冒出来的？"

"是的。"他应道。

我一直乐意帮助理智的人，不要让他们听起来像疯子，于是继续问道："不过，其实……与听到声音还是不同的？"

"是，对的。"

对话的走向很符合我的想法。他似乎是在说，我们通常认为由"意识自我"产生的想法，其实是被引向我们所谓的"意识自我"，之后我们就欣然认同那个想法属于那个自我。反过来看，这好似与前文中的一种观点不谋而合：模块在意识之外生出想法，然后将想法注入意识。于是我就这一点继续追问下去。

"你听听我这么说对不对。冥想时，你能够逐渐意识到……尽管你终其一生可能都认为是自己想出的想法——你想象中的'你'想出的想法——其实更接近真实情况的是，想法俘获了你，俘获了你想象中的'你'。"

"对。"

"它们来自你的身体某处，来自大脑某处。"

"是的。"

讲到这里还没有问题。但是，随后我逼得太紧，不太合葛斯汀的心意。我说："不管你把大脑或身体中的哪个部分看作你的自我，它都是想法的囚徒，想法尝试去抓住——"

"这样描述有些意思，感觉也确实像是如此。但是我会稍微换一种表述。只不过是想法涌起，大脑有一种强烈的习惯，会与之产生联系。所以并非它们意图俘获我们，而是因为有一种强烈的习惯性认同。我们的生活就是这样，需要通过练习才能打破这种条件作用，要用正念看待我们的想法，而不是在想法中迷失。"

　　他在最后提出，我们与想法产生联系，是通过"条件作用"养成的习惯。这是我不能赞同的。我认为，我们的一些比较普遍的幻觉——或许包括认为想法由"我们"产生——是由自然选择深深植入我们身体的，尽管会受到我们的生活经历的影响，但总体来说更接近本能，而不是坏习惯，这也解释了根除它们为什么会那么难。

　　说这些有些偏题了。对葛斯汀的核心观点，我是接受的。我本来的意思也不是说想法实实在在地尝试夺取我们的注意力。

　　事实上，了解了大脑模块化模型，使我不像一些冥想老师那样把想法的作用看得那么重。这些老师中有的倾向于说"想法自我思考"，但是严格来讲，我认为是模块想出了想法。或者说，是模块产生了想法，如果这些想法比其他竞争模块产生的想法更强烈，就会变成想出的想法——也就是说，它们进入了意识。尽管如此，你还是能看出为什么在冥想中审视大脑时，感觉就像"想法自我思考"——因为模块是在意识之外完成自身工作的，所以从"意识自我"的角度来看，想法是突然冒出来的。

　　总之，冥想老师的主要观点和模块化大脑模型的结论是一样的："意识自我"不产生想法，它接收了想法。我还不能像葛斯汀那样客观、清晰地观察接收想法的过程——想法进入"自觉意识"时，想法"冒出来"的时候。

我对葛斯汀解释，我不是说想法真的意图俘获我们的知觉，随后又问，想法有没有可能有时是主动的，而并非一直是被动的。"换言之，"我说，"它们是意识中的行动者，你必须应对，而且你习惯于与之建立联系，但其实并没有这种必要。"

"正确。如果你正确看待它们，不被拉进它们构建的剧情中，它们的活跃度就会降低。那种感觉就像去看电影。我们看电影，电影有很吸引人的故事，我们就被拉进故事里，感觉到很多情绪：兴奋、恐惧、陷入爱河……然后我们回过神，发现一切不过是投射在屏幕上的影像。我们认为发生过的事情其实都没有真正发生。我们的想法也是这样的。我们被吸引了，被拉进了它们的剧情里，忘记了它们虚幻的本质。"

逃离这段剧情——将想法看作从你身前经过，而不是由你产生——就能更接近"无我"的体验，更接近"看见"没有"你"在思考或做别的事情，也更近于揭开一种形而上的真理的面纱。但是正如我们在第五章中所说，有些人认为，对于佛陀最初关于"无我"的教诲，最好不要看作形而上的真理，更多地应该看作一种实用性的策略：不管"自我"是否存在，只要摒弃你认为的"自我"，就能澄清你对世界的认识，成为一个更好且更幸福的人。从葛斯汀描述的角度来思考，不仅"无我"的形而上学认识能得到升华，上述关于"无我"的实用性策略也能得到提升。

正如他所说："我们认识了想法本质的基本智慧，就有能力选择，哪一种想法是健康的、哪一种想法不那么健康——这样的想法我们就可以摒弃。"

到目前为止，从大脑模块化模型角度来看，内观冥想还不错。在冥想的道路上，两个明显不同的阶段看起来都很好：第一次坐到垫子上，因为思绪不断牵扰而无法专注于呼吸时；在这条道路上走了很长一段时间以后，你已经可以像葛斯汀一样，静静地坐在那里，看着想法进入意识，然后消失，思绪一点都不会游荡。在第一种情况下——还在苦苦挣扎以保持专注的时候——你看到想法俘获了你；在第二种情况下，你看到它们无法俘获你。但是在两种情况下你都可以认识到，想法并非源自"你"，不是来自你的"意识自我"。所以，如果想法真的是被意识知觉无法触及的模块驱赶进意识里的，那么两种体验都是合情合理的。换言之，如果模块化模型是对的，那么相比日常对想法不加思考的认识，相比认为想法源自作为首席执行官的"自我"的认识，我们通过冥想获得的对想法的认识，要更真实一些。

模块化模型对内观冥想的验证还不止于此。正如对想法的正念认识在这种模型下是合理的，对感觉的正念认识也一样。我们已经探讨过，在模块化模型下，赋予模块暂时控制权的正是感觉。你发现某人使你有了被吸引的感觉，突然之间你就转换到了求偶模式，寻求亲密接触，极尽体贴，还可能会卖弄一番，就好像变成了另一个人。当你看到死对头时，随后产生的感觉会引导你寻求不同于亲密接触的举动（尽管也可能根据情况卖弄一番）。我们有理由认为，如果最初没有萌生这些感觉——被吸引和喜爱，因竞争而生的厌恶感——那么相应的模块也不会掌握控制权。所以，正念冥想背后的一种理念——与你的感觉保持临界距离，可以使你对某一时刻何为

"真的"你有更强的掌控力——在大脑模块化模型下是完全合理的。

驱动想法的燃料是什么

在对感觉的正念认识和大脑的模块化模型之间，还有一种更微妙、更精细的联系，我也承认这种联系更多的是猜想。要看到这种联系，第一步就是要在冥想时特别集中注意力。我很想把最后一个句子改成"在你无法冥想的时候，要特别集中注意力"，因为我要探讨的那一段冥想经历，正是你因想法不断牵扰而无法专注于呼吸时的经历。但是，如果你把注意力特别集中到"无法"冥想上，那就算不上无法冥想了——因为，不管专注于正在发生的事情是什么，都算正念冥想。

总之，下面介绍一下我在尝试专注于呼吸时注意到的想法牵扰：往往有一些感觉依附于它们。而且，它们吸引我注意力的能力——换言之，使我陷入迷惑，使我无法注意到它们吸引了我的注意力——似乎也取决于那些感觉的强弱。如果你不相信我，那就在你无法专注于呼吸时（应该用不了多久！），试着去关注使你无法专注于呼吸的事物。我的意思不是要你随便专注于任何一种扰乱你心神的想法——我是说，看看你能否侦测出一些与使你分心的想法有关的感觉。

有时，想法与感觉之间的这种联系是显而易见的，因为感觉特别强烈，甚至是原始的。如果你想着与邻居的配偶上床，或者担忧自己的配偶和邻居上了床，或者幻想着惩罚与你的配偶上了床的邻居，这时相应的感觉——欲望、忌妒和复仇——就特别真切、强烈，不容忽视。

不过，即使是那些不算太野性的想法，更富有"人性"的思绪游荡，似乎也明显与感觉相关。你回想最近一次在社交场合的绝佳表现——或许是一个逗笑大家的笑话——感觉很好，于是你又多想了一会儿，或许还会想着给这个笑话编排一个诙谐的结尾，下一次讲给别人听。你在思虑着，有一项工作恐怕难以赶在截止日期之前完成，你有些焦虑——焦虑使你执着于即将到来的灾祸，除非能想出一套行动计划，或者说服自己截止日期并不重要，焦虑消退之后，这种想法才会消失。

即使是纯粹的思绪游荡——好奇——似乎也有感觉相伴。如果我坐下来冥想，沉浸到对某种事物的好奇中——思考着某个谜题——我会集中注意力，我发现这种思考令人愉悦，好似有人不停地给我发一些小奖励，激励我继续游荡在解决谜题的道路上，直到最后找到答案，如果我找到了答案，就会产生一阵极大的满足感。正如19世纪的约翰·拉斯金（John Ruskin）所说："好奇是一种天赋，是一种从求知中获取快乐的能力。"

有时候，好奇心就是这样——就像一种含蓄的快乐，你很少会注意到它。但是18世纪作家塞缪尔·约翰逊（Samuel Johnson）持有不同的观点："好奇心带来的满足感，更多的是来自从不安中解放，而不是获取的快乐；无知带来的痛苦要重于受教带来的喜悦。"

有时确实是这样的——有时想要弄清一些事情的感觉非常急迫，

令人焦渴。如果你的全部身家都投在股市里，那么想要弄清今天的股市会不会继续近期的暴跌与想要弄清1929年股灾原因的感觉就是不同的。如果你想要查明自己的配偶有没有和邻居上床，那种感觉与好奇邻居的配偶有没有和另外一个邻居上床是不同的，而相比好奇是什么使得配偶与邻居上床又有更多不同了——就此而言，是什么使鸟儿歌唱，是什么使星星闪耀，是什么使某人做某事，好奇这些事情的感觉又是不同的。好奇到底是迫切的渴望还是令人愉悦的诱惑，还要取决于这件事在自然选择定义下与我们的利益的相关程度，关联的直接性和紧迫性越低，感觉就越微妙和惬意。

但是，关键点在于，似乎所有类型的好奇——不管是直截了当地鲁莽提问，还是令人惬意的旁敲侧击——都会掺杂着感觉。这样看来，头部扫描显示大脑处于好奇状态时，多巴胺分泌系统——该系统涉及动机和奖励、欲望和快感等——非常活跃也就不足为奇了。❶

这就是我从很多个小时冥想失败的经历中总结出来的经验（我的意思是说，很多个小时无法冥想，偶尔能够正念审视这种失败）：俘获大脑并裹挟大脑运转的想法中有感觉依附，尽管有时依附的感觉很微妙。我很高兴地向大家报告，感觉与想法之间的这种联系，已经被那些冥想内省能力比我强很多的人观察到了。2015年6月，我把本书草稿送交编辑之后不久，奖励了自己为期两周的冥想静修。静修的地方叫森林依止处（Forest Refuge），属于内观禅修社的分支机构，主要面向有经验的冥想者。那两周的指导老师是一

---

❶ 原注：Sample 2014. 另参见 Ikemoto and Panksepp 1999。拉斯金和约翰逊的话引用自 Litman 2005. 利特曼（Litman）认为，我们所谓的好奇是两种不同、有时重叠的大脑过程。

位精神治疗师，以前是一位佛教僧人，名叫阿沁卡奴·马克·韦伯（Akincano Marc Weber）。有一天晚上讲经的时候，他说："每一种想法都有推进剂，而推进剂是与情感相关的。"

"推进剂"这个词暗示了一个重要问题的答案：当你的思绪在游荡时，当你的默认模式网络处于控制地位的时候，这个网络如何决定某一时刻由哪一个模块推动想法进入意识。我们已经谈及模块之间如何竞争主导权——在意识知觉之外的"狗吃狗的世界"。但是到底是什么决定了哪一只狗获胜？是什么使得一只狗比其他狗更强？

感觉负责归类

据我了解，最佳候选者莫过于感觉。在某一特定时刻，所有处于秘密争斗的想法中，或许与之关联感觉最强烈的那一种就是得以进入意识的。❶

这纯属猜测，很有可能是错的，但是作为自然选择设计大脑的一种思路，也是合理的。毕竟，感觉其实是一种判断，判断的对象是各种事物如何与一种动物的进化论利益关联。所以，从自然选

----

❶ 原注：这个情形引出一个问题：为什么想法在进入意识之前，会与某个层级的感觉联系在一起？这个问题至少有两个可能的答案：（1）尽管听起来可能有些奇怪，但或许你的大脑中有一片领域是有感知能力的——有主观体验——但是你的意识大脑通常触及不到这片领域。我们在第六章中提到过裂脑实验，有些思考裂脑实验深意的人非常认可这种可能性。（2）或许"感觉的强度"是一种隐藏的特性，直到与感觉联系在一起的想法被意识接纳之后才能显现出来。在隐藏阶段，会有一些物理标记显示感觉的强度，但是在意识以物理标记强度为基础接纳这种感觉之前，它并不会有主观表现。

择的角度来看，感觉会给想法打上恰当的标签，标注上"高优先级""中等优先级"和"低优先级"。如果明天有一个活动，会明显地影响你的社会地位——或是一次重要的展示，或是一次由你主持的重大晚会——那么，与做准备相关的想法将会占据"高优先级"，因此也会带来很强的焦虑感。但是，如果距离这样的活动还有数周，上述想法就属于"低优先级"，因此焦虑感也不会太强。如果你和最好的朋友刚刚大吵了一架，那么厘清下一步该做什么和说什么就变成了很重要的事情——比思虑冒犯过的一般熟人要重要得多，因此内心骚动的感觉和略微关切的感觉也是不同的。

在上述几个例子中，和想法关联的感觉强弱，与自然选择赋予这种想法的重要性相匹配。而当默认模式网络掌握控制权的时候——当你的大脑没有专注于交谈或读书或运动或其他沉浸式任务时——"最重要"的想法，打上最强烈感觉标签的想法，就占据了优先地位。

当然，有时通过竞争进入意识的最重要的想法并没有那么重要，有时生活幸福，没有迫切需要解决的问题。在那种情况下，与通过默认模式网络进入意识的想法相关联的感觉，或许也不会很强烈。但是我发现，如果你集中足够的注意力——冥想的时候要简单很多——几乎总能感觉到一种感觉基调，或是积极，或是消极，与突然进入意识知觉的想法相关联。因为如果想法没有与此类感觉相关联，一开始就不会吸引你的注意力。感觉是大脑标记想法重要性的一种方法，而重要性（以自然选择有些粗糙的角度）决定了哪一种想法进入意识。

与之前一样，我也不能说这是心理学界的共识。事实上，即使在我介绍过的支持大脑模块化模型的心理学家中，恐怕对决定哪个模块占据主导地位的原因也莫衷一是。但上述假设是我认为最合理的。这种假设从进化论角度来讲是合理的，而且与冥想内省的结果完全相符。尽管内省结果并非数据，但是对于决定这种假设是否值得进一步探索有合理的帮助。

这种假设或许有助于理解冥想进程中的一些事情。我在前文中提到过，用超脱的态度看待感觉比看待想法要容易。我不认为自己异于常人。很多冥想者似乎应对感觉都比应对想法更为得心应手。如果感觉是使想法与意识联系在一起的黏合剂，使你在不知不觉中产生了某种想法，那么上文所说也就有其道理。毕竟，在你学会以客观的角度清晰地看待这些感觉之前，恐怕也无法消除这种黏合剂，因而也难以与想法保持一定的距离。

实际上，在这种情况下，你一定要善于客观地审视细微的感觉，才能以这种方式审视各种想法。所以我们有理由认为，只有约瑟夫·葛斯汀这样的资深冥想者才能清晰真切地看到想法摆脱黏合剂的束缚——看着想法出现，在大脑中未曾找到逗留之处便消散了。

这种假设——感觉是大脑给想法分配优先级标签的一种方法——与过去数十年里心理学的总体趋势是一致的：不要再谈"情感"和"认知"过程，就好似二者分处于大脑的不同隔间一样，应该认识到二者是紧密交织在一起的。这种趋势也是传统佛学对现代心理学又一种正确的预测。在著名的《爱尽大经》(*The Greater Discourse on the Destruction of Craving*)中，佛陀说，有一种"法"(mind object）——包含想法的一个分类——就像味道或气味：不管是"用舌尝味道"还是"用鼻闻气味"或是"以意识知法"，他"对可爱样子的法不贪着"，"对不可爱样子的法不排拒"。❶

在随后的几章里，我们可以看到，情感和认知之间微妙的瓜葛，有助于我们理解佛学中听起来最疯狂的一个命题：我们感知到的世间万物——树木、飞机、鹅卵石——根本不存在，至少不是以我们自然见到它们的模样存在。在下一章里，我们将讲到情感和认知之间这种微妙的瓜葛还有助于解开我们早先暗指的一个谜题：如果自我不存在，那么平时所谓的"自控"到底是怎么回事？佛学又是怎么教导我们掌控这个"自我"的？

----

❶ 原注：Majjhima Nikaya 38: 30, Nanamoli and Bodhi 1995, p. 266.

第九章

"自我"控制

18世纪苏格兰哲学家大卫·休谟（David Hume）写到，人类的理性是"激情的奴隶"❶。如果休谟所谓的"激情"与我们今天对这个词的定义相同，那么他的观察结果也没有太多值得称道的。显然，当我们被欲望或复仇等强烈的感觉裹挟时，掌控局势的就不是我们的理性能力了。但是休谟所谓的"激情"有不同的含义，他所说的激情从广义上讲是指感觉。他的意思是说，尽管理性在人类动机中起重要作用，但是在某种意义上做决定的永远都不是理性。我们做某事，是基于感觉做出的决定。

休谟是如何产生这种想法的？显然是通过自省——仔细观察工作时大脑的状态。从某种意义上讲，休谟在正念流行之前就开始关注正念了。说实话，休谟在西方哲学家中算是很东方化的。他的很

---

❶ 原注：Hume 1984, p. 462.

多观点都与佛学思想惊人地一致，包括反对自我存在的观点。有些学者认为这并非偶然，认为他可能接触过佛学思想，尽管当时佛学尚未从亚洲风行到西方。当然，在我们看来，感觉掌控了局势这一观点本质上就是佛学的。**❶**

二百五十年前，休谟跟上了佛学的步伐，如今科学终于跟上了休谟的步伐。现代科学利用工具窥探动机机制，观察我们做决定时大脑的哪一部分是活跃的。休谟关于理性和感觉的观点一直被认为是激进的，如今看来却相当好。

以购买某样东西这种很直接的决定为例。我们往往会把这种决定看作纯粹理性的判断。你看过一种商品和商品的价格，然后问自己一系列问题：你使用这种商品的频率多高？购买这个商品会花去很大一部分积蓄吗？用那些钱还能买到别的什么东西？回答了这些问题，你就能冷静地权衡是否购买这个商品，然后做出决定。

但是根据来自斯坦福大学、卡耐基·梅隆大学和麻省理工学院的认知科学家所做的实验来看，权衡并非冷静的过程。这些科学家给受试者真实的现金，列出一系列供他们购买的物品：无线耳机、电动牙刷、《星球大战》碟片，等等。科学家向受试者展示了每一件产品，然后展示了价格，同时扫描了他们的大脑。结果显示，研究人员可以通过观察大脑的哪一部分更活跃或活跃程度变低，相当准确地判断受试者是否会购买某种商品。而且所有活跃的区域都不是大脑中主控理性的部分，反而是主控感觉的部分。比如，负责控制

----

❶ 原注：Gopnik 2009.

快感的伏隔核，在人们预期到奖励或看到喜欢的东西时会更活跃。受试者看到某种商品时，伏隔核越活跃，他就越有可能购买这种产品。另外，还有脑岛，在人们预期到痛苦或其他不快的事情时，会变得异常活跃。受试者看到价格之后，脑岛越活跃，购买这种商品的可能性就越低。❶

尽管权衡利弊再决定是否购买某种商品听起来好像是纯粹理性的举动，甚至有些像机械行为，但是这个实验证明，大脑的权衡过程是通过矛盾的感觉互相竞争实现的。就连价格——一种纯粹的数量指标，很容易就能输入电脑的决策算法中——最终也是按照厌恶的程度，以感觉的形式纳入权衡过程的。最后强烈的感觉——或是吸引，或是厌恶——获胜。

当然，理性对感觉有影响。如果你提醒自己，上次买的电动牙刷还没有用，新买一支电动牙刷恐怕也逃不过同样的命运，这样购买这支牙刷的吸引力就会消失。如果你提醒自己，购买牙刷的20美元还没有上周五一顿晚饭花得多，你对价格的排斥感就会变弱，相应的脑岛活跃度也会降低。

为什么感觉控制想法

理性确实在个人决定上起到一定作用。但是，上述实验证明，

----

❶ 原注：Knutson et al. 2007.这些研究人员在预测购买行为时，研究的第三个大脑区域是内侧前额叶皮质，在我们看见令人愉悦的饮品之类事物时，该区域会变得活跃。

理性只有通过影响感觉这个终极激励因素，才能起到这样的作用。正如休谟所说："单纯的理性根本不可能成为任何意志行动的动机。"❶购买某种物品，最终要归为对这次购物的感觉很好——或者至少要比两手空空离开的感觉要好。当然，你可能会后悔没有买那样东西，"非买家懊悔"和"买家懊悔"同样真切。顺便说一句，这里的关键词是"懊悔"。马后炮其实是一种"感觉"的宣泄，因为事情的结果早已决定了个人感觉。

如果从进化论角度来思考，这一切都是合理的。毕竟，感觉是原始动机。好的感觉和坏的感觉是自然选择用于激励动物接近或躲避、获取或排斥事物的工具，好的感觉匹配进食等事情，坏的感觉匹配被吃等事情。经年累月，动物变得更加聪明，但那是从自然选择的角度来讲的聪明，并非取代感觉而是让感觉更明智：智慧帮助动物完成了更复杂的工作，理清哪些事物需要接近或躲避、获取或排斥——也就是应该对什么感觉好、对什么感觉坏。因此，在进化过程中，尽管感觉背后的算法越来越复杂，但是最终引导我们生活的还是感觉。我们购买一件带内衬的风衣之前，或许会在网上做大量的对比，反复权衡，但是最终购买这件风衣是因为理性分析使我们感觉买这件衣服很好。

说到这里，我们最开始分析要不要买这件衣服的原因就是冬天在寒风中感觉不好。感觉告诉我们应该想什么，经过思考之后，感觉又告诉我们该做什么。在人类进化过程中，思考对行动的作用越

----

❶ 原注：Hume 1984, p. 460.

来越大，但是思考的起点和终点一直都是感觉。

　　在进化过程中还发生了一件事，我们的感觉要应对越来越多的事情。人类的社会化程度越来越高，食物和性的获取都取决于对社会环境的掌控，比如建立联盟和受到尊重等。因此，交朋友和赢得尊重的感觉很好，被排挤的感觉糟糕。这也转而开启了新的想法和思路：厘清朋友忽然与你反目的原因，思考使人钦佩的方法，等等。不过，这些不断扩张的感觉和想法网络只不过是进化论嵌入人体的基本价值体系的延伸——这个体系以生存和基因传播为根本。

　　自然选择是这些感觉和想法的生物学体现，也是那些原始价值观的生物学体现，前者无非是后者的直接延续。脑部扫描研究显示，纾解肉体痛苦的大脑区域同时也负责纾解社会排斥带来的痛苦。这也解释了为什么镇静剂和其他止痛药可以缓解社交挫折。有一项研究显示，大剂量服用泰诺胶囊也能缓解社交排斥带来的痛苦。❶

理性和巧克力

　　所有这一切都引向了巧克力的话题。恰巧，歌帝梵巧克力也在这次核磁共振成像（MRI）购物实验的商品清单中。不过，即使它不在清单中，我现在还是很可能会提到巧克力的例子，因为我要转向自控的话题了，而说到自控，巧克力是我很难忍住的诱惑，另外

----

❶ 原注：Lieberman 2013, pp. 64 – 66.

甜甜圈和看电视体育节目的诱惑力都比写作本书要高。

自控经常被描述成理性凌驾于感觉。柏拉图打过一个比方，说理性的自我就像马车夫，他控制的不羁的感情就像马。随后的大约两千五百年里，这种观点基本原封不动地延续了下来。有些人甚至说大脑科学已经找到了马车夫的位置，就是大脑的前额叶。前额叶位于前额后部，在高中教科书和博物馆展览中都被吹捧为人之所以为人的根本。前额叶被认为是大脑的"一把手"，赋予我们理性、计划和自控的能力。[1]你应该可以看出，我们的祖先南方古猿就缺少这个大脑部位——从他们尴尬地凹进去的额头上就能看出来！

前额叶当然很重要，我也为有前额叶而自豪。另外，有充足的证据证明它在我们所谓的自控中有一定的重要性。研究显示，诱惑越强大，试图抗拒诱惑的人的前额叶就越活跃。

尽管如此，如果休谟是对的，那么前额叶的这种活动就不应该像平常认为的那样，是理性"战胜了诱惑"或成功"抑制了感觉"。理性的作用并非直接抑制一种感觉，而是强化能够抑制这种感觉的另外一种感觉。是的，好时巧克力看起来很好吃，要吃掉它的想法感觉很好，但是想到早先读过的一篇关于高血糖危害身体的文章，吃掉巧克力的想法就会带来负罪感。扼制吃掉巧克力棒冲动的是这种负罪感，而不是反思的过程。休谟说："单纯的理性根本不可能抑制符合意愿的激情。"[2]任何东西都"无法抑制或阻碍激情的冲动，除

---

[1] 原注：Sapolsky 2005.

[2] 原注：Hume 1984, p. 461.

了一种对立的冲动"。❶

从这个角度来看，前额叶并非我们从动物演化成人类的过程中进化出的控制模块，我们也不是靠它来最终克服不羁的感情，使自己处于理性控制的。不是的，前额叶中嵌入的理性能力本身也受到感觉的控制。感觉中嵌入的价值体系——自然选择认为的何为好、何为坏，认为的我们该追求什么、该躲避什么——大体上还是占据主导的价值体系。

自然选择使我们想要某些口味的食物，也使我们想要活得更久、更健康。自控的挣扎——至少在这种特定情况下——是上述两种价值观以及与之相联系的感觉之间的冲突。理性在其中扮演的角色无非是两种价值观的代理人。想要活得更久、更健康的欲望使我们专注于理性看待糖摄入量与长寿之间的关系，也正是通过这种欲望，理性分析的结果才能战胜对巧克力的欲望。从这个角度来讲，还是像休谟所说的，理性仍然是激情的"奴隶"——因此也是自然选择包罗万象的价值体系的奴隶。

我们对大脑的运转方式了解得越多，休谟的话听起来就越有道理。哈佛大学神经科学家乔舒亚·格林（Joshua Greene）是这样描述前额叶的一个特殊区域——背外侧前额叶——的："背外侧前额叶控制抽象推理，与多巴胺系统紧密关联，而多巴胺系统负责赋予物体和行动价值。从神经科学和进化论的角度来看，我们的理性系统并非独立的逻辑机器。它们是用于筛选有益行为的古老哺乳动物系统的产

---

❶ 原注：同上，p.462。

物——富于进取心的哺乳动物的认知假体。"换言之，根据格林的分析，休谟似乎是对的。❶

被过度简化的不仅仅是前额叶。我们所熟知的大脑边缘系统，通常被认为是"情绪的所在区域"，但是这种描述是有误导性的。神经科学家路易斯·佩索阿（Luiz pessoa）曾写道："大脑'情绪'区域会参与到认知中，而大脑'认知'区域也会参与到情绪中。"在《情绪化认知大脑》（*The Cognitive-Emotional Brain*）这本教材中，佩索阿和历史上很多心理学作者一样，引用了柏拉图的马车夫比喻——但是，和其他心理学家不一样的是，他引用这个比喻是为了反驳它。❷

你的内在法官真的做了判决吗

柏拉图关于纯理性马车夫的比喻能够盛行那么久也没有什么可惊奇的。毕竟，当你决定是否要沉溺于巧克力的时候，有没有感觉好似有一个理性的你在思量这个问题——有一个类似法官的角色，听取要不要买巧克力的辩论？一方面，吃了巧克力可能会增重几斤，而且深夜吃巧克力不利于睡眠。另一方面，如果你吃了巧克力，就能精力充沛地完成一些工作，而且，你昨天工作特别辛苦，应该犒劳一下自己（昨天做那么多工作也一定程度上要归功于吃下的巧克力！）。

----

❶ 原注：Greene 2013，第五章。
❷ 原注：Pessoa 2013, pp. 2 – 3.

听取了双方的陈述，你这个法官做出了判决。作为一个严厉的法官，你决定今天不能吃巧克力。或许之后的某一天，你换上了仁慈法官的外衣，决定确实应该吃一块巧克力。就此休庭。也可能暂时休庭，等你买了巧克力，又要裁断另外一个问题，要不要等回家之后再吃这块巧克力。

不管是哪一种情况，都有那么一刻感觉是你做了决定。那么，我们说有一个理性的"你"裁决了这个案子，这样的描述有什么问题吗？我曾经就此问过罗伯特·库尔茨班。库尔茨班是认为自我可能不存在的心理学家之一，我相当肯定他可以解释，在巧克力这个决定中并没有一个理性的"你"充当法官。

我问他，"我权衡了利弊，决定不吃巧克力"这样的说法有什么问题吗？他回答说，严格来讲，你更应该这样说："你的大脑中有些系统天生要刺激你进食高卡路里的食物，这些系统有其动机、信念和代表；你的大脑中还有另外一些系统，有保持长久健康的动机，这些系统对巧克力也有一些自己的信念。"最后，第二类系统的模块——关注长久健康的模块，"抑制了短期欲望模块的激励行为"。换言之，两类模块并没有更"理性"之说，只不过二者有不同的目标，在特定的那一天里，一种模块比另一种模块更强而已。

你或许会问，"更强"到底是什么意思？如果休谟是对的，如果我们偏离主题讲述的那个购物实验是对的，那么就可以归结为感觉的竞争。当你伸手去取巧克力棒时，长期模块可能会产生一种负罪感；当你经受住巧克力的诱惑之后，可能会有一种自豪感。另外，参与到竞争中的是短期模块产生的对巧克力的欲望。但是短期模块也会有一些巧妙的策略。是不是短期模块唤醒了过去的记忆，使你想起一篇关于抗氧化剂长期益处的文章？它觉得长期模块或许会认为这篇文章有些意思？

所有这些都凸显了一个谜团：为什么我们的"意识心"要花时间见证辩论的过程，参与到"深思熟虑"中？如果这只不过是审判表演赛——如果一切都归结为模块之间的权力竞争，集聚了一切可以支撑各自论点的逻辑证据——那么在潜意识里进行不就可以了吗，这样不就可以像思考大脑和身体的问题时那样，避免"意识心"有任何建设性的动作了吗？嗯，还记得我们说意识——大脑中负责与外界沟通的部分——就好似外交官吧。"我猜，"库尔茨班说，"你的意识观察辩论过程和获胜理由的原因在于'如果有人质疑你，问你为什么要做 x、y 或 z 时'，你就能给出一个合理的理由。"

所以，当你拿着一条 100 克的巧克力棒走出商店，塞进嘴里时，有个过路人疑惑地看着你，你就可以说："吃了这个，下午我就能精力充沛地工作了。"相比之下，路人对你的评价，肯定会比你说"我就是控制不住自己，怎么了？"高很多。

有时你面临的社会风险不仅仅是路过的陌生人对你的看法。如果熟人都发现你背叛了配偶，而你只是说"我只不过是受自然选择设计的性冲动驱使，为了尽可能传播自己的基因"，那么人们就会四处传播说你是那种对配偶不忠的人。当然，你根本不是那种人！所以你应该说类似这样的话："但是你们要理解我：我的爱人情感冷漠，满足不了我对陪伴和亲密感的深层需求。"这样人们就会说这也不能全怪你。所以在你打算开始一段露水情缘之前，最好先把这样的话传出去，观察一下大家的反应。然后就可以动手了。

这也不是说，我们能够意识到理性推理过程的唯一原因是这样，我们就可以向容易盲从的公众兜售对自身行为的解释。有时，我们在权衡一个重大决定时，会和朋友或家人商议该怎么做；如果我们事先已经意识到支持或反对这个决定的一些观点，商议的过程就会更容易有成果。当然，这里也可能存在公共关系议题的问题。"商议"或许是一种方式，可以预先确认做某件事不会惹恼我们生活中重要的人，或者可以得到这些人的承诺，以防我们的决定惹恼其他人，他们会支持我们。但有时——特别是对方把我们的利益放在心上时——"商议"就是真商议：寻求指导。

不管是哪种情况，"意识心"与不同模块竞争得出的理由相关联有一个好处，就是你可以在做决定之前与他人分享这些理由，得到他们的反馈。严格来讲，我应该这样说：你可以与他人分享理由，然后他们的反馈会帮助你校准两种选择的感觉是好是坏。

在本章中，你或许会注意到一种趋向：我们越多思量理性和感觉之间的关系，就越难理性地控制自身行为。首先，我们了解到休谟的话似乎是对的：我们的"理性能力"从来都没有真正处于控制地位；其议题——理性对待的是什么——是由感觉设定的，它只能通过影响我们的感觉才能影响到我们的行为。而后我们了解到，实际上，就连"理性能力"这种说法也超越了一般人类大脑有序的思考方式。由此产生的观点认为，我们拥有的不是一种理性能力，而是多种理性能力，模块似乎有能力根据目标找出理由。

这也转而说明"推理"有时就是"多种理性能力"所做事情的

委婉说法。当然，某一个模块有时可能会说一些很有道理、证据充分的话，比如"如果你吃了巧克力，就可能睡不着觉"，但是另外一个模块可能会说"如果你吃了巧克力，就能做更多的事"——虽然过往的经历显示，你只会精力旺盛地刷社交媒体。而且，要区分正当的理由和不当的理由很难，因为有时最不恰当的理由感觉很好——而说了算的往往是感觉。

不过，还是要打起精神来！不能因为感觉在这场戏里是主角，我们就灰心丧气，感到无能为力。其实，我们还有一种工具——正念冥想——正好可以从感觉的层面施加干预，改变感觉带来的影响。所以，或许还有希望，能够应对通常与"自控"相关联的一些挑战——沉溺于各种欲望。

事实证明，有一些特定的冥想技巧可以用来应对烟瘾之类的挑战。但在谈论这些技巧之前，我们最好要先理解某些欲望是如何占据主导的，背后的原因又是什么——它们在你的大脑中有极强掌控力的进化论逻辑。

"自律"真的是个问题吗

如果你抽烟——或是对海洛因、色情作品或巧克力之类的某种东西上瘾——很有可能会在某个时间节点反复权衡要不要沉溺于这种形式的满足感。或许是尝试过几次之后，你认识到它的诱惑性，而且在一定程度上意识到它最终可能会控制你。不管怎样，肯定在某个时间节点，天平倒向了短期的满足感。随着时间的推移，获得满足的机会不断出现，你越来越少权衡。获得即时满足的驱动力越来越强，你根本无法抵抗。这就是成瘾的过程。

高中橄榄球教练对此有自己的一套比喻。他们说，自律就像肌肉。如果你用，它就变强；如果你不用，它就变弱。这种老套的说法确实符合一般规律，如果抑制放纵的身体部分获胜几次——如果得到成功的"训练"——那么它下一次取得成功的机会就会更高，但是如果它连续失败几次，之后就会一溃千里。

这种比喻很恰当，有些研究该领域的心理学家也经常用这种比喻描述他们的研究结果。不过，有一个有趣的问题，这些心理学家不太会去问为什么肌肉的比喻很恰当。换言之，为什么早期的成功自律会带来更多的成功，而早期的失败则会带来更多的失败？如果自律真的对生物体有好处，自然选择就不会让早期的几次挫败毁掉自律。然而毫无疑问，吸食几次海洛因，人生就完了。为什么？

要回答这些问题，有一种方法就是抛开"自律像肌肉"这个有用但却有局限性的比喻。我们来把这个问题翻译成模块化的语言：倾向于放纵的模块赢得几次争辩后，力量不断壮大，对立模块连尝试反驳的机会都没有了。为什么自然选择会有这样的设计，使获胜的模块变得越来越强？

想象两万年前的祖先，你的曾曾曾……祖父。假设他还是个年轻人。假设他的某个模块——大概就是弗洛伊德所谓的力比多（libido）——鼓励他向一位女性求爱。另外一个模块提出要谨慎："或许她会拒绝你的求爱，你会受辱，或许她会告诉别人，她拒绝了你的求爱，你就会进一步受辱。"或者，如果她已经有了配偶，提出警告的模块就可能会说："如果她把你讨厌的求爱之事告诉了强壮的丈夫，她的丈夫把你喂狮子怎么办？"

现在假设第一个模块赢了，你的祖先去求爱了。我们再假设力比多模块是对的，求爱没有遭到拒绝，性行为随后而至，而她强壮的丈夫一直被蒙在鼓里。嗯，下一次这两种声音——一种提议去求爱，另外一种提议约束自我——之间发生冲突，倒向第一种声音难道不是很合理的吗？毕竟，上次第一种这种声音就对了。它上次的正确说明了两点：一是这个祖先对女性有吸引力这个想法并非毫无根据，二是这个祖先的大脑善于捕捉女性表达兴趣的蛛丝马迹。

如果换一种情况，求爱遭到拒绝，你的祖先遭受侮辱，成为狩猎—采集村庄里的笑柄——或者，更糟糕的是，成为笑柄之前被对方强壮的丈夫暴揍一顿——那么情况就完全不同了。下一次给力比多模块的力量就会小很多。给提议自我克制的模块更多力量也就说得通了。毕竟，上一次它是对的。

重点在于，自然选择这样设计模块化的大脑是有道理的——"获胜"的模块在做审判时会有更多的力量。要注意，审判的结果有时会以感官满足的形式体现。如果力比多模块提出做爱的决断，最后带来了性高潮，那么下一次它的意见分量就会更重。

当然，在现代环境下，这个动态过程会有所不同。一个模块提议浏览黄色网站，带来了性满足，下一次这个模块的提议就会更有分量——尽管花时间浏览黄色网站并不能提高你的生殖前景，甚至会有负面作用。或者一个模块提议吸食可卡因，此举能极大地提升自尊感，放在狩猎—采集时代就能赢得同伴的尊重——通过这个过程强化的并非促使你吸食可卡因的模块，而是促使你重复赢得同伴尊重行为的模块。因此，在现代环境下，满足感强化的行为与本身设计要强化的行为大不相同。

用这种方式描述自控问题有两个优点——一个模块变得越来越强，而不是某种所谓"自律"的全能"肌肉"变得越来越弱。首先，这种视角有助于解释这个问题一开始就这么难缠的原因。我们很难想象，为什么自然选择会这样设计一块名为"自律"的"肌肉"，初期的几次失败就导致它彻底无能。但是，我们很容易想象自然选择为什么会设计出各种模块，随着不断的成功而不断变强，很容易想象为什么自然选择会将满足感作为成功的定义。

新方法

从模块化的角度思考自律问题的第二个优势在于，可以提供解决问题的新方法。以强化自律肌肉为目标，与以弱化某个占据主导权的模块为目标，是不同的。

如果你采用前一种方法，主要在于抑制诱惑。你感到有要买香烟的冲动，会努力把这种想法从头脑中赶走。毕竟，有一种叫"自律"的东西存在，而你必须要加以训练——你必须把它带上战场，消灭敌人！

但是，假设你把这个问题想象为养成某个特定顽固习惯的某个特定模块，你又会怎样克服这个问题？你可能就会尝试一下正念冥想之类的做法。看看高水平的正念冥想是如何克服成瘾问题的，就能理解我上面的话了。

这种方法是贾德森·布鲁尔（Judson Brewer）向我介绍的，他在耶鲁医学院从事相关研究（另外还有一项重要研究——正念可以使默认模式网络静默）。布鲁尔说，基本思路就是不要抑制欲望，比如抽烟。这并不是说要屈从于欲望，点上一支烟，而是说不要试图把这种想法从大脑中赶走。相反，要遵从用于克服其他恼人情绪——焦虑、憎恨、忧郁、仇恨——的正念技巧。你只需平静地（或者根据情况，尽可能平静地）审视这种感觉。身体的哪一部分感受到了这种欲望？这种欲望的质感是怎样的？是锋利的，还是枯燥无味的？你这样审视的时间越长，那种欲望就越不像你的一部分，你利用了正念冥想的基本矛盾：从足够近的角度观察感觉，能使你与这种感觉保持临界距离。感觉对你的控制放松了，如果放松到一定程度，它们就不再属于你。

有一个缩写词可以描述这种技巧：RAIN。❶首先，你辨识（Recognize）出感觉。然后，你接受（Accept）这种感觉（而不是尝试驱散它）。之后，你审视（Investigate）这种感觉及其与你身体的关系。最后，N代表不认同（Nonidentification），或者说是不执（Nonattachment）。以此为结尾很好，因为不执于事是佛陀给我们开出的万能药方，以帮助我们摆脱苦恼。

----

❶ 原注：该缩写由冥想老师米歇尔·麦克唐纳创造。（2015）

布鲁尔称这种疗法就是不要"喂养"这种抽烟的欲望。他说："如果你不喂流浪猫，它就不会再来到你的门前。"

我喜欢这个比喻，也喜欢其中隐含的意义。在你身体内的某处，有一只需要驯化的动物。大脑模块化模型认为，在某种意义上，你的大脑中有很多动物——它们具有一定的独立性，有时会争夺主导权。而且，我刚才也提到过，模块的行为和动物一样，也是由正向强化塑造的：如果它们不断从某件事上获得奖赏，就会不断重复这件事。这显然就是上瘾。一只老鼠发现按下开关就能得到饭团；同理，模块发现，如果产生点燃香烟的冲动，就能得到尼古丁。

这种对比可以更好地说明抑制吸烟的诱惑与用正念应对这种欲望之间的区别。抑制诱惑就好似在每次老鼠靠近按钮的时候把它赶走。这种做法短期内有效，如果老鼠不按按钮，就不会有饭团掉出来，或许过一会儿老鼠就会放弃。然而，一旦老鼠有机会来到按钮旁，它就会按下去，因为没有任何迹象显示按下按钮得不到食物。而要我说，正念对待这种欲望更像一种特别的安排，老鼠按下按钮之后，不会有饭团出来。欲望——类似于按下按钮的冲动——可以充分形成，然而得不到强化，因为正念审视过这种欲望，已经使其失去了力量，打破了冲动和奖励之间的联系。随着时间的推移，欲望一次又一次地涌起，但都没有带来满足感，欲望就会终止。

如果这种方法是有效的，就会出现上述结果。布鲁尔组织的吸烟实验中，这种方法比美国肺脏协会（American Lung Association）

推荐的方法要更有效。 [1]

注意力缺失症成瘾

大多数自控问题，并不像尼古丁和可卡因等典型上瘾案例一样夸张、明晰。有些自控问题非常微妙地融入日常生活，我们根本不会将它们看成问题。

比如，我在孩提时代注意力短暂。其实，直到现在还有一点——只不过现在不叫注意力短暂了而已。现在叫注意力缺失症。这两种说法的共同之处就是这种问题的典型特点。听起来就好像人类有一种能力叫注意力，而我的这种能力缺少了一些内容，否则可以表现得更好。然而当我观察注意力缺失症发作的时候，当我特别关注注意力分散是如何发展的时候，那种特点看起来似乎是错的。注意力不集中的问题似乎更像一种感觉控制问题。

比如：现在我正专注于写下这个句子，而写下这个句子的感觉很好；我喜欢做成事，而只要这个句子能在电脑屏幕上不断展开，我就能做成事！但是，当我不知道下一个句子该怎么写时，我就开始有些不舒服。如果问题不仅仅是如何写下一个句子——如果是更大的问题，比如下一个句子该说什么，还有整本书该有怎样的走向——我就会感觉非常不舒服。我喜欢摆弄文字，但是讨厌思考文章结构。

----

[1] 原注：Brewer, Mallik, et al. 2011.

但是，等等——面对尚未写出而且不太好写的句子时，还有另外一种选择。浏览器开着，我忽然想到应该买点东西：我需要一部新的智能手机。我不是说必须得买一部新的智能手机，但是旧的智能手机出了点奇怪的问题，耳机没有插进手机时也会被识别为已经插入。所以，有人给我打电话时，我听不到对方说话，只能插进耳机或者调为免提模式。你能想象带着这样的负担生活吗？你不觉得接下来的几分钟我应该研究智能手机吗？嗯，不管你是不是这么觉得，反正我喜欢鼓捣一些小玩意儿，所以做这件事的想法感觉很好——比构思下一个句子如何写要好得多。结案。再见。

我也不确定到底是哪个模块在我的脑中注入了"为什么不研究一下智能手机"这个想法——显然应该是一个喜欢获取物品的模块。不管怎样，这个模块完美地把握了想法的时机，在对写作开始感觉不舒服的时候冒了出来。模块就是这么狡猾。

总之，此处的重点在于，你可以把分心的问题和戒烟的问题类比来看。如果你这样想——把弱化引导你逃离工作的模块设为目标——就有可能影响你解决问题的方式。

通常，如果你决心抑制逃避工作的强烈欲望，专注于眼前的工作，你可能会斥责搜索智能手机这个念头："不，不要想智能手机——继续写作！"但是如果你采用正念的方法，你就会说："去吧，去想智能手机吧。"闭上眼睛，想象搜索最新智能手机的新近评论是怎样的感觉。审视想要一部炫酷的新智能手机的感觉和想要在网上搜索这样一部手机的感觉。然后不断审视，直到感觉失去了力量。这时再回来继续写作！

尽管我们通常认为尼古丁上瘾和注意力短暂之间并没有太多共同点，但其实二者都是冲动控制问题。原则上讲，在这两种情况下，我们都不必抑制冲动，而是让其形成，然后细致地观察，从而弱化冲动。此举可以使产生正向强化冲动的模块丧失能力，下一次出现时无法获得更强的控制力。

仇恨成瘾

总体来讲，你可以说正念冥想剥夺了模块的能力，使其丧失了获得控制力的正向强化。因为当你用正念审视感觉时，就使得产生感觉的模块得不到奖励。如果你审视对某人的恨意，持续审视这种感觉，之后这种感觉就不会诱发平常的做法——比方说，使你回想诱发恨意的行为，想象着报复对方。如果你真的沉浸到这种复仇的幻想中，感觉会很好，对吧？有什么能比想象噩运降临到死敌身上更令人愉悦呢？这种感觉之所以很好，大概是因为自然选择就是这样设计模块引导你这么做的：想象各种方法，动摇对手，伤害敌人。因此，从自然选择的角度来看，模块使你沉浸在复仇的幻想中，完成了它的任务，应该得到奖励——而下次出现同样的情况，这种奖励又会使模块变得更强。

仇恨的目的并不只有这一种，它还会诱导你对仇恨的人说出恶毒的话（因此无法做到佛教"八正道"中的"正语"）。说出那些恶毒的话感觉也很好。但是，如果在恨意涌起时，你通过正念观察它，而不是屈服于它，那么这种正向强化就像对复仇幻想的正向强化一样，根本就不会实现。

简而言之，尽管我们通常将自控与自我放纵联系在一起——吸食海洛因、狼吞虎咽地吃巧克力，等等——但是从这些显而易见的案例中得到的教训远不止于此。仇恨和注意力短暂都是自控问题，都可以通过正念来解决。

"自控"是个有些模棱两可的概念。有些人认为它是指对自我的控制，有些人则认为它是指被自我控制。不管是哪一种说法，这个词用在一本讲佛学的书里都有些古怪——因为根据佛教的说法，自我是不存在的。如果自我不存在，自控又从何谈起呢？如果没有理性的马车夫，我们又如何决定要做正念冥想呢？

现在我要对这个问题做一点巧妙的处理，重复早前说过的话：不要纠结于有没有一个所谓的"自我"存在。只需要关注"无我"教义中有用的部分，特别是你的任何感觉——抽烟的欲望、搜索智能手机的欲望、仇恨的欲望——都并非你的内在固有组成。你可以观察这些感觉的本来面目：某种模块试图给予力量的东西。你越多地通过这种方式观察——正念地观察——它们的力量就越弱，就越不属于"你"。

大卫·休谟虽然否认"自我"的存在，但也肯定认为我们所谓的"自控"是可能的。他将激情分为复仇和仇恨等"暴力"激情和爱美等"平静"激情，得到如下观察结果："通常说来，暴力激情对意愿的影响更强，但是也经常有发现显示，平静激情结合沉思，辅以决心，也能在最激烈的举动中掌握控制权。"他写到，平静激情甚

至有可能"完全掌控大脑"。❶

正念冥想是增强平静激情力量、弱化暴力激情力量的一种方法。尽管有人推测休谟曾接触过佛教哲学，但他似乎并不了解正念冥想。然而，当他讲述给予平静激情更多力量的好处时，听起来就像一位现代的冥想老师赞颂活在当下的美好。他写到，如果我们不能赋予平静激情力量——如果我们让暴力激情控制了我们——我们将错失"日常生活中的乐趣"。❷

帮助人们解决自控问题，往往被看作单纯的治疗性训练。当然，帮助人们戒烟或戒毒符合一般意义上的治疗概念。但当你看到关于自控的讨论如何无缝接入关于克服仇恨的讨论——进而从"日常生活"中看到美——你就能看出治疗和德行熏陶之间的界限以及治疗与精神升华之间的界限是多么模糊。

这一点也不惊奇。根据佛教哲学，我们所谓的治疗问题与我们所谓的精神问题都是看不清事物的结果。另外，两种情况下无法看清事物，都有一部分原因是感觉的误导。要看透这些感觉的第一步就是要先看到它们——意识到感觉广泛而微妙地影响着我们的想法和行为。

在接下来的几章里，我们将从更细微的层面探讨这种影响。我们将沿着从治疗到精神的图谱继续向深处探究。

----

❶ 原注: Immerwahr 1992.
❷ 原注: 同上。

第十章

存在与内涵

下面一段文字选自大约有一千九百年历史的佛教经文《三摩地王经》（*Samadhiraja Sutra*）：

> 如焰寻香城
>
> 如幻事如梦
>
> 观行相空寂
>
> 诸法亦复然

我最早听到上面一段话是在一次冥想静修期间，当时一位老师反复讲"无相"（the formless）这个概念。我想，当你在冥想实践中达到理解"无相"的境界，一定比流连于"有相"的世界——就像桌子、卡车和保龄球之类的——对万物的感知更真。

"无相"并非广为人知的佛教术语。但是有个更出名的词也有大概类似的含义："空"（emptiness）❶。

不管你用哪一种术语，关键在于，看似那么坚实、规整的外部世界，看似充满各种有实、有形的事物，其实并不像眼见那么真实。这个表观有形的世界在某种意义上就如《三摩地王经》中所说："如焰寻香城，如幻事如梦。"或者如《心经》（Heart Sutra）中简明扼要的名句所说："色即是空❷。"

显然，一些造诣很高的冥想者达到了一定的境界，能够深刻理解"空"的含义，甚至他们眼中的世界经常是"空"或"无相"。这是一项很重要的成就，特别是对那些以开悟为目标的人而言。

你思量着"无相"和"空"这两个词时，脑中还会出现另外两个词："疯狂"（crazy）和"压抑"（depressing）。外面的世界不真实，看起来实在的事物在某种意义上是空洞无物的，这种想法看起来很疯狂。这个观点也令人有些压抑：我并没有遇到太多乐观、满足的人欣然沉浸在"一切为空"的理念中。

但是，我渐渐发现，其实这种想法也并不是太疯狂，而且随着心理学的发展，它显得越来越有道理。至于压抑的部分，想象现实世界在某种意义上是"空"的，并不会剥夺生命的意义。其实，这样还可以帮助你构建更合理的价值观，甚至有助于获得幸福。

我要赶紧补充一点：对于到底要不要维护"无相"和"空"的

----

❶ 原注："空"在梵文中是sunyata，在巴利语中是sunnatta。该术语在大乘佛教中的地位比小乘佛教中要更高，在小乘佛教文献中出现该术语时，其实际含义与大乘佛教中有所不同。或许这位冥想老师用"无相"而不用"空"的说法——尽管，他后来也确认过，他认为二者是可以互换的——原因就是他所传授的是小乘佛教传统。

❷ 原注：Conze, trans., 1959, p. 162.

理念，取决于二者的真实含义，而在不同的佛教思想家头脑中，其含义是有所不同的。我并不是要维护"唯心"这种最极端的佛教思想，这种思想认为外部世界从根本上是不存在的。与此同时，我也不会从很狭隘且技巧性的角度定义"无相"和"空"，这样一来，我宣称的"合理性"背后隐含的含义就会变得过于浅薄。我认为我们赋予了现实太多的"相"和内容，其中包含着重要但却微妙的意义，我还认为认识到这一点应该可以对我们的生活产生根本性的影响。

不过，我们还是先从相对温和的角度来看。我们在理解外部世界时，并非在真正地理解这个世界，而是在"构建"一个世界，这样说不会有太多的争议。毕竟，我们与世界的直接接触并不太多，我们看到、闻到和听到的东西都和我们的身体有一定的距离，因此大脑的推论都是根据间接的证据而来——从马路对面面包店里飘来的气味分子，喷气式飞机的声波，还有树木上反射的光粒子。

比如，世界是三维的，但我们是通过二维数据观察这个世界的：投射在我们眼球表面的光点。为了让头脑全面地看清三维世界，我们需要将这些二维数据加以处理，利用它们构建一种关于世界的"理论"。

有时这种理论是错误的。如果你去看一部3D电影，戴上3D眼镜，大脑就会受到愚弄，仿佛看到超级英雄从屏幕里跳到你的座位上。摘下眼镜之后，你就会看到，其实身边只有你和爆米花。还有一些更传统的视觉错觉，比如著名的缪勒－莱尔错觉（Müller-Lyer illusion），在这种错觉中，你会误以为一条线比另外一条长。

我们的大脑对于眼球上的二维图形如何映射三维世界有一种预

设，上述错觉正是利用了这种预设。创造这些错觉的人精心设计出一些场景，使得上述预设不再成立。

当然，在日常生活中，这种预设基本都是成立的。我们的大脑利用二维数据构建三维模型的能力很强。用更通俗的话来讲，我们的五感能很好地完成本职工作。大体上说来，我们看到的树木就是树木，我们听到的喷气式飞机的声音就是喷气式飞机发出的。不过，关键在于，严格来讲，这是一个构建的过程。知觉不是一种消极的过程，而是一种主动的过程，是一种持续构建世界模型的过程。这也是不同的人在罗夏墨迹试验（Rorschach tests）中看到抽象的墨渍时会看到不同事物的原因之一：我们的大脑会尝试将最模糊的模型转化成某种有意义的东西。我们喜欢编造故事，论述事物的真实面目，阐释其深层的意义。

在冥想时，我们针对事物讲述的故事可能会消失。比如，有时我冥想时会把注意力放在声音上。我可能会按节奏来，吸气时专注于呼吸，呼气时专注于周围环境中的某种声音。或者我可能会全身心地专注于声音，彻底忽略呼吸。事实上，有时在冥想静修时，老师可能会用整整一堂课来教授声音冥想。如果你能深深沉浸到这种练习中，你"强加"在声音上的构架就会开始消解。

比如，天上可能会飞过一架飞机，你听到飞机飞过头顶的声音。只不过你不会再想："哦，这是一架飞机。"你完全沉浸在声音的质地中，可能不会立刻去想："哦，这是某样东西。"那只不过是纯粹的声音，与任何特别的实在物体都没有联系。我想，从未见过飞机的人或来自飞机根本不发声的高等文明的外星人，听到飞机的声音时可能正是这种感觉。那只不过是一种声音——不是任何特定事物的声音。

此时有一个很好的问题可以问我：但是忘记飞机的噪声来自飞机又有什么好处呢？很高兴你这么问。答案是，没有太多好处。但是现在思考另外一个例子，在这个案例中，此类遗忘却能带来实在的好处。

将噪声变为音乐

有一次我在冥想静修期间，周围正在建一座新宿舍楼，所以一直有锤子敲击和电锯的声音。这时你可能会想，建筑噪声不利于沉思，恐怕也不会带来任何令人愉悦的感觉。（我从来没有看到有人把"电锯声"当作手机铃声下载。）而且冥想老师早些时候解释整周都会听到建筑噪声时，也确实用了抱歉的语气。但是，正如老师提醒我们的，正念冥想的很大一部分内容就是接纳你所面对的现实。通常你听到这种刺耳恼人的建筑噪声，可能都会关上窗户或者做点别的什么事情，不去听这些声音。但此时我们的总体思想是接纳这些声音，同时又不认同这些声音刺耳恼人这个想法。

做到这一点并不容易，但从理论上讲非常直接，关键在于直面刺耳的声音，进而审视这种刺耳的声音。你会注意到这些噪声引起的不适感。是身体的哪个部位出现厌烦甚至憎恶？这种感觉的质地如何？你越是深入地审视，就越能接纳这种感觉，负面能量就会越多地散去。

事实上，我不仅摆脱了这些声音令人不悦这个想法，随着我沉浸到锤子和电锯发出的声浪中，一切听起来都变得像音乐。你或许会认为电锯的噪声短促刺耳，我却从它徐徐的衰音和骤然提升的音调中听出了一丝优雅。

电锯声变得非常美妙，长时间的静默反而令我有些不安，坐在那里，希望建筑工人能加把劲，赶紧去切一块胶合板。当然，这也恰恰说明我离开悟尚远，根据佛教教义，我不应该执着于令我愉悦的事情。但是这里重点要讲的是，我接纳了通常被认为是"噪声"的声音，并从中发现了音乐。

或许我的意图已经很明显：如果我们能将真实的声音变成音乐，那么能不能将形象的噪声——各种讨厌的观念、想法和感觉——变成形象的音乐呢？或者至少摘去其中刺耳的部分？我会如何回答这个问题，似乎也很明显：是的，我们可以（需要辅以足够勤奋的练习）。

但是，在我们开始这些实际应用之前，还是先回到最初的问题上：我那段电锯交响乐的小经历，到底与"无相"和"空"有什么关系呢？好吧，一方面，在这次静修中，我认为自己摒弃了所谓的"电锯声音的相"。电锯声是一整个内涵构架的一部分——其中核心当然是"电锯"的概念。我想，我们认为电锯声刺耳，其中一个原因可能在于这本身就是"电锯"内涵构架的一部分——也就是说，因为我们知道这种声音来自电锯。众所周知，电锯可以锯断木头，也能锯断骨头，我们大多数人都不愿意接触电锯。或许"电锯"的内涵——还有这些内涵引发的负面感觉——使我们对这种声音产生了厌恶。

当然，也有可能是人类天生不喜欢电锯发出的那类声音。我们肯定天生有一些倾向，喜欢或者不喜欢某些东西——某些味道、气味、景色和声音。然而，毫无疑问，我们对感知的反应在某种程度上是个人经历的产物。在我冥想的某一时刻，电锯声已经摆脱了平常电锯的"相"，转而成为另外一种"相"，这种"相"使我联想到牙钻的声音，当然这种声音也非常令人不悦。直到电锯的"相"和牙钻的"相"都剥离，声音才变得悦耳。

还记得泰国僧人阿姜查吗？就是说过如果想要单纯通过"理性"理解"无我"的概念，你的脑袋就会爆炸的那位。有一次他回忆起自己的一段经历，他在尝试冥想时，不断被临近村庄的节日欢闹声打断。他回忆说，之后自己有了一些领悟："声音不过是声音。是我自己有了扰动。如果我不管那声音，它就不会恼到我……如果我不牵扰于那个声音，它也就不会牵扰我。"[1]

我不会拘泥于这段逸闻的表面含义，并不是因为你牵扰于声音，声音才会报复性地牵扰你。关键点在于，声音本身是被动的，并非主动的，既没有令人愉悦，也没有令人不悦。从某种意义上讲，如果声音令人不悦，肯定就是你对它做了加工。

再回头看看《三摩地王经》里的那句话。经文中说一切"观行相空寂"。这段经文并没有否认电锯声波传到我耳朵里这个事实，即我观察到的"特质"，但是似乎又说我平时从这种特质背后看到的"本质"——电锯的本质——只是一种解读，是我有选择的构建，或

---

[1] 原注：Amaro 2002.

者说并非源自特质。本质并不会独立于人的感知而存在。

从这个角度来讲"空"的含义，是我能够理解的，也是佛教学者广泛接受的：并非万物缺席，而是本质缺席。要理解"空"的概念，我们在觉察感观数据时就要摒弃惯常的做法：建立一套理论，分析数据的核心是什么，然后将这套理论压缩到一种本质感中。

这时显然会有人反驳：难道电锯声里就没有核心吗？你懂得某种叫作"电锯"的东西吗？某种并不是空空的东西，也确实有自己的"相"？你能把脑中的噪声变成音乐非常好，但是电锯就在那里，你对现实的认识没有更清晰，反而在某种意义上变得更不清晰，不是吗？教人更清晰地看世界，从而减少痛苦，不正是佛教的思想吗？

下面几段文字并不能给出这些问题的满意答案。单单靠一段简单可爱的电锯趣闻，不可能令人信服地证明"空"这样激进的思想。但是，我希望能够通过几个章节的论述，使这种思想听起来确凿无疑，至少也要不像刚开始听起来那么疯狂。与此同时，我先初步回答一下这些关于所谓电锯"空"和"无相"的问题。

是的，电锯确实存在。它由电源线、锯片和开关等部分组成。你或许会说这些都是电锯的"特质"。但是论及电锯的"本质"时，我所说的不仅仅是我们感知中电锯的这些特质，还包括一些特别的内涵和情感共鸣。如果我能摆脱这些内涵和共鸣——足够让我享受电锯的声音——那么电锯的本质就逐渐消散。

换言之，在那一次冥想静修之前，我可能会说："电锯发出的令人不悦的声音，正是其本质的一部分。"但是，从结果看来，发出令人不悦的声音并非电锯的固有特质。如果这并非电锯所固有，我们又怎么能说它是电锯本质的一部分呢？

在下一章里，我们将探究很多事物——或许万物——的"本质"其实并非事物所固有。我从各种现代心理学研究成果中选取了证据。我希望通过下一章的论证，能使"无相"或"空"的概念看起来更合理——或者至少能让你更清晰地理解我是从哪一层意义上宣称这个概念的合理性的。

同时，我还要再讲一段静修时的逸事。

故事一直讲下去

我第一次听说"无相"的那次静修期间，每一段修行都有一次与某位老师十分钟单独交流的机会，我们可以提出自己感到困扰的问题，得到老师的指导。单独指导我的老师名叫纳拉扬·莱本森（Narayan Liebenson）。就是她读的《三摩地王经》里的那一段话，但谈起"无相"的是静修期间的另外一位老师罗德尼·史密斯（Rodney Smith）。这正好是一个机会，我可以听听纳拉扬到底如何看待罗德尼关于"无相"的认识。

顺便说一句，纳拉扬久经考验。她和内观禅修社里的大多数老师一样，都经历过大量冥想实践，还在南亚丛林里独处过数月。她传授冥想方法不仅仅是为了减压，虽然她也乐见有这样附带的益处。她来这里教学是为了帮助人们得解放。

因为这个原因，她并不是很赞成我写作本书。毕竟，写作一本关于佛教冥想实践的书，本身就有碍这种实践。如果你为了能在书中描写而去尝试达到某种冥想状态，就更难达到这种状态——比起心怀其他想法而开始冥想实践的人，更难取得各种突破。有一次，她面色冷峻地对我说："我觉得你或许得做个选择，要么得解放，要么继续写这本书。"

但是，我指出，这本书或许会帮助其他人追随达摩——如果帮助到足够多的人，不也弥补了我自己无法得解放的遗憾了吗？她不为所动。她的工作是教人得解放，那一刻她的身份就是老师。此外，她似乎认为，没有什么比世间多一个真正得解放的人对世界更好的事情了——一个未得解放的作家，引导他人向得解放的大方向前进也不行。

总之，在那次对话中，我问纳拉扬，罗德尼的观点在内观老师内部是否得到了广泛的共识。她是不是真正相信"无相"的概念？"是的，"她说，"我相信。"罗德尼关于"无相"的阐释在她的圈子里并不算激进。"约瑟夫也会那么说。"她谈到约瑟夫·葛斯汀。

于是我继续追问，"无相"到底是什么意思。她澄清了我的疑问，说"无相"并非意味着物质世界不存在，也不是否认物质世界有其构架。桌子存在，电锯也存在。交流几分钟之后，我觉得自己抓住了她所说的要点。我问："所以说这个概念就是指一切关于世界的意义都是我们强加上去的？"她应道："正是。"

需要赶紧补充的是，这并不意味着我们生活在一个有意义的宇宙中。深深植根于佛教思想中的是感性生活的内在道德观——并非仅指人类的价值观，还包括所有具备客观体验、可以感知痛苦和快乐、精神折磨和无折磨的生物体的价值观。这种价值观也赋予了其他事物价值，比如帮助他人、对狗友善，等等。从这层意义上讲，道德意义是生命固有的。

但是，纳拉扬所要表达的观点是，我们过着平常的日子，赋予了事物某种叙事含义。最终，这些叙事汇聚成庞大的"相"。我们认定做过的某件事是巨大的错误，认为如果我们做了别的某件事，一切就会变得美好。或者，我们认为，一定要获得某件物品或取得某种成就，如果不能实现目标，一切就会糟透了。这些叙事的根基就是关于事物内在的好或坏的基本叙事判断。

比如，如果我开始长篇大论这次冥想静修是个巨大的错误，说我总犯这样的错误之类的，那么这个故事就存在几个可疑的前提。其中一个前提就是，如果我没有做这次静修，不管做什么都会非常顺利，但是谁又知道呢？或许我会被大巴车撞上呢。还有一个前提是，这一周的几次痛苦经历就意味着这次静修总体对我而言是坏的，然而实际上静修的长期效果还未可知。另外，在这段叙事的基础上是最基本的一类前提：简单的感性判断，就像"我在冥想时听到的电锯声不好"。这种意义似乎深深植根于事物的本质中，但其实并非现实的固有特征，它是我们强加在现实上的，是我们讲述的关于现实的故事。

我们在故事上一层又一层地构建故事，而问题就出在作为根基的故事上。正念冥想正是一种细致彻底检视故事的工具，使我们能够将真相与编造的故事区分开来。

第十一章
"空"积极的一面

有一天，一个五十九岁的男人问妻子在哪里。"弗雷德"——在《神经科学杂志》（*Neurological Science*）上发表这个案例的研究人员给这个男人的化名——并没有开玩笑。"听到妻子说自己就在眼前这个令人惊讶的答案时，"研究人员写道，"他坚决否认眼前的是自己的妻子。"❶

问题不是弗雷德认不出妻子的面容。显然，这个女人看起来像他的妻子。但是弗雷德坚称她是个"替身"。他推测，自己真正的妻子出门了，随后就会回来。

弗雷德患了卡普格拉妄想症（Capgras delusion），症状就包括认定某人——通常是亲人，有时是密友——是个冒名顶替的骗子。非常厉害的冒名者，一模一样的复制品——至少外表上是的。但是内

---

❶ 原注：Lucchelli and Spinnler 2007.

在不是。这个人或许看起来和你的母亲一模一样，但是她缺少"你的母亲的本质"。

我们可以看到，"本质"是佛教中"空"这个概念的核心。至少"本质"的缺席是"空"这个概念的核心。"空"的概念可以这样理解，我们感知到外部世界中存在的事物在某种意义上确实存在，但是它们缺少一种叫作"本质"的特质。这样说来，当弗雷德看向妻子时，没有看到妻子的"本质"，他是不是就体验到"空"的境界了呢？他是不是已经逼近佛教开悟的门槛了呢？

哦，不是。开悟要求摒弃幻觉，然而认为你的妻子不是真的妻子却是陷入了幻觉。卡普格拉妄想症也是幻觉所致。不管弗雷德的大脑里想了些什么，都不是佛教所谓的开悟。[1] 与此同时，我认为弗雷德的大脑或许与处于深度冥想状态之人的大脑有些类似的地方，看到的世界整体或部分是"空"的。而且我认为这种可能性是对"空"之体验的重要阐释："空"到底是什么，为什么人们能够体验"空"，我们应该如何理解它。

没有人能够明确卡普格拉妄想症的诱因。但是有一种长期存在的理论认为，病因是大脑负责视觉处理的部分（或许是负责面部识别的梭状回）和负责情绪处理的部分（比如杏仁核）之间的联系受到了干扰。有一点很清晰，这种病的患者缺乏情感，缺乏感觉，这

---

❶ 原注：有趣的是，宗教学者马尔科姆·大卫·艾克尔（Malcolm David Eckel）描述了笃信佛教"空"之教义的人的想法，有一次他列出这些人可能会想到的一些问题，包括："母亲，她是谁？兄弟，他是谁？……那是幻觉。是空。"但即使在这种对"空"之体验比较极端的描述中，也并没有谁像卡普格拉妄想症患者那样，认为母亲或兄弟被别人冒名顶替。参见 Eckel 2001。

种感觉通常是由你的母亲不在那里之类的事情引起的。如果你看到某人时产生的感觉与看到母亲时的感觉不一样，那个人怎么可能是你的母亲呢？

我们通常认为辨识不同的人是直接的视觉感知行为。似乎这是电脑就能完成的一项工作。事实上，电脑在这方面确实做得很好，只需要扫描人脸就可以做到。但是，显然，人类识别事物的方式更加复杂：不仅要看他们的模样，还要看他们给你的感觉。通过卡普格拉妄想症来看，至少在辨别朋友和亲人时会牵涉感觉。

对其他很多事物是不是也会这样？我们识别住过的房子、开过的车，甚至用过的电脑，是不是也依赖于对这些物品的感觉？或者说，即便那些感觉的缺席不会影响我们识别，也会彻底改变我们对这些事物及其内涵的认识？"海洋"这个词的含义——并非字典里这个词的含义，而是这个词对于你的含义——是否依赖你与海洋之间的情感交集？如果你与海洋的这些联系突然被切断，海洋会不会变成"空"的？

我推测应该是这样。而且我发现这样有助于解释"空"这个佛教教义是如何出现的。冥想一方面可以弱化感知和想法之间的联系，另一方面可以淡化通常伴随感知和想法出现的感觉、情感共鸣。如果你的弱化工作做得很彻底，感知受到情感的影响越来越小，那么你的世界观也可能会因此改变。此举会使事物的外在看不出变化，但却好似缺失了某种内在的东西。用《三摩地王经》的话来讲，它们"观行相空寂"。或许佛教中"空"的思想最初成形时，是在深度冥想的人脑中形成的，他们深深沉浸在冥想中，世界正常的情感色彩几乎彻底消失；或许随着与各种事物相关联的感觉逐渐消失，这些事物发生了转变，被剥夺了某种实质。

质疑这种可能的理由中有一种是这样的，你或许不认为自己对大海或电脑之类的事物有强烈的感觉——至少，没有强到将这种感觉看成这些事物的内在固有特征。但是，我想证明感觉在感知中起到的作用比我们平常理解的要大。

第一个证据就是卡普格拉妄想症——尽管将大脑分为"认知"和"情感"行为是基本常识，但是识别某人这种简单的认知行为都有可能要依靠情感反应。待我拿出第二个和第三个证据之后，或许更合理的看法应该是这样：在"空"的教义成为教义之前，在佛教哲学家条理清晰地阐释"空"并维护"空"的概念之前，或许"空"仅仅是一种体验性的理解，只有长时间深度冥想的人才可以摆脱覆盖在事物上的感情，去看，去听。

但是这种推想并非这项训练的主要目的。我们的主要目的在于深入探究这种体验性理解的运作——更清晰地理解那些能够看到"空"的坚定冥想者脑中想的是什么，又与那些看一切都有本质的绝大多数人脑中想的有什么不同。这转而有助于质疑第二类人——差不多是我们所有人——是不是长期处于幻觉中，如果是这样的话，这些幻觉会带来怎样严重的后果。剧透：我认为，在某些方面，后果非常严重。

奇异的本质和普通的本质

心理学家保罗·布鲁姆（Paul Bloom）曾写到"本质主义"——赋予事物内在本质的倾向——是一种"人类的共性"。他举的"本质主义"例子中有一些很奇异：有人花48,875美元买下一把约翰·F. 肯尼迪的卷尺，显然，他认为这把卷尺里注入了某种总统的"本质"。布鲁姆还举了一些不那么奇异的例子：婚戒激发出的情感，往往是另外一枚一模一样的戒指无法激发的，至少对佩戴者而言是这样的。但是卷尺和婚戒在某种意义上都是特别的，而很多能够投射出特别强烈本质感的东西也一样。

布鲁姆在《愉悦感如何起作用》（*How Pleasure Works*）一书中写到，这样一件物品之所以特别，"是因为它的历史，或是因为与令人崇敬的人、重大的事件相关，或是因为与某个对个人重要的人有关。这种历史是无形的，是触摸不到的，大多数时候，没有任何检测手段可以区分这件特别的物品和与它一模一样的物品。但是，这件物品就能给我们愉悦感，但是复制品引不起我们的任何兴趣"。❶

布鲁姆认为人类天生就是"本质主义者"，不仅仅局限于上述例子，对此我是赞同的。其实，这也正是本章的要点：人们甚至会在

---

❶ 原注：Bloom 2010, pp. 3 - 4.

并不"特殊"的事物上注入布鲁姆所谓的充满情感的"本质"。❶

　　但是将上述分析局限于极其特殊的物品上是有好处的，至少有暂时性的好处。这样你就可以做一些非正式的实验。比如，你可以对赢得总统卷尺并视为珍宝的买家说："哎呀，出错了。刚才那个是水暖工的卷尺。我们会派人把肯尼迪的卷尺送到您家里。"然后你可以观察这条消息的影响。竞标买家的面部表情变化毫无疑问预示着感觉的变化。刚才还能激起敬畏和崇拜的卷尺，此时却无法带来任何感觉。宝贵的遗物变成了普通的物品，刚才还附着在它身上的"本质"瞬间消失。

　　这种"实验"在现实生活中也会出现。布鲁姆讲述了法西斯罪犯赫尔曼·戈林（Hermann Goering）的故事：戈林了解到自己收藏的一幅维梅尔（Vermeer）真迹其实是赝品。据当事人讲，当时戈林看起来"好似第一次发现世间有恶的存在"。❷

　　观察当时戈林的面部表情变化，或者观察我们假想的卷尺拥有者的面部表情变化，就能看出感知到的"本质"与情感之间的联系。这些"实验"证明，在特别的物品上看出特别的"本质"，其实就是对这些物品有了特别的感觉。

----

❶ 原注：我在用"本质"这个术语时，其含义仅仅是心理学家惯常使用这个术语含义的一部分。通常这个术语是指，某种事物具有的一种不可见的、隐藏的或不明显的特质，缺少了这种特质，该事物便不再是原本的事物。这与我所谓的"本质"含义有重叠——只不过"想法"被用来暗指明确的信念，而不是表示更精微的意识概念。心理学家也经常会暗指明确的信念——甚至会说 H_2O 可以看作水的本质。他们对明确信念的强调有一部分或许源于他们研究本质的方法，他们是通过询问人们对事物的信念来研究本质的（比如，可参考 Susan Gleman 2003，这是一项非常有趣的研究）。不管怎样，我更多关注的是人们对本质的"感觉"——可能是一种很含蓄的感觉——我也从来没有用"本质"意指某种事物的物理组成。另外，顺便说一句，我对"本质"一词的使用，与西方哲学中最惯常的用法也有不同。

❷ 原注：Bloom 2010, p. 1.

但是在我们所处的环境中那些不那么特别的物品呢，那些我们不会认为是总统遗物或维梅尔真迹的东西——眼见的一辆货运列车或皮卡车或一条山溪，听到的雾笛声或夜间蟋蟀的叫声或清晨的鸟鸣声呢？在这些情况下，要在本质和情感之间建立联系会难很多。一方面，人们不会那么明确地认为这些事物有本质。毕竟，人们对它们不会有过高的评价，它们并非不可替代的，人们想到要离之而去也不会涕泗横流。而且人们在看到火车和卡车一类普通事物时，也不太会表现出特殊的感觉。

但是很久之前就有一派思想认为，普通事物也能激发情感反应，虽然有时激发的情感比较微妙。1980年，心理学家罗伯特·扎伊翁茨（Robert Zajonc）提出一种在当时很古怪的理论，他写道："日常生活中，感知和认知极少不包含热烈或温和的重要情感要素。我们看到房子时看到的不仅仅是'一所房子'，而是看到了'一所漂亮的房子''一所丑陋的房子'或'一所浮夸的房子'。我们读的关于态度转变、认知失调或除草剂的文章也不仅仅是一篇文章。我们读了一篇关于态度转变的'激动人心的'文章、一篇关于认知失调的'重要'文章，或是一篇关于除草剂的'微不足道'的文章。"

顺便说一句，要注意扎伊翁茨隐含地将对事物的感觉和对事物的评价画上了等号。从进化论的角度来看，这个等式是正确的（在第三章中有阐释），即从功用上来讲，感觉就是评价。而对于冥想技巧来讲，严格审视我们的感觉来放松评价的说法也是对的。不过，说这些有些跑题了。扎伊翁茨继续写道："同样的道理也适用于落日、闪电、一朵花、酒窝、倒刺、蟑螂、奎宁的味道、索米尔白葡萄酒、意大利翁布里亚的土壤颜色和42街上的车流声，1000赫兹的声音和字母Q的模样也都一样。"[1]

字母Q？这样讲恐怕有些过了吧，但其实不然。我认为，我们除了对特别的事物——一辆特别帅气的车子或一辆特别丑的车子——会产生情感，还会对普遍意义的车子等类属事物产生情感反应。以卷尺为例：我就是喜欢卷尺，即使它不是总统遗物也无所谓。我喜欢展开卷尺，用它丈量出我想要的答案。（需要更换的荧光灯管有多长？）我还喜欢卷尺迅速收回成卷的那种感觉。我在五金店里通常不会流连于卷尺，但是我发现，当我看到一把卷尺时，内心会有一种微妙的积极响应，这便是我对卷尺的部分认知，也是卷尺对我而言的部分意义。

你可以看出为什么我们在肯尼迪的卷尺或戈林的维梅尔赝品之类极为特别的物品上能够做的"实验"，在处理不那么特别的物品时很难实现。对于特别物品，情感内涵来自对这件物品历史的明确信念，所以你只需要告诉那个人，这种信念其实是错的，然后评估这条消息对情感的影响。但是特殊性不强的物品没有可供比较的操作空间。你不可能说服我，让我以为我与卷尺之间很多的积极体验根本没有发生过。即使你能说服我，恐怕也没有关系，因为我对卷尺的积极情感本来也不是源自我与卷尺之间过往的意识信念，而是源自过去无意识发生的情绪条件作用。

----

[1] 原注：Zajonc 1980, p. 154.

感觉对知觉的渗透

尽管如此，还是有大量证据证明，人们倾向于在几乎所有类型的事物上附着积极或消极的联系。有两种方式可以展现出这一点，一种是细微而巧妙地揭示，另外一种就不那么微妙了。

不那么微妙的方式就是直接问一些人对某种事物的看法。在一项研究中，实验人员向受试者展示了一些物品的照片，请他们按照好恶给照片评分，分数从4到-4。有些照片引起的评论鲜明且可预测：天鹅是非常正面的；蛇头和虫子是非常负面的。有些照片引起的反应更温和，总体来讲，锁链、笤帚和垃圾桶是偏负面的，南瓜、牙刷和信封是偏正面的。❶

更微妙地探究人类情感判断的方式，不局限于直接询问人们是否为天生的评判者，而是问他们是不是无意识的评判者。换言之，就是问他们是不是尚未思考就对事物有了情感反应。

这个问题通过一种名为"启动"（priming）的过程得到探究。假设有人连续向你展示了两个词，要求你看到第二个词时大声念出来。结果证明，当第二个词是"知更鸟"时，如果第一个词是"鸟"，相比第一个词是"街道"，你读出第二词的速度要更快，虽然只快了几分之一秒。这个过程叫作"语义启动"。另外还有一种东西可以称作"情感启动"。如果向你展示的词是"阳光"，你对"灿烂"这个词的反应肯定比对"疾病"这个词的反应要快。同理，如

---

❶ 原注：Giner-Sorolla et al. 1999. 另参见 Jarudi et al. 2008。

果向你展示的第一个词是"疾病"，那么你对"可怕"这个词的反应肯定比对"阳光"这个词的反应要快。❶

当然，这些实验并没有探究你长时间思考疾病时的感觉。事情发生得太快了，意识还未来得及思考。启动词的展示、短暂的间隔、目标词的展示，这一切都发生在不到半秒钟的时间里。说实话，即使启动词的展示时间特别短，一个人的意识未曾注意到这个词，效果依然存在。因此，这些实验证明，"疾病"这个词在通过意识进入大脑之前，就已经被打上了负面的标签。

这也不算太令人惊奇，疾病很可怕，阳光非常灿烂。但是我们在不那么令人回味的事物上也能看到同样的动态。事实上，测试人们对普通事物——锁链、笤帚和垃圾箱，南瓜、牙刷和信封——反应的实验人员也拿出同样的照片，选了一组新人，做了同样的启动实验。结果显示，第一组人经过意识评估判断为负面的照片，在第二组人的评价中也普遍是负面的，第二组人甚至都没有觉察到自己在评价那些照片，但是通过他们对后续展示的正面或负面词语的反应速度来看，他们已经给出了隐性的评价。❷

这样看来，扎伊翁茨是对的，人类就是无意识的评判者。我们倾向于给名词分配一些形容词，有意的或无意的、明确或隐含的都有。

回想起来，扎伊翁茨所说的大体是对的。从自然选择的角度来看，感知的目的就是处理与生物体进化论利益相关的信息，也就是获得基因传播的机会。而我们的生命体给感知的信息贴上正面或负

----

❶ 原注：Ferguson 2007.
❷ 原注：Giner-Sorolla et al. 1999.

面的价值标签，以此标定相关性。我们天生就要去评判事物，并将这些判断编码到情感中。

对于像人类一样复杂的物种，有时很难说清楚到底哪些事物是与进化论利益相关的。比如说，卷尺并非狩猎—采集时代进化的产物。但是在自然选择的设计下，我们会因为找到问题的答案而感到满足；而随着时间的推移，当我问起某种物品有多长的时候，卷尺就能告诉我答案。或许这就是我喜欢卷尺的原因。原因也可能是使用卷尺的方式使我对自己产生的感觉，而这种感觉根植于我小时候看到榜样使用卷尺的样子。

总之，要说清楚一点：并不是说我感觉积极或消极的所有事物都会相应地对我的基因传播机会带来积极或消极的影响，我的意思是说，大脑中负责给事物分配感觉的机器，原本是设计来实现基因传播最大化的。如今这种设计已经不再可靠，这也恰是人类面临的诸多窘境之一。

我哥哥成了隐形人，令人不安

在回到"空"的主题之前，我还要再澄清一点：我并不是说任何人对任何事物都会产生情感。我刚才介绍的研究和大多数研究一样，代表的只是统计数据。在这种统计中存在各种各样的个体，对某些特别的词或画面会表现得很中性。这一点也不奇怪。毕竟，即便回到狩猎—采集时代，也有很多不会影响我们基因传播的事物存在。因此，总有一些事物不太会引发太多感觉。

不过，还是那句话，这些事物也是生命体本身不太会关注的——纯粹是因为它们从进化论角度来讲不重要。而生命体真正关注的是从进化论角度来看有重要意义的事物，而这些事物也往往会激发感觉。因此感知的图景——我们关注事物的图景，主宰我们意识的图景——往往会有感觉灌输其中，虽然有时感觉很微妙。如果有某样东西，你完全没有感觉，恐怕从一开始就不会注意到它。我们说根本没有完美的感知，这可能也仅仅是稍微有点夸张的说法。

我哥哥人到中年时，女人不再注意他，他说："并不是因为我不好看。她们只是根本没有意识到我的存在。"就是这样！异性恋女性走过某个城市街区时，可以吸引她注意力的东西非常多，所以她的感知器官做的第一件事就是要过滤一些不值得有意识深度评估的事物，这个过程很粗略，甚至是无意识的。可怜的是，我哥哥就属于这类事物（更可怜的是，他进入这种状态的时候比我现在还要年轻一岁）。

但是，如果某些事物值得进一步评估，这种评估最终就会体现在这个女人的感觉中。有魅力的年轻男性？不那么有魅力但是好看的年轻男性？极有魅力的年轻男性，但看起来极度傲慢自大？和我哥哥一样年长的男性，但是与我哥哥不同，开着一辆价值七万美元的车，戴着一块劳力士表？所有这些类型的男人都会引发不同的感觉。任何从自然选择角度来看值得注意的事物，理论上讲都会引发感觉。

而感觉会给事物灌输"本质"。至少，我是这样猜想的——有些冥想者感觉到"本质"受到抑制，很大程度上是因为感觉受到了抑制。

有一次，我尝试和最早把"无相"概念讲给我听的罗德尼·史密斯交流这种理论。罗德尼是个身材瘦长、头发灰白的男人，很有福音派传教士的气质，与平常的冥想老师不同。如果他站在南方浸礼会教坛上，肯定不会有任何违和感——除非他开始讲授"无相"。从个人性格上讲，罗德尼是那种直接、不说废话的类型，一点都不浪费时间。有一次我问他，他一直挂在嘴边的"无相"与大乘佛教中"空"的概念有什么关系。他耸了耸肩，不屑一顾地摆了摆手，说："一码事。"

那次交流之后过了一段时间，在与罗德尼的一次长谈中，我决定再和他探讨一下我的理论：对事物情感反应的减弱带来了"空"的体验。

罗德尼一直尝试给我解释"空"是一种怎样的体验。我理解，一方面，事物在他的感知领域投射的独立特征不像我们大多数人那般强烈。但是，罗德尼强调，你不会失去辨识事物的能力。"你应该保持一些能力，比如拿起一副眼镜戴上，而不是把它当成一支铅笔，"他说，"你不会忘记这些事物的形状或颜色。只不过它们之间的界限不再明晰。"

我问："你对事物的情感反应会比以往更弱一些吗？你投入其中的情感内容会变少一些吗？"

他回答说："这样说有道理，难道不就是这样吗——如果事物不像你认为的那般实在，你对它们的反应肯定也会弱化吧？这样的情况会发生。你看，之所以能够得到平静，都是因为意识到事物并非你所想象的模样。"

我感觉自己的观点得到了证实，但又没有完全得到证实。在某种意义上，罗德尼证实了我的理论。他的意思是说，对的，对"无相"或"空"的感知与对事物情感反应的抑制有关。但是他对这种关联性的解释似乎与我的不同。我认为，情感受到抑制，然后感知到"空"。他的说法则反了过来：感知到"空"会抑制情感，一旦你发现自己以往反应特别强烈的事物其实原本并没有那么"特别"，对它反应的强烈程度降低也就是自然而然的事情了。

我们两个人谁是对的？或许我们都对。或许至少是，我们所说的差异最终并没有太大意义。

要记住，一开始我说我们的情感受到抑制，克制了感觉，并不是说这是一件坏事。其实，我曾尝试解释某些感觉会错误地指引现实。我还更宽泛地提出，应该以一定的怀疑态度审视感觉的基础，因为感觉是建立在自然选择的基础上，目标并非培养清晰的感知和想法，而是培养有利于基因在古老的过去传播的感知和想法。所以我将罗德尼的体验归类为感觉的抑制，当然不是说这样不能阐明他的世界观。

记住这些，我们再来看看罗德尼的两个核心观点：（1）理解了"无相"或"空"，对事物的认识会比平时的观点更真实；（2）从事物的"本相"来看，我们平常对这些事物的反应并不恰当。这两点与我所说的相符。罗德尼与我的分歧点在于洞见的机理。他说——他在此回顾了佛教内部的正统地位——洞察事物会抑制感觉，我说的是抑制了感觉可以带来对事物的洞察。其实，我几乎可以说，情感的抑制就是对事物的洞察，情感与感知——特别是对"本质"的感知——精巧地交织在一起。❶

感觉和故事

　　与本质交织在一起的似乎还有另外一种东西：故事。别人给我们讲的关于事物的故事，我们给自己讲的关于事物的故事，都会影响我们对这些事物的感觉，因此也会塑造我们从这些事物中感觉到的本质。如果一把卷尺背后的故事是它属于约翰·肯尼迪，那么这个故事就与卷尺属于一个水暖工的故事有所不同，其中的"本质"也有所不同。如果自认为婚姻成功美满，孩子健康茁壮地成长，那么相比自认为深陷暴力的婚姻，孩子不学好，我们对家庭的认识肯定会更积极。诸如此类。

　　这也是布鲁姆的主要论点：我们讲述的关于事物的故事，以及

----

❶ 原注：我用来维护"空"的论据与佛教维护"空"的传统论据是不同的，在此我想要强调一下二者的区别。"空"是一种"本体论"教义——是对现实真实本质的一种论断。佛教对这一教义的传统辩护自然也就是一种本体论论证——关于现实真实结构的论证，论证认为这种结构如果能够得到很好的理解，就不会支持"事物"具有本质的论点。（参见第十三章，稍微详细地记述了这种标准的佛教论证。）我对"空"这种本体论教义的辩护从本质上讲并非本体论论证，而是从心理学角度展开的。换言之，我并没有论证现实具有一定的结构，这种结构没有本质，反而是论证人类大脑天然就会在现实中投射一定的本质感，而这种投射背后的进化论逻辑使我们没有理由认为投射出的本质感能与"客观"现实对应，而且给了我们理由怀疑投射出的本质感不能与"客观"现实对应。（参见第十五章，对该逻辑有更详尽的阐释。）要注意，这两种辩护"空"之教义的方法是逻辑相容的。

我们信念中对事物历史和本性的认识，会塑造我们面对事物时的体验，因而也会塑造我们对其本质的感受。他最喜欢的例子就是一项关于葡萄酒品鉴师的研究。研究中有四十位品鉴师喝的是挂上高级标签的波尔多葡萄酒，他们认为这些酒值得一品；另有二十人喝的葡萄酒挂着佐餐酒的标签，他们则认为这些酒很普通。你或许已经猜到其中的妙处：两种瓶子里装的是同一种葡萄酒。❶

　　葡萄酒是一个非常好的例子，从中可以看出故事是如何为我们带来快感的（"那瓶酒年份很好"），但是布鲁姆认为，如果你仔细看，每一种快感背后都有一个带来快感的故事。"根本没有纯粹的快感，所有的快感都是受你的信念左右。"他举了食物的例子："如果你递给我某样东西，我尝了尝，我知道这种食物是某个信任的人给我的，我所尝到的味道与我品尝从地上捡起来的食物或花一千美元买的食物的味道是不同的。或者拿画举例。你确实有可能看着一幅不知道谁画的画……基本根据画作的水平来赞赏作品。这时你知道那是一幅画作。"换言之，他继续说："这并非自然溅落在墙上的油彩……而是某人在某一刻特意展示的，因此这幅画也多了些色彩。"同样地，他说："最简单的一些感觉，如性高潮、口渴的时候喝水、拉伸之类的动作也都是如此。这些感觉往往都覆盖在某种描述之下，经常被看作某种类型的实例。"换言之，其背后总有一些隐含的叙事。

　　我们的快感由本质感塑造，因而也受我们讲述的故事和秉持的信念影响，由此，布鲁姆认为，我们的快感在某种意义上比我们想

---

❶ 原注：参见 Bloom 2010, p. 45.

象的更深奥："快感总是有深度的。"他曾这样写道。❶

但是你也可以转换一种视角来看。同样一瓶葡萄酒，打上不同的标签，我们的体验就会不同，你通过这段经历或许会说，我们的快感有些肤浅，如果我们能够真正品味葡萄酒，不受或真或假的信念影响，才能体验到深层的快感。这样的认识也接近佛学对此的观点。

没有故事的男人

我要向各位介绍加里·韦伯的品酒经历，作为第一个例证。韦伯是一个结实、活力四射的银发男子，数十年里，他进行了数千小时的冥想练习。根据韦伯所述，经过这些努力，他每日的意识状态和过去有很大不同，当然也与我这样的人有很大不同。他说自己很少会像大多数人那样产生很多自我指涉的想法："我昨天为什么要说那些蠢话？""明天怎样才能给他们留下深刻印象？""等不及要吃掉那块巧克力了！"诸如此类。他把这些想法称作"情绪负担，我–自我–我的想法"。

韦伯所说的到底是不是真的，我们也无从考证，但是他称自己所达到的罕见意识状态有一些实证。他参加过一次具有重大意义的脑部扫描研究，实验由耶鲁大学医学院组织，实验对象是一些成就很高甚至声名显赫的冥想者。我在第四章中就曾暗指过这项研究，

----

❶ 原注：同上，P.53。

就是发现深度冥想状态下默认模式网络会静默的那项研究。但是在扫描韦伯的大脑时，研究者发现了一些不同：他的默认模式网络从一开始，在他还没有冥想之前就是静默的，非常非常安静。

尽管我用韦伯的例子证明佛教关于"空"的理念，但还是要承认，其实这个例子并不是特别贴切。韦伯确实下大力气修习佛教禅宗，但他同时受到印度教传统的影响。另外，还有一些佛教传统是他所抵触的——从本书的角度来讲，特别是"空"的概念。他认为"空"这个概念至少有误导之嫌。他说他从未见过任何人达到过这样的冥想深度，说："噢，一切皆为虚空。"他对世界的体验太丰富，不能简单地用一个"空"字概括。"我曾用过'空满满'或'满满的空'之类的说法。"他说。

但是，不管你怎么描述韦伯对世界的体验，听起来都和罗德尼·史密斯的描述很像：在一个世界中，事物没有独特的本质，互相之间不会有明显的区分。尽管韦伯和史密斯一样，肯定能区分出椅子、桌子和台灯，也能恰当对待每一件物品，但是这些物品不会像过去一样投射出独立的特性；事物之间有一种连续性。"它们及其背景之间没有那么多的差异化，"韦伯说，"它们都是一个东西。"他有时会将这种"东西"描述成是由某种能量组成的，但是"能量之间没有差异化，你对能量的感觉也没有差异化"。

有一次，我试着让韦伯详述他从世界中体验到的快乐的本质，分析他体会的快乐与我体会的快乐有什么不同。我说："我理解，你的意思是说，你可以通过感官得到一种快乐，而且不会牵涉问题情感。"

"你说得对。"他说。但他紧接着补充道："但也不是说神经末梢坏死了……绿茶还是绿茶的味道，红酒喝起来还是红酒。这些感觉都不会丧失。你丢失的只不过是对这种感觉的延伸：这是一杯极好的红酒——年份很好。"

但是我指出，有些人可能会说，如果你都不认为那是一杯好的红酒——如果你连喜欢这杯红酒的情感共鸣都没有——那么活着也就没有太多意义了。

他回答说："但这是一种更清晰的感知。如果我尝了一杯红酒，然后想要取悦某位爱好红酒的餐厅评论家或朋友，那么我就可能需要一个故事，故事中应该说明我对这杯红酒的预期和酒的味道，这样就真的蒙蔽了我清晰、简单的感知……因此，抛开这种想法，抛开这种掺杂了情感的想法，我才更有可能直接感知其中的真实滋味。"

奇怪的是，我大体能够明白他的意思。我在冥想静修时，坐在餐厅里，品尝着食物，有时会深深沉浸在食物的味道和质感中，没有真正意识到自己吃的到底是什么——不知道吃的是什么水果、什么蔬菜，不知道是什么。回想起当时的感觉，没有任何故事附着其上。我回想起来的只是那种感觉非常好。

有时我会想，"本质"能以两种不同的方式阻碍我们清晰的感知。一种情况就如"极好的一杯红酒"的例子，本质感强烈，激发出的感觉在"无本质"的体验中是无法实现的。但有时本质感太弱，以至引导你完全脱离了这种体验。我在静修时，沉浸在树干的纹理中，或许是因为抛弃了平常树木本质的感觉——那种感觉没有任何力量，好似在说："这只不过是一棵树，你可以径直走过去，去做别的更重要的事情。"我们通过本质感给事物打上标签，而标签的一种使用方法就是把事物归档，不必再在上面花费时间。

或许婴儿会深深沉浸在图形和纹理中，正是因为他们还没有培养出本质感这种归档系统。换言之，他们尚"不知道"周围的"事物"是什么，因此世界是一个待探索的仙境。或许这样有助于解释韦伯所谓的"空"其实是"满"：有时看不见本质反而使你体会到事物的丰富性。

另外还有一种说法，在某些情况下，本质带来的故事是一种最小化的故事：那只不过是一棵树，或者只不过是一棵菠菜。但在另外一些情况下——一杯极好的红酒或属于约翰·肯尼迪的卷尺——故事被放大了，喧嚣的故事已经盖过了内在体验。或许可以把本质看作标签，有些可以彻底阻止体验，有些会鼓励体验，但却从某种意义上扭曲了体验。

韦伯认为对某种事物的强烈情感反应就是对该事物有个"故事"，对于他的这种看法，我是认同的；另外，他认为同时摒弃故事和情感可以使事物的本质不像原本投射的那般独特，对于这种观点，我也是认同的。但是这样真的可能吗——摒弃故事，摒弃背景知识，摒弃一切感觉体验？而且，如果这样的情况真的发生，当时大脑是怎样的状态呢？

故事和脑部扫描

有一个涉及红酒和脑部扫描的实验，或许可以回答第二个问题。实验人员分配给受试者多种不同的红酒，分别标上不同的价签。但是，其中标价90美元和10美元的两种红酒其实是同样的红酒。

受试者更喜欢90美元的。这也毫不奇怪。真正有趣的是他们做出这些评价时大脑里的反应。他们喝下90美元一瓶的红酒时，相比喝10美元价签的红酒时，内侧眶额叶皮层（mOFC）更活跃。内侧眶额叶皮层是大脑的一部分，其活跃程度与各种快感有关——不仅仅是味觉，还包括嗅觉和音乐。这项实验显示，你听闻关于自身所感受的快感的故事以及这种故事带给你的预设想法，能够影响的都是大脑中的这片区域。90美元的故事比10美元的故事，使大脑这片区域更兴奋。

大脑中还有其他区域在快感中扮演角色，但却没有受到红酒价签的影响。研究人员写道："重要的是，我们没有发现证据证明，价钱对岛叶皮层、丘脑腹后内侧核等主要味觉区域产生影响。"有一种"自然的解释"，他们继续写到，mOFC——随着价签而发生变化的大脑区域——正是"编码味觉预期这种自上而下认知过程与自下而上的红酒感官构成相关联"的区域。换言之，mOFC似乎就是故事的储存地，因此，预期混杂着原始的感官数据也在这里，负责调节研究人员所谓的"味觉的享乐体验"。❶

----

❶ 原注：Plassmann et al. 2008.

你或许会问喝红酒这样一件事是否真的值得这样研究。即使像韦伯说的一样，不带背景故事纯粹品味红酒的体验，比平时喝酒的体验更快乐，又有什么关系呢？在我看来，不管红酒背负了多少可疑的故事，喝红酒的人对红酒本来的口感似乎都很满意。也不是说红酒饮用不足的状况即将成为全球危机。

但这背后的隐含意义远远超越了红酒本身。我们探索的是大脑创造幻觉的能力。这一项特定的实验研究了一种特定的幻觉，即饮品的内在味道取决于附着在饮品上的故事。但这只不过是一种更普遍的幻觉的一例：我们在事物上感觉到的"本质"是真实存在的，它们存在于我们所感知的事物上，但其实它们都是我们头脑的营造，与现实并没有必要的联系。事物伴随着故事而来，不管故事的真假，它都塑造了我们对事物的感觉，由此也塑造了事物本身，给了事物我们所感知到的全貌。

在某些情况下，这种对本质的头脑营造所带来的后果，可能远远不止一瓶标价90美元的酒比标价10美元的酒好喝那么简单。其中一种情况就是我们不再将本质赋予卷尺、房子或其他无生命的物体，而是赋予其他人类。这也是我们下一章将要论述的主题。

第十二章

没有杂草的世界

第一次冥想静修刚开始的几天，我在树林里散步，遇到了一个老对手。它的名字叫车前草。几年前，我还住在华盛顿特区，家里的草坪深受车前草所害，我花了很多时间除草——大多数时候会把它们连根拔起，但有时我太绝望了，不得已会用除草剂。我一直认为自己不会花太多时间表达对各种植物的嫌恶，但还是不得不承认我对车前草这种植物确实充满了敌意。

然而此时，在这次冥想静修中，我被这种杂草的美深深吸引，这也是我第一次产生这样的感觉。或许我应该给"杂草"这个词加引号，因为看到一种杂草的美，其实就已经质疑了是否应该叫它"杂草"。这也正是我站在这个老对手面前看着它的时候问自己的问题。为什么这种绿叶植物被称作"杂草"，而周围类似的植物却不是？我看了看周围的植物，又看了看这种"杂草"，发现自己无法回答这个问题。似乎没有客观的视觉标准来区分杂草和非杂草。

回想起来，我想，可以把这段经历看作我的"空"之初体验。虽然这段经历没有上一章所述罗德尼·史密斯和加里·韦伯的体验那么夸张，也不那么普遍、持久，但却具备他们的体验的基本特征：杂草的身份投射并不像原本那么强烈。尽管它的视觉辨识度还和以往一样，但已经不像之前那样与周围的植物有明显的差异。此时它缺少了杂草的本质，之前它正是靠这种本质才从其他植物中凸显出来，看起来更丑陋。

所以本质是重要的！某一刻你从某物中看到了某种本质，就想杀掉它，下一刻这种本质消失了，你就不再想去杀它。

当然，在这些例子中，代价并不是很高。据我所知，杂草体会不到快乐或痛苦，因此从地上拔掉一棵杂草也不算严重违反道德的事情。尽管如此，论及杂草时已经不同于论及台灯、铅笔或眼镜了，我们已经接近道德心理学的领域，裁断是非已经可以影响到我们如何对待其他事物。当我们裁断的对象变成人类等有感情的生物时，代价将变得非常高。

这种道德代价是我花这么长时间探讨"空"之教义的主要原因。我认为，我们如何对待他人，根源在于我们眼见的他们的本质。因此，我们对本质的感知到底是真实的还是像"空"的教义中所说的那样是某种意义的幻觉，这一点很重要。

从进化论的角度来看，人们赋予他人本质的原因，与人们赋予其他事物本质的原因是相同的。人类同胞与食物、工具、捕猎者、栖身之所一样，都是我们进化环境的一部分。因此在自然选择的设计下，我们会以特定的方式对它们做出反应，而反应的方式是通过感觉的设定来调节的，那些感觉塑造了我们从中感受到的本质。但是人类同胞比起栖身之所或食物之类，属于我们生存环境中更复杂的一环，是非常重要的一部分。因此，我们有理由认为人有一套特定的心理机器，用于品评他人，赋予他们某种本质。

我们的人类本质机器

数十年的社会心理学实验阐明了这台机器的工作机理。首先，它的运转速度很快。我们第一次遇见某人，就会评价对方，有时只需很少的依据就能给出比较合理的评价。比如，如果你向人们展示某人谈话或参加社交活动的一段视频，请他们评价这个人——比如说评价这个人的职业能力或社会地位——评价的结果和更加客观测评得出的结果很接近。甚至没有音频，一切线索都是非言语的，结果也是一样的。而且三十秒之后给出的评价和五分钟之后给出的评价，准确度几乎相同。

两位哈佛心理学家对数十个此类"薄片"研究进行了元分析，总结认为，经过短暂的观察，"评判者可以捕捉到一些稳定的隐含本质"。[1]当然，他们所说的"评判者"是指实验中进行观察的人，但也可以指我们所有人，我们天生便会去做评判。

有时我们的判断依据会肤浅得令人发笑。比如，人们会认为漂

---

❶ 原注：Ambady and Rosenthal 1992.

亮的人能力更强。这样想也有些道理，漂亮的人在社交场合确实更如鱼得水，而充分利用社交关系也是一项重要的能力。

但是在做道德评判时，我们并不会过多考虑长相。比起不漂亮的人，漂亮的人并不会得到"更正直"或"更体贴"这类评价。这也是合理的，因为没有理由认为他们更体贴或更尽责。❶ 然而，对道德品质的评判与对能力和社会地位的评判有一个共同点，就是评判的依据都是单一的数据。尽管有很多实验证明这一点，但是并没有必要举例：只需要回想一下你自己的行为就可以了。如果你看见一个人停下来帮助躺在人行道上的伤员，你会不会想："噢，多好的一个人啊。"如果你看见一个人匆匆走过，对人行道上躺着的伤员视而不见，你会不会想："噢，这个人真不友善。"

我知道你是怎么想的：停下来解人之困的是好人，匆匆路过的不是好人。

其实你错了！ 1973年公布的一项著名实验就是很好的明证。实验由普林斯顿大学的两位心理学家完成。首先，他们为受试者提供了成为好心人的机会，可以帮助有需要的陌生人。两位心理学家这样描述他们创造的场景："受试者经过一条小巷，伤者瘫坐在一个门口，面朝下，双眼紧闭，一动不动。受试者经过时，伤者咳嗽了两声，发出了呻吟声，面依然朝下。"❷

----

❶ 原注：参见 Eagly et al. 1991。尽管美丽的容颜在评价道德水平时并没有重要的线索作用，但是容貌的其他方面有可能起到作用。比如，有证据显示，如果一个人内侧眉毛高挑、颧骨凸起，相比而言更容易得到他人的信任。有一项大脑扫描研究，监测了大脑中与评估可信性相关的部分，结果显示，在展示的面部形象太短暂而无法有意识地看清时，大脑的评估结果趋同。参见 Freeman et al. 2014。
❷ 原注：Darley and Batson 1973, p. 104.

实验的受试者都是普林斯顿神学院的学生。他们被告知要去临近的大楼做一个简短的即兴演讲。有些人被告知马上就要迟到了，另外一些得到的消息是离演讲开始还有一段时间。前一组受试者中有10%停下来帮忙，而后一组受试者中有63%停下了脚步。因此，从那63%的受试者中看到"好人"的本质是有误导性的，更恰当的角度应该是从中看到"不匆忙"这个本质。

除了匆忙程度，实验者能够控制的其他变量只有一个。半数受试者在去做即兴演讲之前，被要求阅读《圣经》中一段好撒马利亚人（Good Samaritan）的故事，随后演讲的内容也关于同一主题。另外半数受试者阅读的文章与利他主义没有关系。结果显示，即便读过好撒马利亚人的故事，也没有增加成为乐善好施之人的概率。

这项实验符合关于"基本归因错误"（fundamental attribution error）的大量文献研究。"归因"一词意指某人行为是倾向于"性格"因素——换言之，就是某人是个怎样的人——还是"情境"因素，比如他们是否恰好要演讲迟到了。"错误"一词意指这些归因经常是错的，我们倾向于低估情境的影响，高估性格的影响。换言之，我们偏向了事物本质的影响。

"基本归因错误"由心理学家李·D.罗斯（Lee D. Ross）在1977年提出，其中的含义可能有些令人疑惑。比如，认为犯人和牧师是两种根本不同的人，这是一种很普遍的看法。但是罗斯和心理学家同人理查德·尼斯贝特（Richard Nisbett）建议我们重新思考这种直觉。他们是这样说的："牧师和犯人几乎不会面临相同或类似的情境挑战。相反，他们由自己或受他人安排，身处不同的情境，

而这些情境恰恰造成了牧师有牧师应有的模样、行为、感觉和思考方式，犯人有犯人应有的模样、行为、感觉和思考方式。"❶

哲学家吉尔伯特·哈曼（Gilbert Harman）阅读了关于基本归因错误的文献之后，提出了疑问，质疑诚实、仁爱和友善等性格特征是否真实存在。"鉴于我们对性格特征的普遍认识可能源自某种幻觉，"他写道，"我们必须得出结论，认为性格特征的存在并没有经验基础。"❷

这种观点听起来或许有些极端，很多学者对基本归因错误的文献解释当然没有这么夸张。大多数研究该领域的心理学家都会告诉你，普通人的某些个性随时间的推移会比较稳定。尽管如此，我们对他人的道德本质归因——认为他们和蔼、刻薄、友善、不友好——毫无疑问是在有真实证据佐证之前就做出的。我在公共场合看到有人粗鲁、不顾及他人，立即就认为他是坏人，而且心里也是这样感觉的，这样的情况不止一次。而我在巨大的压力下，也不止一次表现得粗鲁，不顾及他人。然而，我不认为自己是坏人，至少不会认为自己本质是坏的，而且之后反思时也不会改变这种想法。

我之所以把自己排除在外，是因为我知道自己是在压力过大的情况下才出现不当行为的，做坏事的并不是"真正的我"。但是换作他人，我就不太会思考这种可能性。这正是基本归因错误：我将他们的行为归因为性格，而不是情境；我认为恶可以追溯到他们自身，而不是环境因素。

----

❶ 原注：参见 Harman 1999, p. 320。

❷ 原注：同上，p. 316.

为什么人脑要这样设计，在评判他人时忽视或轻视情境因素的影响？首先要记住，自然选择设计人脑并非要我们准确地评判他人，而是要引导人们做有助于本人基因传播的交流。

我们再来看看人们秉持的另外一种更荒谬的观点。最典型的开头是宣称"她真是个好人"或"他是不错的家伙"。然后有人提出不同看法："不，她人不太好。"或者"不，他其实是个坏人。"这样的争论可能永无休止，直到最后也不会有人说："好吧，或许她对我好，但对你不好。"或者"或许在我经常遇到他的环境下，他是个好人，但是在你遇到他的环境下，他是个坏人。"

从自然选择的角度来看，人们没有理由太看重这样的可能性——友善和善良与否主要是受情境影响，而不是由个人性格和性情左右。毕竟本质模型——认为每个人都有大体好的或坏的性情——效果很好。如果有人对你一直很好，与对方建立互惠的友好关系就很合理，即与对方建立友谊。而认定一个人本质是好的，也确实能很好地助力你们建立友谊。

而且，心怀这种信念，你就更容易四处宣传这个人是好人——这也很好理解，因为高度评价自己的朋友也是友谊互惠互利关系的一部分。你从朋友身上看到好的本质，这样做也不用进行太多的心理斗争。心怀这样的信念，你就会抛掉一些疑虑，比如了解到你不在身边时，朋友会欺诈老年人。

相反，有个人对你一直很刻薄，从你的角度来讲，在他身上看到坏的本质对你是最有利的。你知道帮他的忙也不可能得到回报，因此不会去帮忙，而且你还会言之凿凿地四处散播他是坏人这样的流言。宣扬你的敌人是坏人也是合理的，因为你越多损害他们的身份，他们就越难伤害到你。

其实，在现代社会，这种策略并不是很有效。但在人类尚处于进化阶段的狩猎—采集社会中，持续散播某人的坏话确实会对他们的社会地位产生可观的影响，同时还可以警示他人不要与你做对。

总结来讲，有一种情境变量使我们对他人的评价总是存在一定的偏见：我们看到他们做的事情，都是他们当着我们的面做的，而我们也了解他们面对他人时的举止是与此不同的。但是，从利己的角度来看，我们忽略这种变量，将我们眼见的行为归因为他们的性格，这样做是合理的。这样我们从他们身上看到好的或坏的本质，就是最符合我们自身利益的。我们的朋友和盟友自然有好的本质，对手和敌人自然有坏的本质。

我们的本质保存机制

但是，如果现实干扰了这些实用的幻觉呢？如果我们恰巧看到或听说某个敌人做了件好事呢？如果我们看到或听说某位朋友做了件坏事呢？这样一来，我们从他们身上看到的本质会不会面临消失的威胁呢？

是的，确实有这样的威胁。但是我们的大脑非常擅长屏蔽威胁！事实上，我们的大脑似乎有一种专门的机制应对这类威胁。你可以将其称作"本质保存机制"。

结果显示，基本归因错误——高估性格的影响，同时低估情境的影响的倾向——并不像心理学家原本想象的那么简单。有时我们会轻视性格的影响，放大情境的影响。

我们倾向于在下述两种情况中这样做：（1）如果敌人或对手做了一件好事，我们倾向于将其归因为环境因素——他给乞丐钱只不过是为了取悦一位恰巧站在那里的女性；（2）如果密友或盟友做了一件坏事，那么环境因素就会显得突出——她对要钱的乞丐大喊大叫是因为她工作压力太大。

这种解释的灵活性不仅在我们的日常生活中有所体现，对国际关系的处理也有影响。社会科学家赫伯特·C.凯尔曼已经注意到如何把敌人留在敌人名单中："归因机制……会强化原本的敌人形象。敌人的暴力行为归因于性格，因此可以进一步证明敌人天生好斗、暴躁。亲善的行为被解释为对情境的反应——战术技巧、对外部压力的响应或是因弱势而做出的暂时性调整——因此也不需要对他们原本的形象做调整。"[1]这也有助于解释，为什么战争迫近时，好战派会妖魔化敌对国家的领导人。美国对伊拉克发动过两次战争，在其中一次的筹备阶段，美国鹰派杂志《新共和》在封面上刊登了伊拉克总统萨达姆·侯赛因的肖像，但对肖像做了一点修饰：他的胡子被修剪成希特勒胡须的样子。此举一点都不含蓄，但却很有效——因为一旦某人被关进敌人的盒子里，我们的归因机制就会牢牢锁住这个盒子。比如，如果像侯赛因这样的人允许国际观察员进入他的

----

[1] 原注：Kelman 2007, p. 97.

国家检查大规模杀伤性武器——2003年伊拉克战争爆发前不久，他确实这样做了——一定是在耍把戏。他一定把大规模杀伤性武器藏到了某个地方。毕竟，侯赛因有坏的本质，甚至是邪恶的本质！

诚然，侯赛因确实做过很可怕的事情。但是错误地认识他会导致更可怕的事情：伊拉克战争期间及之后，有超过100,000无辜的人丧生。

战争是一个很好的例子，证明本质的影响可能升级。你最开始的想法是一个国家的领导人本质是坏的。从这一点出发，你会认为整个国家——整个伊拉克或德国或日本——都是你的敌人。你转而又开始认为这个国家的所有士兵——甚至这个国家的所有人——本质都是坏的。如果这些人是坏人，那就意味着你杀了他们也不用遭受良心的谴责。美国在两座日本城市——是城市，不是军事基地——丢下了原子弹，但几乎没有受到美国人的任何反对。

所幸，我们大多数人都没有遭受部落心理这么致命的影响。但是这种心理还有一些不那么致命的影响，时刻改变着我们的感知和道德意识。1951年，在1973年做好撒马利亚人实验的普林斯顿神学院东侧仅1.5公里左右的地方，就有一个特别生动的例子。

对手的本质

事情发生在帕尔默体育场（Palmer Stadium），是普林斯顿大学和达特茅斯学院之间的一场橄榄球赛。当时常春藤橄榄球赛还是世界级的橄榄球赛事。比赛前一周，普林斯顿大学的全美全明星攻方尾后卫迪克·卡兹米尔（Dick Kazmeier）出现在《时代》杂志的封面上。

比赛非常激烈，甚至有些肮脏。卡兹米尔在第二节撞伤了鼻子，第三节，达特茅斯的一位球员摔断腿退出了比赛。两位心理学教授——普林斯顿大学的哈德利·坎特里尔（Hadley Cantril）和达特茅斯学院的阿尔伯特·哈斯托夫（Albert Hastorf）——后来写道："比赛中和比赛之后双方的脾气都很暴躁……很快双方就开始互相指责。"哈斯托夫和坎特里尔利用这个事件研究了部落心理学。他们向普林斯顿和达特茅斯的学生播放比赛的录像，发现双方的观点有极大的差异。比如，平均算来，普林斯顿的学生认为达特茅斯有9.8次犯规，而达特茅斯的学生则只发现4.3次。❶这些发现或许还不会令你震惊，部落关系会造成感知偏差早已是人所共知的事实。但是，这项研究选取的是这种偏差在现实世界中的案例，把奇闻异事转化成了数据。该实验也因此成为经典。

这项定量分析偏差的著名实验中不那么广为人知的是，作者提出疑问，质疑"偏差"用在这里到底是不是恰当的词。我们想到认知偏差时，会认为那是原本对事物清晰感知的一种扭曲。但其中有个预设的前提，即有一种被感知的事物。哈斯托夫和坎特里尔写道："说不同的人对同样的'事物'有不同的'态度'是不准确的，具有误导性……数据显示，'客观世界'中并没有一场'比赛'之

----

❶ 原注：Hastorf and Cantril 1954, pp. 129, 131.

类的'事物'独立存在，仅供人们'观察'。'比赛'为某个人'存在'，由他体验，其中发生的某些事件仅从他的目的出发才具有重要意义。周围环境中发生了各种事情，一个人身处总体矩阵中（total matrix），只会从利己主义的角度出发，选取其中对他有重要意义的事件。"❶

当然，哈斯托夫和坎特里尔所说的并不是电影《黑客帝国》中的母体矩阵。但是，他们也像电影里一样，质疑了现实的"真实程度"——客观世界中"事物"独立于构想出它们的大脑而存在，这种认识是否合理。他们写道："因为不管'事物'是一场足球赛、一次总统竞选、共产主义还是菠菜，这种'事物'在不同人的眼中都是不同的。"❷

这些使我回想起与勒达·科斯米德斯的一次对话，我们曾在第七章提及科斯米德斯，正是她在大脑模块化理论的发展中做出了重大的贡献。事实上，她已经不再称那是模块化理论了。她说，"模块"这种说法有误导性，部分原因在于，我在第七章中试图消除的误解中有一些还远远没有被消除。现在她换了别的术语，比如虽然不那么雅致但却更准确的"领域特异性心理机制"（domain-specific psychological mechanisms）。

当时勒达和我正在探讨这些模块之间的关系，以及人类对世界理解的各种偏差。对话刚开始时，我谈及我们的世界观可能会被某个时刻主宰我们意识的模块染上色彩。她质疑讨论"染色"的过程

----

❶ 原注：同上，p. 133。
❷ 原注：同上。

是否有道理——就好像染色之前存在某种未着色的世界观。"总有某种心理机制在做某些事情，"她说，"它在创造我们的世界，它在打造我们对世界的感知。正因此，我才不会说领域特异性机制给我们的感知染了色——我会说，它们创造了我们的感知。如果不将世界切割成概念性的碎片，我们就根本无法认识世界。"

这听起来和佛教的观点很像：从菠菜到橄榄球赛的一切事物都没有"自性"（inherent existence），只有当我们的知觉场中组合了一些元素，并在其上附加了整体意义，事物——色身——才在我们的意识中开始存在。哈斯托夫和坎特里尔写道："橄榄球场上或其他任何社交场合的一个'事件'，在被赋予某种意义之前，都不会成为一种体验式的'事件'。"他们说，赋予的这种意义来自一个意义的数据库，存在于"我们所谓个人假想的有相世界"中的数据库。❶

据我们推测，在这些意义被赋予之前，世界在某种意义上就处于"无相"状态；但是一旦赋予了意义，就有了"相"，就有了本质。

事实上，本质中还包含着本质。有橄榄球赛的本质，有橄榄球队的本质，有橄榄球球员的本质。这些不同的本质之间会互相联系。某一场特定橄榄球赛的本质要取决于两支球队的本质——比如，我们喜欢哪一支球队，喜欢程度有多深，以怎样的方式喜欢——同时还与球员的本质相关联。

又或许情况是反过来的，我们从某位特定的橄榄球运动员身上看到的本质，将决定我们喜欢哪一支球队，进而塑造这场比赛在

---

❶ 原注：同上，p. 132。

我们记忆中的"相"。毫无疑问，1951年美国的某处，某个从未听说过普林斯顿大学的孩子，在《时代》杂志封面故事上读到了迪克·卡兹米尔的故事，成为普林斯顿大学校队的球迷，之后所有关于普林斯顿大学橄榄球队比赛的新闻都有了恰当的"相"。

我不是说，如果你没有一支偏好的橄榄球队，世界上所有的橄榄球队对你而言就都没有"相"。我想，哈斯托夫和坎特里尔也不是这个意思。如果你走在机场里，抬头看到电视上正在播放一场橄榄球赛，在你还不知道是哪支球队在比赛前，你就能感知到一种类属橄榄球比赛的本质。但即使你没有偏好的球队，仔细观察或许也会注意到，比赛的确有一种"类属"的本质感。尽管你不是两支球队中任意一支的球迷，但你可能是个橄榄球球迷，因此会被这场比赛深深吸引，好奇是谁在比赛，或者只是渴望看一场有趣的比赛。反过来，如果你不是橄榄球球迷，感知到的本质不会是吸引人的，甚至有些扫兴，虽然感知到的本质可能比较微弱。

这也提醒我们，特别的部落心理学在某种意义上和一般的心理学并没有太多不同。我们在生活中，每天都会给看到的事物打上正面或负面的标签。附属于某个部落——一支橄榄球队、一个国家或一个族群——正是这种倾向的特定实例，有时会成为特别夸张的特定实例：我们的部落非常好，我们的敌人非常坏。

与此同时，将部落心理学看成普通心理学升级版显然是有误导性的。自然选择刻意设计了人类大脑的一些部分，引导我们避免冲突——个人之间的冲突和群体之间的冲突。我们的大脑机器中有些部分的设计极为精妙，主要就是负责这部分功能，其中就包括本质保存机制，使我们的敌人比盟友更容易因坏行为而受责备，使我们可以冷漠地见证敌人遭受痛苦。

其实说"满足"比"冷漠"更恰当。自然选择植入我们大脑的道德设备中，有一块就是正义感——一种本能，认为善事应该得到奖赏，恶行应该受到惩罚。因此，看到为恶者食恶果会给我们一种正义得以伸张的满足感。而且，做坏事的一般都是我们的敌人和对手；当我们的朋友和盟友做了坏事时，他们很可能就是受环境所困，因此不应受到严厉的惩罚。除非他们对我们做了坏事，这样他们也就将会被移出我们的"朋友和盟友"分类。

我与一个敌人的短暂蜜月期

所有这一切都带我们回到车前草的话题上。尽管我和车前草之间的对立关系由来已久，我甚至对它心存怨恨，但是它身上还是有一些道德光环的，我并没有将所有的道德武器都用到它身上。真正重型的武器都留着用在人类身上了。至于使用哪一种武器的界限——"好的"人类和"坏的"人类之间的界限——与决定杂草与其他植物之间的界限一样难以判断。

有一种冥想技巧，专门用于模糊这种界限。这种技巧被称作"慈心冥想"（loving-kindness meditation）。通常，冥想最开始由你阐明要对自己友善。然后想象某个你深爱的人，将慈心转移到他身上。然后想象某个你喜欢的人，将慈心转移到这个人身上。然

后再想象某个不太有感觉的人。依次类推，直到最后推及你的敌人。如果一切按计划进行，你甚至可以对敌人产生慈心。❶

讲到这里，似乎只有说几句夸赞慈心冥想的话才显得合宜，那么下面就说一句：慈心冥想对有些人是有效的。但是对我没有用。我想，问题出在一开始，就在我要对自己心存慈心那一步。实际上，我很高兴地讲，普通的正念冥想对我而言也有慈心冥想应有的一些效果：可以压制我的恶念，甚至能增强我的同理心。

事实上，在一次冥想静修期间，经过将近一周大量的正念冥想，我想到了最痛恨的仇敌之一——一个前同事（我们就叫他拉里吧）。虽说他以前是我的同事，但说实话，我和他根本没有任何同事之谊。通常我看到拉里，甚至仅仅是想到他，就会心生厌恶，你或许可以将这种感觉称作"拉里的本质"。但是在那次静修期间，我想到他时，没有伴随着厌恶的气场。他最令人厌恶的行为（或者至少是我认为最令人厌恶的行为）此时在我眼中也只是没有安全感的表现。我脑中浮现出生动的画面，想象他青少年时期可能瘦弱，不善运动，想象他在运动场上得不到尊重，努力寻找自己的身份，最终找到了一种身份，却恰巧惹怒了我。那一刻，我对他心生怜悯。我没有感觉到本质。至少，我没有感知到以往总能从他身上感知到的拉里的本质。我想，这正是关键所在：打破拉里旧的本质，使我能够感知到新的拉里，更接近真实的拉里。

据传，13世纪苏菲派诗人鲁米（Rumi）曾写过这样一段话：

----

❶ 原注：要更好地探究慈心冥想，可参阅Salzberg 2002。

"你的任务不是寻找爱，而是寻找内心对爱设下的藩篱。"对于这句话到底是否为鲁米所写仍有疑问，但不论如何，如果真的是他所写，那么他的话中一定有深意。❶要说是打破了内心的藩篱——多年来我煞费苦心在内心构建起来的拉里的本质——才引导我去爱拉里，确实有夸张之嫌。但确实有那么一刻，我产生了一种同理心，就好似一位家长看着年轻的儿女经过努力却仍然无法融入社会时的感觉。当然，这种感觉稍纵即逝。但是我认为它的影响是持续的：之后我看到拉里，和他握手致意时，感觉自己没有伪装，我已经很久没有这样的感觉了。至少，我没有感觉自己是100%的伪装。有40%~50%吧。

在我发现杂草失去了杂草本质的那一次冥想静修期间，我还与爬行动物有过一次有趣的相遇。我正在树林里散步，低头看到一只蜥蜴僵在路上，想来是因为看到我而受到了惊吓。我看着它紧张地环顾四周，盘算着下一步的行动，脑中冒出的第一个想法是这只蜥蜴的行为受一种相对简单的算法控制：看到大型生物，僵住；如果生物靠近，跑。但随后我意识到，尽管我自身的行为算法要复杂很多，但是很有可能还有一种智力更高的生物，在这种生物眼中，我就像此时的蜥蜴一样。我越这样想，那只蜥蜴和我的共同点似乎就越多。我们都降生在这个世界里，自己无法选择，引导我们行为的算法也不由我们决定，我们都努力地充分利用现实环境。我感觉到我和蜥蜴产生了一种亲密的联系——一种我从未对蜥蜴产生过的感觉。

----

❶ 原注：根据 wikiquote.org，这段话被误认作鲁米所写，真正的作者应该是海伦·舒克曼（Helen Schucman）。参见 https://en.wikiquote.org/wiki/Rumi。

正如我对拉里突然产生同情，我与这只蜥蜴之间的亲密感也不需要慈心冥想就能产生。勤修正念冥想往往可以拓宽你对其他生物的理解。而我所谓的"理解"不仅仅是指模糊的和平、爱和理解，而主要是对生物体有更清晰的领悟。我看那只蜥蜴的目光，可能就和火星来客看它是一样的：带着兴趣和好奇，不似我平常看待这些事物时附带那么多扭曲的先入之见。我想，我之所以能够几乎不带偏见地看待那只蜥蜴，是因为我没有看到蜥蜴的本质——或至少没有像平时那样看到那么多的本质。

其实，你或许会说，看不到本质与没有先入之见是同一回事，是一样的，因为我们从事物中感知到的本质，就是大脑对这些事物程式化的先入之见。这些先入之见使我们对事物的反应类似权宜之计，但并不一定是对事物的真实理解。

权宜之计当然也有其好处。可以方便认识你的配偶就是你的配偶。所以，我不建议像上一章提到的饱受卡普格拉妄想症之苦的弗雷德那样，彻底摒弃本质感。不过这也不是你要担忧的事情。我了解到的冥想者都没有走那么远，即使是接近开悟的冥想者也没有达到这种状态。弗雷德的例子有助于解释本质和情感之间的联系，但是不利于证明达摩引导的方向。

尽管如此，他的例子也确实引出一个有趣的问题：达摩引导的方向到底是哪里？即使不是引导你走向弗雷德的路——你几乎看不到任何本质，因此无法分辨不同的人——但有没有可能带你走得太远？比如，假设你依然能准确地辨识自己的配偶，但是从配偶身上看到的本质比过去要少，因此你的感觉也相应地发生了变化，这是不是意味着你对配偶的爱变少了？或者再举另外一个例子，深度冥想的父母对子女的爱会不会减弱？说实话，佛教劝人不执于物的思想，是不是在某种程度上鼓励减少传统意义上的父母之爱？

如果你问一位普通的冥想老师这样一个问题，你听到的答案应该类似于这样：不，修习冥想不会否定、抑制你的爱，但有可能改变爱的性质。比如，父母之爱变得没有那么强的占有欲。或许这样一来父母不再那么焦虑，控制欲也有舒缓，结果父母和孩子都会变得更幸福。

从实际角度来讲，这个答案是公允的。据我所知，冥想修行往往能够增进与亲属和非亲属之间的私人关系。

但是，假设某位冥想老师在回答"爱可能消失"这个问题时，给出了一个不那么确信的答案："是的，如果你冥想得特别特别久，对子女的爱的真实量级确实有可能降低一些。"这样的情形真的很糟糕吗？

想象一下，富足的美国父母对孩子的奉献和关怀稍微少了一点。再想象一下，他们将节省下来的时间用来考虑根本没有父母的孩子，思考可以为这些孩子做些什么。结果会有那么糟糕吗？自然选择给了我们爱、怜悯和利他的能力，这是非常好的，但这并不意味着我们就要完全接受自然选择的引导，分配宝贵的资源。

我想要强调一点，上述对亲属和非亲属的幸福关注度权衡，完全是假设的情况。关于"爱可能消失"这个问题比较正面的标准答案通常是这样的：不要担心，遵从达摩，你的家庭关系通常会更和谐。尽管如此，我不想掩盖重要的一点：从道德角度来看，冥想修行的影响，不仅仅体现在你本来就爱的人身上，这个问题甚至都不是核心问题。

这里还隐藏着第二个道德问题：如果冥想并没有引导你重新公平分配同情心，而是使你变得缺乏同情心，对他人的幸福漠然无视，那该怎么办？毕竟，如果冥想可以剥夺仇恨和怨气的驱动力，为什么不能相称地抑制与之对立的情感影响呢？

确实可能会出现这样的结果，而现实中往往不会发生这样的情况，个中原因也很难解释。但是"往往不会"并不意味着"永远不会"，而这一点是值得思索的：摒弃事物中的部分本质，很可能使你成为一个更好的人，但并不能确保你成为一个更好的人。正如普遍的冥想之路可以给你一种视角，抛弃一定的执念，因此使你更容易做到自控，但是世间有很多可怕的人，可以随时超脱，做到自控。有些冥想老师有很强的冥想力量，但却性骚扰心理薄弱的学生，曼哈顿就有一个著名的老师，被世人称作"上东区的禅宗捕猎者"❶。他们中有一些甚至可能通过"正念"审视最初的羞愧之情，放松了内心对不当行为的抵触。

精通冥想的这种双面特质，突显了以道德指导补充佛教冥想的重要性。这一点并非由我最早想到。佛陀铺平通往解放的道路时——在"四圣谛"最后揭开的"八正道"——道德戒律占据了很重要的地位。佛陀认为，单靠高强度的冥想，本身并不能带来全方位的开悟。

----

❶ 原注：参见 Oppenheimer 2013。

尽管如此，冥想仍然是这项事业的关键部分。原因之一在于，虽然冥想与成为更好的人之间的联系并非完全自动的，但是洞察生物的本质，包括对"空"的理解，确实能够带来道德洞见，关于这一点，我们将在第十五章中详述。另外一个原因在于，冥想可以用于培养美德，抑制不那么值得赞扬的倾向。尽管我已经承认自己不喜欢慈心禅，但我并没有放弃，也鼓励大家都去尝试。

派对时间

说教的话已经讲得够多了。现在我们来找点乐子！我们能找到乐子吗？人们对达摩还有一种普遍存在的关切，害怕它会夺走自己生命中的快乐。我在与美国僧人比丘菩提（Bhikkhu Bodhi）的一次交流中提及这个问题，比丘菩提在学术圈里很出名，因为他将大量的佛经翻译成了英文。他已经剃度，极为友善，是我见过笑容最灿烂的人，而且他的脸上总是挂着笑容，还经常大笑。我的一个女儿看过我采访他的视频，说："我想要他当我的伯伯。"

在那次采访中，我习惯性地想要找一些证据，证明自己的宝贝理论：看到"空"——换言之，不见本质——主要就是对事物的感觉不那么强烈。最开始我这样说："当我们……阐释某种事物，并为之归因本质时，阐释中有一部分关乎我们对这种事物的感觉。因此我的敌人是个坏人，我的家是个温暖舒适的地方。我赋予这些事物的本质中，有一部分源自我的感觉，对吧？"

他说："正是，正是。"

然后，我又胡言乱语了一通，说，如果你认真地追求解放，试图摆脱我们大多数人拥有的渴望和嫌恶，那么世间的事物自然就不会"有强烈的情绪内涵，这或许会成为你的感知的一部分，认为它们缺乏本质"。

这一次他没有立刻表示赞同。他停顿了很久，才开口说："如果有人对此全盘接受，就可能萌生一种想法，认为佛教的终极目标是让人变成一个毫无情感、没有情绪波动、情感被剥夺的机器人。"就在这时，他又露出了无敌的笑容。他一边大笑一边说道："依我看，就如我母亲以前经常说的，开悟的佛教徒和植物人没有任何区别。"他扭过头，笑了足足五秒钟，才继续把他母亲的话说完："变成一个植物人，这就是你成为佛教僧侣的原因吗？"

然后他又严肃起来："但是我要说，依我的经验，我认为，持续佛学修行，可以丰富情绪，使人的情感变得更敏锐，使人变得更幸福喜乐。我认为，一个人对待世界的方式可以更自由、更快乐、更喜悦。"

这些话在我听来是有道理的。毕竟，正念冥想的一种作用就在于细致清晰地体验感觉，而不是不加鉴别地被动遵从感觉，给你选择喜悦、快乐和爱等各种感觉的能力。对感觉的选择性接纳，对其服从的弱化，基本上也包括塑造我们眼中事物和人本质的感觉。

我就这个情感与本质的问题继续追问比丘菩提。我说："不给事物附着这些评价性的情感内涵，不正是带来了一些自由吗？换言之，不给事物归因太强的本质，正是自由的源头。"

他重重地点了点头，说："当然。"

第十三章

喜欢、惊叹，万物归一（或为空）

　　讲述冥想时的体验是一件微妙的事。只有不同寻常的故事才值得讲述，但是又不能太特别，否则人们会以为你疯了。我曾经有过一次体验，希望能落在这样的一个最佳状态：足够离奇，能够吸引人们的注意力，但又不是那么古怪，引得听者报警。

　　那是一次冥想静修的第四、第五天的时候。我像往常一样盘腿坐在垫子上，闭着双眼。我没有特别专注于任何事物，没有特别专注于声音，没有特别专注于情绪，没有特别专注于体感。我的意识域似乎完全打开了，我的注意力可以自由地在不同的部分迁移、暂留，与此同时还保持着整体感。

　　有那么一刻，我感觉脚上有点刺痛。大概同时，我听到外面有一只鸟在歌唱。这时奇怪的事情发生了：我感觉脚上的刺痛并不比鸟儿的歌唱更像我身体的一部分。

　　你或许会问：我感觉鸟儿的歌唱是我身体的一部分吗，还是我感觉脚上的刺痛不是我身体的一部分？或者换一种更恰当的问法：我是不是感觉与世界融为一体，或是更接近"无我"的体验？如果你想问的真是这些问题，那么就触及了一个有趣的哲学问题，这个问题不仅在不同的佛教思想流派间有所不同，更重要的是区分了主流佛教哲学和主流印度教哲学。但是你真正想问的可能并不是这些问题。你可能更想问的是我有没有疯。因此，我将先解答这个问题，然后再阐述深层的哲学问题。

首先，我要强调一点，如果因为我有过这种体验就说我疯了，那么有很多人与我为伴。我有多个机会向造诣很高的冥想者描述这段经历，这些冥想者中有僧人，也有非常著名的冥想老师，他们无一例外都表示也有过和我类似的体验。

此外，他们也倾向于认为这种体验很重要。我甚至可以说，这便是佛教的核心体验。所谓核心体验，并不是说这种体验是最根本或最重要的，而是在佛教哲学中占据着中心位置："无我"和"空"这两个佛学根本的、听起来疯狂但却有实证论据的概念，正是在这里交汇在一起。这是一种归于一统的宏大冥想体验。

在解释上面这段话的含义之前，我应该再具体描述一下那种体验。

首先，我应该强调，我从自身和歌唱的鸟儿之间感觉到的延续感，并非真正关乎那只鸟。我在上一章中提到我对蜥蜴的感觉，认识到我与蜥蜴之间的共同点比想象的更多，但是对鸟儿的感觉不同于此。那种感觉更少关乎认知，更多的是纯粹的感知。就好似我与世界上其他地方之间的感知界限消融了。换言之，这是一种理解，

207 207

而不是一种结论。并非通过某种逻辑论证使我确信鸟儿的歌声并不比我脚上的刺痛更不像我身体的一部分。

尽管如此，经历过这种体验，我开始思考，或许真的可以做一些类似的论证。开始可以这样：我脚上的刺痛与听到鸟儿歌唱之间到底有多大的不同？两种情况下，感知似乎都落在我的大脑某处，某种意识中枢的地方——也就意味着在两种情况下，感知都需要将信息从一个遥远的地方传输到我的大脑里。我的脚传输了刺痛的信息；鸟儿传输了歌唱的信息。二者有什么不同呢？

最常见的反驳是"但是刺痛源自你的皮肤内层，原本就是你身体的一部分！"，嗯，确实是源自我的皮肤内层。但是我提出的问题还质疑了皮肤是否像我们本能意识中认为的那样，是一种重要的界线——认为皮肤内的一切都是"我"，皮肤外的一切都是"其他"，这种想法是否合理。因此，你不能仅仅重复诉说本能的认识，就当作解决了我的问题。如果认同这种策略的话，任何假设都不可能被推翻了。

你或许还可以这样反驳："但是刺痛和其他体感往往会伴随着深刻的内在情感特征。"比如，脚痛是一种内在的痛楚。而鸟儿的歌唱则与品味相关，有些人喜欢，有些人厌恶。这种反驳的问题在于，痛并非内在的痛楚。我已经讲过，之前有一次，我通过冥想将焦虑的折磨转变成一种审视对象；还有一次通过冥想，使剧烈的牙痛变得有些美好。另外还有一次，我改变了对腰部轻微疼痛的感知，将其转变成一种温和宜人的感觉。诚然，这种从柠檬到柠檬水的转变并非常例，在静修时，沉浸在冥想的生活方式中，比起回归"现实世界"，说着"我的背疼得要命"之类的话，更容易实现这种转变。在这种对痛重新构建的基础上，想要再进一步，达到献祭身体也毫不退缩的越南僧人那种程度，就需要更加深度地沉浸于冥想中了。

不过，关键在于，这种深度沉浸是可能实现的，这也推翻了"内源性"感觉有固定的含义而"外源性"感觉没有固定的含义这种轻率的论断。而且，如果将我对某种事物所释放信号的"自发性"的程度作为关键标准，判定该事物是否属于我的一部分，那么子孙后代又该怎么讲呢？我的女儿并不存在于我的皮肤里，然而我看到某个女儿痛苦，就像自己在痛一样。

伟大的美国心理学家威廉·詹姆斯（William James）曾写道："个人所谓的'我'和'我的'，二者之间的界限很难划定。"就此他观察到："我们的近亲也是我们的一部分。我们的父母、我们的妻子和儿女都如我们的骨肉。他们死去时，我们的一部分也随之而去。"[1]

进化和自我的界限

如果你问为什么亲属会有这种近乎自我的特性，答案就是，我们经由一种特殊的过程创造而成，这种过程体现出某些特定的价值取向。说实话，似乎只体现出一种价值取向：通过代代相传，成功传递遗传物质。因为近亲与我们有很多共同的基因，因此从自然选

---

[1] 原注：James 2007, pp. 291 – 92.

择的角度来看照管他们是合理的。因此负责亲属共情、亲情及相关情感的基因得到广泛传播。

换言之，我们对何为"我们"以及何为"我们的"的本能定义，是自然选择这种创造过程运转规则的产物。

顺便说一句，我们这个物种所走的进化道路，使我们听到某些鸟的叫声时，感受到类似对待亲属的感觉，这种情况也并非没有可能。当两个物种互相帮助，形成共生关系，二者之间就可能进化出温暖的感觉，以维持这种关系。狗似乎就与人类共同进化了，我的孩子就责备我爱家里的狗和爱她们一样。我极力否认她们的控诉，但是如果我的狗身处痛苦之中，我也会在一定程度上感受到那种痛。

还有很多其他类型的共生关系，会使我们质疑自我的界限。我们与体内的多种细菌都有共生关系，而且这种共生关系会通过不同方式影响我们的情感和想法。科学家发现，将一只害羞、焦虑的老鼠的肠内细菌替换成一只开朗老鼠的肠内细菌，就能使这只老鼠变得开朗。❶出于伦理道德原因，这种实验并未在人类身上尝试过，但是有其他证据显示，人体内的微生物也会通过影响神经递质影响人类大脑。事实上，或许这样说也不为过：细菌就像我在冥想静修时的那只鸟，向我的大脑传递了信号，只不过细菌传递的信号可能更微妙。

所以，如果我依照常例，认为最终可追溯到细菌身上的信号是我的一部分，那么为什么不能将鸟儿传递的信号看作我的一部分

----

❶ 原注：Wall et al. 2014 and Stein 2013.

呢？特别是考虑到，如果进化之路方向有所不同，在人类和那种鸟类之间产生共生关系，那么这类信号或许从惯常角度来看也更像我的一部分了？❶

我想表达的观点是，很多信息涌入我的大脑中，我的大脑决定哪种信息可以被看作我的一部分，哪种信息不能被看作我的一部分，还有哪种信息——比如说子孙的哭声——介于二者之间。我理所当然地认为，关于何为"我"、何为"他人"是某种深层次的形而上真理，而上述这些决定完全符合这种真理。但我的大脑可能是以另一种不同的方式连接的，从而以不同的方式解读这些信息，使我对"我"和"他人"的区分产生很大变化。

比如，患有镜反射触觉联觉（mirror-touch synesthesia）的人会与身边的人几乎有同样的感觉。如果他们看到某人被触碰，他们就能"感觉"到触碰，大脑扫描显示，他们的神经活动与身体被真实触碰时相同。你可以想象某种创造生物体的过程——或者是在诡异环境下运转的自然选择，或者是某种自然选择之外的过程——使得反射触觉联觉成为常规而不是畸变，这种情况下对"自我"的普遍认识就会有很大的不同。

不过，这些都是后话。我们将在第十五章中深入探究，如果创造我们的过程在中途走了些不同的路，或者变成一种完全不同的过

---

❶ 原注：我们传统意义上的统一自我，本身就可以看作互利共生关系的一种产物。我的各种基因都在同一条跨代的船上（我的基因组），因此多种基因之间的协作可以带来收益（从进化论角度来讲就是一代代地生存和繁殖下去）。有人或许会说这是我的脚趾和鼻子感觉像我的一部分的原因：因为我的脚趾和鼻子的基因做了一个高度非零和游戏——或者更切题的说法是，因为它们与认定它们属于我的一部分的大脑基因之间具有非零和关系。

程，我们的世界观将会发生怎样的变化。我们现在要讲的重点在于，我们认可的自我以及认可的程度——不管是皮肤内还是皮肤外的事物——在很大程度上是人类所走的进化道路的结果。因此，我们对自我及其界限的本能认知具有随意性。

我想，还可以进一步证明我静修期间那次体验的合理性，但是已经没有太大必要这么坚持了，因为我并没有什么撒手锏一样的论据，说服你们相信鸟儿的歌声是我的一部分。说实话，我自己也没有认定鸟儿的歌声就是我的一部分。我的主要目的不过是说服你们相信我的感知并不是那么疯狂。我能做的就是这么多。想要你们真正地感受到我当时的体验，这种尝试最终还是会失败，就像所有神秘的体验一样，你必须亲身感受。

总之，不管你怎么看待我这段鸟儿歌声的经历，从中都可以看出，我所谓的"无我"体验其实都有两面。在本书前文中，我谈及的"无我"体验可以看作内在的。要求"内观"，审视自己的想法和感觉，然后问："等一下，从哪种意义上讲，这些事物才能算作我的内在部分？"这也是佛陀在著名的"无我"开示中提出的基本问题。

但除此之外，还有一种可以称作"外在无我体验的体验"。要求"外观"世界，看皮肤之外的事物，问："从哪种意义上讲，这些事物才能不算作我的一部分？"换言之，你所问的不再是所谓的"自我组成"是否真的是"自我"的组成部分，而是在问所谓的"自我界限"是否真的是"自我"的界限。一方面，你质疑了你的直觉——你应该认同所有"内在"的事物，比如无来由的焦虑感，另一方面你质疑你的直觉——你不应认同大多数"外在"事物。

依我的经验，第一个问题可以引向第二个问题。我脚上的刺痛和鸟儿的歌声很难划定界线，其中一个原因就是我本来就不太认同刺痛属于我的一部分。我的"自我"崩解，使其组成内容看似更像外部世界的组成内容；我的"自我"扩散，使其界限变得模糊。

从这层意义上讲，内在无我体验和外在无我体验之间有一种逻辑延续性。但是，如果其中有逻辑存在，也就有矛盾存在。毕竟，如果谈论皮肤之内的"你"越不合情理，那么似乎谈论"你"与外部世界之间的延续性也就越不合情理。如果你从传统佛教的角度来看，谈论皮肤之内的"你"从根本上讲是毫无意义的，那么认为"你"与外部世界之间有延续性的想法似乎也是毫无意义的。

在此我们回到本章开篇我所回避的那个问题：当脚和鸟儿、内在刺痛和外在歌声之间的界限变得模糊时，我的感觉是与世界融为一体了，还是感觉自己变得虚无缥缈了——就好似"内在"没有任何东西可以与"外在"的事物合而为一？

我不愿意回答这个问题的原因至少有两个。第一，说实话，我不确定自己的体验能否与二者之间的任一种完全吻合。另外一个原因在于，回答这样一个问题就会陷于佛教思想家和印度教思想家的重大论争之中，其实这种重大的论争在不同流派的佛教思想家之间也存在。

我无意间引发的网上论战

我调整了一下在普林斯顿大学教的一门课，改成了一门名为"佛学和现代心理学"的网络课程，之后不久，我就体会到了上文提及的论争。我在做课程调整时遇到了一点困难。在校园上课时，可以请来脑科学家和严肃的冥想者等嘉宾，他们的到来给课程带来了很大的益处。我决定通过数字视频为线上学生创造出类似的体验。我运营了一个名为Bloggingheads.tv的网站，在网站上与脑科学家和严肃的冥想者展开对话，并从中截取了视频片段，加入线上课程。其中一段视频在课程的讨论区里引发了一场争论。

这段视频的主人公是加里·韦伯，我们在第十一章里介绍过他。他就是那位参加耶鲁大学大脑扫描研究的人，扫描结果显示，即使没有开始冥想，他的默认模式网络也异乎寻常地平静。我在Bloggingheads.tv上与韦伯的对话中，问及他之前说过的一段话，大意如下：坏消息是你不存在；好消息是你便是一切。韦伯针对这段话向我做了阐释："如果你什么都不是，如果你消失了，你就可以是一切。但是如果你不能什么都不是，就不能成为一切。从逻辑上讲就是这样的。"

嗯，我不确定这一说法在逻辑上是不是合理的，不过，似乎如果你能达到韦伯的境界，这些显然就是现实的逻辑。他继续说道："如果你什么都不是，你并非简单地消失了或成为虚空，而是会以某种奇怪的方式发现万物皆一物，你真的看到了，真的以这种方式感知到了。这是神秘主义的陈词滥调，但却是能够感知到的：你能深刻地感受到万物皆一物。而且奇怪的是，不知为何这种事物恰在你的心里。"

没过多久，讨论区里就有人开始驳斥韦伯的观点。有些驳斥是你能够预见的：有些人发现韦伯体验中的深层矛盾不可理喻。有一位学生写道："我什么都不是意味着我便是一切，就是一句自命不凡的废话，实际上就是说：'我的灵魂高高在上，你们根本理解不了我。'"

其他学生并没有直接反驳这种矛盾，而是驳斥了后半部分，即"我便是一切"这部分。有一位本身就是冥想老师的学生写道："佛教哲学并不支持同一性。"她说的基本是对的。尽管你肯定能找到德高望重的佛教思想家与韦伯持大致类似的观点，但是在主流大乘佛教哲学中肯定找不到这种万物归一的思想。毕竟，如果我们所见的外界一切事物都没有本质，那么从某种意义上讲它们就不存在，至少无法作为事物本身存在。根据佛教哲学，自我也当然不存在。那么万物——一堆严格意义上讲不存在的"外界"事物，和一个严格意义上讲不存在的"内在"自我——又怎么可能归为一种事物呢？无加无也不是一啊，对吧？

这是真实佛教论争的一种近乎卡通式简化。但是它把握住了论争的精髓，有助于理解传统佛教徒鄙视泛泛谈论"同一性"的原因。另一方面，一旦你由表及里，深入探究主流论争，就会开始思考这种鄙视是否恰当。事实上，我思考过学生对韦伯的反应，开始相信"空"的理念与同一性之间的界限其实很模糊。

"空"和同一性——有什么不同

如果你去探究秉持"空"这种教义的佛教哲学家的逻辑，就会发现它与一种常常翻译作"缘起"（interdependent co-arising）的佛教理念有千丝万缕的联系。这个词的大概意思是指，一些看似可以独立于其他事物存在的事物，其存在和特性其实是依赖其他事物的。树木需要阳光和水，而且受它们所接触事物的影响，不断发生改变。河流、湖泊和海洋需要雨水，雨水需要河流、湖泊和海洋。人需要空气，如果人不呼吸，人周围的空气成分也不会是现在这样的。

换言之，任何事物都没有"自性"；任何事物都不具备维持自身持续存在的所有要素；任何事物都不是自给自足的。由此形成"空"的理念：一切事物都缺乏自性，都缺少独立存在性。

根据佛教哲学，这便是你通过高强度的冥想，感觉到事物缺乏本质之后，对现实的本能理解。如果与此同时，你感觉到"自我"的界限开始消失，那么你所体验的将是更辽阔的"空"，"空"不仅渗透到外在所谓的事物，也渗透到内在所谓的"自我"。（这也有助于解释，在佛教中，特别是大乘佛教中，为什么"无我"的教义有时会被描述为广义上"空"的教义的一种特例。）佛教哲学家有时会通过强调这种"空"的渗透，不仅将"无我"的概念用到"外在"事物上，还会用到"内在"事物上。正如你缺乏"自我"一样，树木也缺乏"自我"，石头也一样。❶或者，也可以换一种说法：正如树木和石头缺乏本质，你也缺乏本质。不管根据哪一种说法，你所见的一切都是"空"。

至少在佛教的论辩中是这么讲的。

但是，在我看来，也可以翻转这段佛教论辩，论证无处不在的"空"和"同一性"之间的差异并不像听起来那么大。翻转的轴便是这种佛教论辩中的核心术语：缘起（interdependence co-arising）。

"互相依赖"（interdependence）这个词在当今时代应用广泛。比如，你可以追踪数个国家的股市，注意到它们之间都互相关联，然后说："哇，经济体之间的互相依赖比我想象的要多。"而这个佛教术语的后半部分"共生"（co-arising）也是恰如其分的。毕竟，这些经济体中的任何一个，如果不与其他经济体交流，也就不会成为如今的样子。

如果注意到这种互相依赖之后，你补充说"这些经济体之间的统一性比我想象的要高"，大多数人都会认为这样说有道理：一些互相高度依赖的体系，比起一些互不依赖的体系，更接近统一。事实上，生物体被看作统一的整体，原因之一就是各个组成部分之间的互相依赖性太强，如肾脏、肺等等。

----

❶ 原注：用"无我"的概念意指本质的缺失，会产生一种显著的后果。我们已经了解过，内观冥想旨在培养对"三法印"的清晰理解，帮助我们看清一切事物都有三种特性，其中一种就是"无我"。如果遵从这种思路，我们从"外在"事物中——我们感知到的外界事物，并不仅仅是我们自己或其他人类——看到"无我"的特性，那么我们就体会到了"空"。之所以特别提及这一点，是因为相比大乘佛教，小乘佛教对"空"的概念着墨很少——然而，发源于小乘佛教的内观冥想却劝诫要理解"三法印"的存在，从严格意义上讲对"空"的概念是非常重视的。

所以，有人反驳统一性或同一性时说"不，不，你大错特错，其实是互相依赖和互相关联，不是统一性或同一性"会显得很奇怪。互相依赖和互相关联不正表明了统一性和同一性吗？我不是说二者完全相同，但是互相依赖和互相关联的程度越高，就越近于同一性，这样讲是不是有道理呢？认同"空"这一概念的人，他们的想法是不是也可以大概理解为，现实中充斥着互相依赖和互相关联？

说到这里，你应该已经开始好奇，为什么会有人气愤于韦伯这样的人谈论同一性，而不谈论无处不在的"空"。某人对某个有些模糊不清的语义学问题偏向支持的立场，为什么会使人义愤填膺？这背后的哲学分歧远比你想象的要大。这就回到了我们前文中提及的佛教哲学和印度教哲学的冲突。

在印度教思想里，特别是在不二论吠檀多（Advaita Vedanta）学派的印度教思想里，个体自我或灵魂只不过是所谓的宇宙灵魂的一部分。用印度教的术语来表述是这样的：atman（自我或灵魂）是brahman（梵，宇宙灵魂）的一部分。现在如果说atman（自我）是某种事物，不管是brahman（梵）也好，是别的也罢，就是说atman（自我）从一开始就是存在的。而佛教的诞生，佛教之所以能在印度教的环境下成长起来，主要根基便是对atman（自我）存在的否定。

但有趣的是，韦伯真切地否认过"自我"的存在。他曾明确地将"你便是一切"的观念与"你什么都不是"的观念联系在一起。其实，那段视频对话后面还有一部分，可以强化这种联系。在视频对话中，我对韦伯说："我有过一次冥想体验，在那次体验中，我感到自我的界限好似突然扩张了——鸟儿的歌声进入感觉器官的地方似乎不再是那么明晰的自我分界线了。"

"的确如此。"他应道。

我继续说道："但那只是一次性的短暂体验……你说自己每天走在路上，看到的其他任何人在某种程度上都可以等同于你自己？"

"是的，我的表述可能会有一些不同，但也差不多。我不会把任何事物都等同于我自己。我是说，并没有什么人可以把我或其他任何人等同于他们。只不过是在这里（在我的身体内）有一个空且静止的存在，在那里（我的身体之外）也一样。"

我说："这样说来，你把其他人等同于你自己的这种说法，问题在于第一个字'你'。"

"正是，因为根本就没有'你'的存在，无法去判定。"

他怎么能这么讲呢——如此矛盾，讲得既不是彻底的佛教观点，也不是彻底的印度教观点？嗯，至于矛盾的问题，我在本书开篇就提过建议，如果你不喜欢矛盾，或许就不适合学习东方哲学。（而且，我还建议你不要学习量子物理。）至于韦伯，他已修习不二论吠檀多和佛教传统多年，并没有跟定任何一种特别的哲学，所以说话才会既不像教条的佛教徒，也不像教条的印度教徒。因此，当他经历某种冥想体验时，才不会局限于用某一种方式来阐释。他只是原原本本地向你讲述他的感觉。

而他所讲述的感觉使他置身于佛教哲学和印度教哲学的边界。他说某一件事的时候可能会倾向于佛教的一面，说另外一件事时又会倾向于印度教一面。如果我在前文中所做的论断是正确的——如果下述两种说法真的没有太多差异：由于事物之间互相联系紧密、互相依赖严重而缺乏个体特征；由于事物之间互相联系紧密、互相依赖严重，所以可以将其看作一个整体——那么韦伯的行为也是有些道理的。

由此可以提出一种有趣的可能性：或许，佛教徒和不二论吠檀多印度教徒最深刻的冥想体验，从根本上讲都是同样的体验。他们会产生一种自我界限消解的感觉，进而产生与外部世界融为一体的感觉。如果你是一位佛教徒（至少是一位主流的佛教徒），就可以将其看作"空"的延续；如果你是一位印度教徒，就可以将其看作灵魂或精神的延续。说到这里，基督徒、犹太教徒和穆斯林等亚伯拉罕诸教徒，在沉思修习时感到与神合而为一，或许也和印度教徒和佛教徒的体验类似，而他们对此的解读则更接近印度教徒的角度。核心体验还是相同的，但是不同教义下的阐释方式有所不同。

而且，或许阐释的差异也没有看起来那么大。印度教徒和佛教徒，甚至是亚伯拉罕诸教徒，都在说我们平常认为的自我是独特的、至高无上的，其实这种认识是某种意义上的幻觉：我们感觉到一种界限，但其实这种界限并不像我们想象的那样真实，而要追求最终的真理，就要消解这种界限。

总之，我对宗教信仰的基本认识是，它们的具体内容不在于终极问题，而在于这些信仰会使你变成怎样的人、这些信仰如何引导你的行为。我们有理由认为，这种基本的佛教–印度教思想——自我的界限其实并非界限——可以导致善行。

贾德森·布鲁尔（Judson Brewer）正是韦伯参加的那次耶鲁

大学实验的组织者，他本身也是一位资深冥想者。有一次我问他，如果全世界的人都做大量的冥想，到底还会不会发生战争。他是这样回答我的问题的："怎么可能有人想要伤害自己呢？从这种意义上讲，我认为不会有战争，因为挑起战争就好似砍掉自己的右手，为什么要这么做呢？"韦伯则是这样说的："如果万物都是一种事物，那么我——如果真有一个'我'去做这件事——为什么要做有损这种事物的事情呢？我为什么要做对你有害的事情呢？"

我赞同韦伯的说法：他不应该做对我有害的事情。事实上，我原则上甚至赞同我也不应该做对他或其他任何人有害的事情。问题在于，对我而言，这只不过是一种抽象的信仰，并不像对他而言，是一种深刻、基于经验的直觉。这或许也能解释我为什么并非总是遵循这样的道理。而且，显然，如果我想要像他或者像布鲁尔那样强烈地感受到这种直觉，我就得再，呃，冥想数万小时。人生何其短啊！

所幸，有一种方法，不需要连续十年每天冥想三个小时，也能略微体会到这样的修行会使我变成怎样一个人。冥想静修有一个非常大的好处：暂时彻底地沉浸到冥想中，可以使你对真正严肃冥想者的生活略窥一二。我在静修期间已经多少体会到无我体验与成为一个更好的人之间的联系。

我没有对一个打呼噜的男人动粗的经历

我们来回顾一下我在2013年12月的一次冥想静修时对一个家伙

的感觉。他坐在我前面几排，睡着了，而我正在冥想。你或许会问：如果你闭着眼睛冥想，怎么会知道他睡着了呢？因为他在打呼噜！

当你试图冥想时，呼噜声真的很恼人——特别是打呼噜的人不是你的时候。说实话，我心底已经对这个男人有些怒气了。

其实，最开始我并没有注意到这股怒气，我只是有所感觉，顺着怒气而为，想着一些天生就会想的一些事情，比如，这个浑蛋是谁？我有强烈的冲动想要睁开眼，看看制造问题的是谁——我想，最好某天将他绳之以法。但随后，我做了正念冥想中应该做的事情：审视当时的感觉。那一刻，我才真切地注意到心底的怒气，我直视着那股怒气。经过几秒钟的清醒审视，怒气便彻底消散了。我的注意力就好似一道无敌的激光光束，愤怒的感觉就好似一艘敌人的宇宙飞船。嘭！就没了。

那么我这段摧毁怒气的经历到底与无我体验有什么关系呢？有两个方面，其中一方面比较明显，与"内在"的无我体验相关，另外一种更微妙，与"外在"的无我体验相关。

先讲明显的内在部分：我以正念审视内心的怒气时，便不再将它看作我身体的一部分，不再拥有它。一种看似我的一部分的感觉，一种深深植根于我的内心、使我盲目遵从的感觉，此时看起来好似一种别的什么东西，好似一种可供观察的物体。我一旦把注意力放到怒气上，甚至不需要等它在我的注意力下消解，它就立刻不再是我身体的一部分。

当然，这并不是一次彻底的内在无我体验。我只不过在某一场合摒弃了某一种感觉，略微缩小了自我的范围。尽管如此，这还是一件有意义的事情，使我短暂地变成了一个更好的人，抛掉了杀人的心。

至于从更微妙的外在无我体验角度来看，我的这次经历如何能算上无我体验，就需要做一些解释了。在此需要特别介绍一下米瑞·阿巴哈瑞（Miri Albahari）的研究成果。阿巴哈瑞是一位澳大利亚哲学家，她在研究佛教哲学的同时还一直坚持做冥想修习。但是她谦卑含蓄，强调自己"并不精通冥想"。她说，在一次长时间的冥想静修中，她可以达到"较少自我"的状态，但是达不到"无我"的状态。在两次静修之间，她无法坚持每天修习，不过她说修习的时候会感觉生活"明显变得更好"。

阿巴哈瑞在著作《分析佛教》（Analytical Buddhism）一书中提出一个论点，带我们回到佛陀开悟之后的第一次开示——著名的鹿野苑讲经（Sermon at Deer Park）。佛陀在这里提出了"四圣谛"，解释了"苦"（dukkha）的源头和治疗方法。他说"苦"的基本源头是贪爱（tanha）。"贪爱"这个词经常被翻译作"渴望"或"渴求"，有时被翻译作"欲望"。换一种更恰当的说法就是问题在于不可抑制的贪爱，实现愿望之后，我们总会感到不满足，渴求更多同样的或新的东西。

阿巴哈瑞说，"贪爱"毫无疑问与自我的感觉联系在一起，因此，克服贪爱便可与无我体验相联系。她所讲的不仅仅是"内在"的无我体验——她并不是说，如果你放开了某种欲望，摒弃了它，你的自我中的那一部分便会消失。她是说，你感觉自我是有界限的，贪爱在这里面起到了深刻的作用；贪爱维持并强化了界限感，而在外在无我体验时，又起到削弱界限的作用。

她说，毕竟如果你渴求热巧克力之类的某种事物，就会强烈地感受到自己与巧克力之间的距离，这也就意味着你有一种自我界限的观念。说实话，我此时坐在这里，想着对巧克力的渴望得到平息，确实也在想象着某种界限——我想象着手上的皮肤触碰到巧克力杯，想象着舌头触碰到巧克力。

要全面体会阿巴哈瑞的论点，你必须理解，她和很多学者一样认为，贪爱不仅包含你对性爱、巧克力、一辆新车或一辆更新的车之类令你愉悦的事物的欲望，还包含躲避令你不悦事物的欲望。换言之，贪爱不仅增强了诱惑性事物的吸引力，还强化了恼人事物令人厌恶的程度。从这个角度来看，我在禅室里因呼噜声而感到烦躁，就是一种贪爱。那是我想要摆脱呼噜声的欲望。

阿巴哈瑞说，如果你渴望摆脱某种事物，大脑就会设定目标，在你和这种事物之间制造更远的距离（假定你不会对制造这种事物的人采取更直接的手段，比如扔一个冥想垫）。想要在你和这种事物之间制造距离，就意味着要明确你的自我延伸至何处。如果你想要躲开响尾蛇的攻击，就要有不想被响尾蛇攻击到的明确的空间概念：由你的皮肤定义的空间。

因此，不管是哪种情况，不管贪爱驱动的是吸引还是嫌恶，都蕴含着自我疆域的概念。正如阿巴哈瑞所写，牵涉贪爱的情绪"作为其内容的一部分，在见证主体的感知和想象中，似乎指向一种自认定自我与渴望或厌恶情境之间不言而喻的界限。"❶因此，贪爱"不仅指示了自我和他人的界限感，同时还有助于创造和驱动这种感觉"。反之亦然：你对这种界限的感觉越清晰、越深刻，你的贪爱就越多。"除非我完全认同一个自我，否则如何能够明确'我的'欲望是否得到满足？"

你或许会问，这些与我对那个呼噜男的怒气消解有什么关系呢？如果不是重新翻阅了那次经历之后不久做的笔记，我也可能问出同样的问题。原来，刚才回顾的这段经历并不完整。刚才讲述的是在我重新翻阅笔记之前凭记忆写下的，遗漏了一些重要的细节。

首先，在这次晨间冥想修习之前，两位静修牵头人之一的纳拉扬做了一次简短的演讲。演讲主题是接纳——学会接纳你感觉不悦的条件。因此，我因呼噜声感到烦躁了一小段时间之后，决定修习纳拉扬传授的方法，尝试克服我对呼噜声的厌恶。这当然意味着要以正念审视厌恶的感觉。在那天晚些时候记下的笔记里，我写到，我尝试"以一种中立的方式感受自己的厌恶和愤怒（我肯定是感受到了厌恶和愤怒，并且能够找到这些感觉所处的位置）"。然后，随着我接纳了呼噜声，"那种感觉就基本消失了"。

因此，我正念审视的是两种互相纠缠的感觉：对呼噜男的怒气，以及对呼噜声的嫌恶。按照阿巴哈瑞的逻辑，比起仅仅克服了怒气，

---

❶ 原注：Albahari 2006, p. 181.

克服嫌恶之情的你所达到的"外在"无我体验要更全面、更直接。❶
具有强化自我界限作用的贪爱被你冲淡了。

我在笔记的最后一段里清晰地记录了这段动态的过程：我审视着自己的嫌恶和怒气，这些感觉就失去了力量，"有那么一刻，我把自己腹部的感觉和他的呼噜声，想象成一种统一的体系或机体，纠缠为一体"。换言之，我专注于这个连贯的过程：声波从他的鼻子里发出，进入我的大脑，引发嫌恶和怒气。那一刻，恼人的人和被恼怒的人已经不是两个严格区分的个体——一个"他"和一个"我"。随着对呼噜声的嫌恶这种贪爱的减弱，我的界限也向外扩张了。

这样说来，米瑞·阿巴哈瑞对自我、对自我与贪爱之间的联系的观点，有一种令人欣喜的效果：使我看起来像一个比其他情况下更令人钦佩的冥想者。不仅在于我消解了怒气，摒弃了身体的这一部分，从而得到了一点内在的无我体验，还在于我克服了引发怒气的贪爱，从而得到了一点外在的无我体验。这种外在的无我体验和内在的无我体验一样，似乎在短时间里使我变成了一个更好的人。

两次讲经和三种毒药

阿巴哈瑞的观点还有另外一个好处：有助于解读早期佛教经文

----

❶ 原注：有人或许会问，这些怒气和嫌恶之间的内在联系极深，如果克服不了嫌恶，是不是就无法克服怒气。我也不知道这个问题的答案。但是，至少根据我的个人经验来看，嫌恶和怒气是两种独立的感觉，因此可以仅仅专注于怒气，虽然想要专注于怒气，进而消解怒气，就必须抑制住嫌恶之情。

中的一个难题。佛陀开悟之后第一次开示，即鹿野苑讲经时，他说从"苦"中得解放的关键在于克服贪爱。但是在第二次开示中，即关于"无我"的开示中，得解放的关键似乎又变成了认识到自我不存在，听过这次开示的僧人都立刻得到了解脱。那么关键到底是什么呢？涅槃的实现是通过克服贪爱，还是通过看清自我是一种幻觉呢？

或许二者本是同一件事。即使不考虑阿巴哈瑞关于事物的一些观点，我们或许也能有同样的发现。毕竟，内在的无我体验涉及摒弃感觉以及感觉带来的想法。感觉通常分积极的和消极的两种，分别对应包含吸引和厌恶的要素，换言之，就是包含了贪爱。❶因此，内在的无我体验自然涉及放开一些贪爱。（事实上，佛陀也讲过类似的道理，他强调无我体验要求不再执着于思想和情绪等等，不再"渴求"这些。）而阿巴哈瑞在此基础上又增加了一个维度，将外在的无我体验和摒弃贪爱联系在一起，从而将佛陀的两次开示等量齐观。

贪爱与我们外在边界的关联并不比与我们内核的关联少，仔细想想，这也是合理的。从进化论的角度来看，贪爱的设计是为了使我们保护自己，也就是说，使我们每个人保护包含基因的载体。而这个载体以身体的皮肤为界限。这样说来，贪爱自然就会强化一些感觉，使

---

❶ 原注：其实，从佛教的角度来看，感觉既不需要是正面的，也不需要是负面的，反而是"感觉的基调"被看作我们对世界理解的固有部分，可以是正面的、负面的或中性的。有人或许会争辩说，感觉基调是否真的是中性的，到底能不能称得上感觉基调。但是不管怎样，我们都可以说，佛教心理学的总体趋势就是强调或精妙或不那么精妙的正面或负面感觉，塑造我们对世界的感知和反应。

人们认定那些界限（自然选择设定的关切区域界限）很重要。

贪爱和自我意识之间的联系，很好地构架了一种在佛经中反复出现的戒律。该戒律警示人们要避开raga、dvesha和moha"三种毒药"。这三个词通常翻译作"贪婪""憎恨"和"幻觉"。很多冥想者经常听冥想老师反复说这几个词，有时在静修听讲经时也能听到，因此对这几个词应该很熟悉。但是，这种翻译多少有误导之嫌。"贪婪"这个词不仅指渴望占有物质的贪婪，还有更广泛的含义：对任何有吸引力事物的贪婪。而"憎恨"一词也不只是对人的负面情感，也可以是对任何事物的负面情感——任何厌恶的感觉。

换言之，前两种毒药正是贪爱的两面：对愉悦的渴望，对不悦的厌恶。如果贪爱真的与自我意识紧密相关，那么认为这两种毒药与第三种毒药"幻觉"关系密切也就讲得通了。毕竟，佛教中最闻名的幻觉之一就是对自我的幻觉。因此，你或许可以说前两种毒药是第三种毒药的成分。"愤怒"（Raga）加"憎恨"（dvesha）等于"幻觉"（moha）。❶

如果用来分析著名的"本质幻觉"以及与之相应的洞见"空"，这个等式就更有道理了。我在上一章论证过，我们本能地认为事物具有本质，是由渗透到我们对这些事物的感知中的感觉塑造的。仔

----

❶ 原注：这个"等式"的逻辑在某种意义上是对一般佛教逻辑的颠覆。这个"等式"从广义上可以翻译成渴望和嫌恶引起幻觉——造成对世界真实本质的无知。但是，一般佛教徒对三者之间的关系解读是反过来的：无知和幻觉（比如看不到无常的无处不在，或者看不到无我或空的真相）会带来渴望和嫌恶。我个人认为，这个"等式"在捕捉因果的真实路线方面比反过来解读要好一些，尽管两种解读本身都太过简化。另外我还认为，至少在某些情况下，冥想进步的动态变化也暗合这个"等式"所包含的因果方向，即正念审视之后，在一定程度上克服渴望和嫌恶，才能使你克服无知和幻觉，对"无常""无我"和"空"等概念有所体验式理解。

细端详，我们会发现这些感觉或是积极的，或是消极的，包括被事物吸引、对事物的渴望，也有对事物的厌恶。换言之，这些感觉多多少少都包含着"贪婪"（raga）或"憎恨"（dvesha）。所以，在这个对本质的错误感知案例中，归根结底，第三种毒药"幻觉"似乎又成为前两种毒药的集合。

根据上述分析，某些古代文本中认为想要得解放就要根除三种毒药，是符合逻辑的。毕竟，根除三种毒药就意味着终结了贪爱和关于自我的幻觉，前者在佛陀的第一次开示中被看作"苦"的重要原因，后者在佛陀的第二次开示中被列为得解放的重大阻碍——更不用提对本质幻觉的终结了，对本质的幻觉也被看作得解放的一种阻碍，特别是在大乘佛教中。

加里·韦伯曾尝试向我描述他的意识状态（显然是一种几乎没有自我或本质的状态）："在那个空间里，你想象不出加入什么东西可以改善它，也想象不出拿走什么东西会使它变得更好。"他的描述基本就是贪爱的反面。在贪爱的预设下，事物总可以通过拿走些什么或加入些什么而变得更好。对贪爱的作用的描述中有一部分就是永不满足。

韦伯不认为他进入了涅槃状态，也没有说自己已经开悟。但是从他对自我（或没有自我）的描述来看，他似乎已经接近佛陀第二次开示（关于无我的开示）中定下的开悟标准。反正，韦伯远比我要更接近开悟。

不过，我体会过鸟儿的歌声并不比我脚上的刺痛更多或更少地像我身体的一部分，我想，那时我已经对冥想道路上走得更远会是怎样的景象略有体会。说到这里，贪爱刺激我对那个打呼噜的冥想者心生厌恶，摒弃了这种贪爱使我感觉比以前好得多。这段经历使我成为一个更好的人，虽然短暂，但也是一种很好的意外收获。

第十四章

内心的自由与觉醒

涅槃这支摇滚乐队，在20世纪90年代蜚声全球，乐队最初的名字并不叫涅槃。在乐队成立初期，他们先后用过多个其他名字。其中一个就是极乐（Bliss）。

有人或许会问：两者有什么不同吗？涅槃和极乐不是一回事吗？如我们所见，答案是否。涅槃确实会带来极乐，但是包含的内容远不止极乐那么简单——最重要的就是开悟。多产的佛经翻译家比丘菩提，翻译过很多描述涅槃的文献，他将涅槃描述为"完美的幸福、完全的平和、内心彻底自由、完全的觉醒和悟道的状态"❶。

极乐和涅槃还有一个区别在于实现的难度。如果你追求极乐，只需要服用带来快感的药物，肯定会让你得到短暂的极乐，虽然不太可能持久。涅槃乐队主唱科特·柯本（Kurt Cobain）就吸食海

---

❶ 原注：Bodhi 1981, lecture 6.

洛因上瘾，最终自杀。

如果你追求的是涅槃，而不仅仅是极乐，那么方法就没有那么直接，需要你付出更多的努力。我敢说，即使你很勤奋，实现涅槃的可能性也远比柯本获得短暂极乐的可能性要小。另一方面，不管你获得多大的满足，肯定都要比柯本的极乐要持久且稳定。

"涅槃"这个概念在佛教思想中占据特别的地位——不仅是因为涅槃代表了佛教修行的顶点，也不仅是因为它代表了最美好的想象空间，而且因为它跨越了佛教的两面。佛教的一面是本书论及的内容——"自然主义"的一面，主要思想也适合在大学心理学或哲学课堂上讲授。佛教的另外一面则是超自然的离奇思想，更适合宗教学研究。涅槃当然有离奇的一面：相信轮回的佛教徒认为涅槃可以使他们摆脱无尽的轮回。但是关于如何摆脱无尽轮回的涅槃故事，可以无缝延伸到有关痛苦和满足机制这种相对自然主义的涅槃故事。在从一个故事转移到另外一个故事的过程中，你可以从一个全新的角度认识正念冥想，认识到正念冥想颠覆性的一面。

在古经文译本中，"涅槃"经常被翻译作"无为法"（the unconditioned）。多年来，我一直弄不清这个奇怪的词是什么意思，但是想来如果达不到涅槃的境界恐怕也不可能理解其中含义，而且从我的角度来看，理解这个词的意思也没有那么重要。结果看来，我的两方面想法都是错的。"什么是无为法？"其实有很清晰的答案，而且非常重要，这个答案是离奇的形而上佛学和自然主义佛学之间的交叉口。

要解读"无为法"，有一种显而易见的方法，就是抛掉"无"，

问 "有为法"（conditioned）的含义。在佛教术语中，"有为法"大概可以看作 "因缘之造作"（the caused）❶。这样类比是有道理的。毕竟，我们说某种现象得以出现的条件——导致水沸腾、雨水落下或犯罪率上升的条件——大体都是在说导致某种现象发生的因果链涉及的条件。佛教中的 "有为法" 皆为因缘和合。

因此，如果说涅槃是 "无为法"，那么你就会想，它应该与摆脱 "因缘之造作" 有关。这样想是对的！但是要怎么理解这句话呢？

这个问题的答案涉及佛教很重要的一个术语："缘起法"（paticca-samuppada）。这个词有很多应用，也有无数的译法。❷眼下为了解释涅槃的逻辑，比较好的翻译就是 "缘起"（conditioned arising）。

从一般意义上讲，缘起代表的就是因果关系的基本思想：由某种因，造成某种果；由其他的因，造成其他的果。但是这个术语还用来表达一系列特别的因果关系——"十二缘起"，一环连着下一环——据称将人类囚禁于无尽轮回中的正是 "十二缘起"。❸涅槃打

----

❶ 原注：佛教思想家有时很难分清佛教的 "有为法" 和西方的因果概念之间的区别。我看过一些强调二者区别的解释，也没有看出二者之间有什么重大区别。在这些解释中，有时会过分简化西方的因果概念，就好似西方科学无法容纳多重影响繁复交融的想法似的。

❷ 原注：这个词其实与第十三章中的 "interdependent co-arising" 是同一个术语，后者也是一种常见的译法。然而，二者并不仅仅是同一术语的不同译法。这个术语与佛教及其他宗教中的很多其他术语一样，应用方法很多。当该术语用在 "空" 的概念中时，其中一种译法更恰当、合理，而用在 "涅槃" 概念中时，另外一种译法则更恰当、合理。（译者注：本书中，二者的中文译法相同。）

❸ 原注：严格来讲，我对缘起的一般意义描述是不完整的。古经文中经典的构想还有如下补充：如果某种事物的因缘缺失，那么这种事物就不会起，如果带来这种事物的因缘终止，那么这种事物也将终止（当然，这些都与西方所谓的因果概念是一致的）。至于非一般意义上的缘起，并非所有早期佛教经文中都有关于 "十二种因缘" 的记载，但 "十二缘起" 是最广泛接受的描述。我关于 "十二缘起" 的描述基本都根据Bodhi 1981而来。过多不再赘述，可另参见Gethin 1998, pp. 149 – 59, 和Harvey 2013, pp. 65 – 73。

破的也正是"十二缘起"。

我不会严格按照顺序一一梳理十二种因,部分原因在于我认为其中几种有些晦涩难懂。但是与我们相关的,能够帮助我们更好地从离奇和自然主义两方面理解涅槃的几种因,还是相对清晰的。我们关注的部分开始于一个人的眼、耳、舌等感官器官成形之后。人类正是通过这些器官与物质世界接触。或者用古文献中更正式的说法,称之为"十二缘起":有了感官器官的因,造成了接触的果。然后来到了下一环:有了接触的因,造成了感觉的果——这样讲也有道理,因为在佛教观念(以及许多现代心理学家的观念)中,我们通过感官器官感知到的事物,往往都附着了感觉,虽然有时只是细微的感觉。

然后是下一道因果环,感觉造成了贪爱,带来"渴求":我们渴求令人愉悦的感觉,渴求躲避令人不悦的感觉。我们就定格在这里,因为从这里开始出现了行动。比丘菩提在1981年录制的一系列演讲中是这样说的:"正是在感觉和渴求之间,战斗打响了,此役将决定是永世无法摆脱束缚还是达到开悟,得到解放。如果一个人有意识地正念思考感觉的本质,理解了感觉的真面目,不屈服于渴求,不屈服于对快感的渴望,这个人就能避免渴求结晶固化。"❶

从这里开始,我们从离奇的一面来到自然主义的一面。比丘菩提所说的解放,首先是从无尽的轮回中得到解放,从这一世结束起完全实现的解放。但同时它也指此时此地的解放,从贪爱带来的痛

----

❶ 原注:Bodhi 1981, lecture 4.

苦中得到解放——从对捕捉愉悦感觉和逃避不悦感觉的渴求中得到解放，从对事物永不停歇的欲望中得到解放。

这两层意义上的解放在佛教思想中的两种涅槃上体现出来。[1]一旦你在此时此地得到解放，就能进入涅槃境界，享受余生。然后，死去之后——将是你最后一次死去，因为你已经从轮回中超脱——就实现了另一种涅槃。

很抱歉，我没有亲身经历过第一种涅槃，无法生动描述；而对于无法描述第二种涅槃，我的心里有些矛盾。不过，此处重点要讲的是，不管你致力于实现哪一种涅槃，实现目标的方法中都包括正念冥想：培养出对感觉的意识，从而彻底改变你与这些感觉的关系。不管你的目标是离奇的还是实际的——不管你是相信轮回，想要超脱，还是想要实现此时此地的彻底解放，抑或是仅仅希望得到此时此地的部分解放——实现解放的基本工具都是相同的。

相应地，一些基本的方面也是相同的。即使你不追求摆脱永远循环的"十二缘起"，即使你只是想要此生过得更好，你还是要寻求从因缘中得到解放——从束缚你的因缘枷锁中挣脱。你所处环境中的事物——所见、所闻、所嗅、人、新闻、视频——驱动着你，激活了你的感觉，不管这种感觉多么细微，都会启动想法和反应的列车，控制你的行为，有时会给你带来不幸。除非你开始注意到发生的一

----

❶ 原注：这两种涅槃有时会被描述为实现涅槃的两个阶段，死去时的涅槃（圆寂）才是彻底的涅槃。在某些古经文中，死前体验的涅槃被称作"有余涅槃"，这时个体已经达到了开悟的境界，贪爱带来的痛苦已经被克服，但是肉体和物理伤害带来的痛苦仍然存在——这种痛苦可以通过正念和平的心态忍耐，带来的痛苦也不像开悟之前那么重，但还是会使人无法一天二十四小时都沉浸到纯粹的极乐中。参见 Kasulis 1987 and Bodhi 1981, lecture 6。

切，否则这个过程将一直持续下去。

这也是本书的主要意义所在。人类的大脑是自然选择设计的机器，对感官输入冲击的反应差不多是反射性的。从某种意义上讲，大脑的设计就是要它受输入信息的控制。而控制这台机器的关键就是伴随输入信息产生的感觉。如果你以贪爱处理这些感觉——自然、反射性地渴望令人愉悦的感觉，自然、反射性地抵触令人不悦的感觉——你将继续被周围的世界控制。但是，如果你能以正念审视这些感觉，而不是简单地响应，就能在某种程度上摆脱控制。你可以抵抗平常塑造行为的因，从而接近"无为法"的境界。

"无为法"有多奇怪

佛教内部对于如何把握构架涅槃和"无为法"的度，也一直存在争议。是存在一种类似超验的形而上"空间"，一旦你得到彻底解放，就能占据这个"空间"；还是稍微平凡一些，仅仅是摆脱了控制着你，使你不假思虑就响应的因缘？秉持自然主义佛教、不相信轮回的人，往往倾向于不那么夸张的解释。他们中有一些其实连"无为法"这一说法都不喜欢，因为这个词听起来很夸张。斯蒂芬·巴彻勒（Stephen Batchelor）长期宣扬"世俗佛教"，著有《没有信仰的佛教》（*Buddhism Without Beliefs*），他曾写道："根本就没

有无为法，只不过存在不受某种事物局限的可能而已。"❶

从个人来讲，我对"世俗"佛教徒使用"无为法"的说法也不反对。将此时此地的彻底解放想象成一片领域——可以说这个领域是形而上的，也可以退而求其次说它是象征性的——或许也是有用的。不管你认为这个领域是能真实到达的还是仅仅将其想象成可以无限接近的，或许都有些用途。

我可以证明，人有可能进入"感觉"上像是这样的一个领域。我在第一次冥想静修之后，给妻子打电话，她说我听起来好像一个完全不同的人——我还没有讲静修期间发生的任何事，也没有说任何有实际意义的话。她说我声音的气质（tenor）有变化。她非常喜欢那种新的气质。

我承认，这句评价可能更多的是针对我的旧气质，而不是新气质。早几年前，她曾尝试给我讲她为什么喜欢我弟弟，她看着我说："他就好像一个更好版本的你。"（她说这些话的时候哈哈大笑，我把她的笑看成个好兆头。）总之，关键在于，我的气质真的发生了变化。

当然，我所见的世界也有了一种新的气质。我不再像平时那样过分专注于自我，而是在周围的人和事中得到了新的快乐。我更开放，突然变得愿意和陌生人交流。世界焕然一新，变得充满生气。

我所达到的领域有些讽刺意味。科学取代了传统宗教的世界观，有时人们会说科学为世界"驱魔"，使其不再有魔法。你也可能会认为冥想练习旨在克服感觉对感知的影响，培养清醒的世界观，在某

---

❶ 原注：Batchelor 2015, p. 145.

种意义上也和科学有同样的作用。但巴彻勒说冥想练习带来世界的"再魅化"。[1]我能理解他话里的意思。在第一次静修之后，我感觉自己就像生活在一片有魔法的领域，那是一片奇迹之地，有着超自然的美。

不，这不同于进入一个不受因缘左右的魔法领域。我还是会或多或少本能地响应施加在身上的因。尽管如此，我觉得魔法的源头之一便是，我响应因缘、受其控制的时间更少了，用于观察的时间更多了——顺带也给了我更多深思熟虑应对事物的机会。我猜，生活在"无为法"中很美好，但是生活在不那么无为的世界中也是很美好的。

本书介绍的很多佛教思想都可以从"有为法"和因缘的角度来重新阐释。说实话，可以说，佛教哲学在很大程度上就是极为严肃地对待因果。

思考一下"无我"的概念：我们所谓的"自我"与其周围的环境有持续的因果循环，无处不在受外部世界的影响，由此就引出对自我界限（以及自我核心）到底有多坚实的怀疑。还记得佛陀在关于"无我"的开示中是怎么说的吗？他说，我们想象中自己身体的部分其实并不受我们控制。它们不受我们控制（至少是在我们得到解放之前）的原因在于它们受到外部力量的控制：它们有其因缘。还记得佛陀强调我们自认为的身体部分的无常吗？不断升起、灭去的想法，情感和态度，这些也都是施于我们身上、引发我们内部各种连锁反应的力量不断变化的结果。我们的内心受因缘左右——因

---

[1] 原注：同上，p. 17。

缘变，随之而变的是"有为法"。而因缘几乎无时无刻不在变化。

你或许会说，冥想的进阶之路主要在于意识到影响着你的因缘，注意到这些因缘控制你的方式——意识到控制的关键出现在感觉诱发贪爱，引导你渴求令人愉悦的感觉，逃避令人不悦的感觉。正念正是从这一步开始起到重要的干涉作用。

或许我应该在上一自然段的"意识"一词上加个星号。我所说的并不是对这些因果循环的抽象理解——对它的学术认识。我所讲的是，经过精心打磨的体验式理解，是一种正念意识，可以带来打破或至少松开因果循环的力量。

也就是说，加强对这种体验式的理解，并且常常与之相伴，是佛教哲学中更抽象的理解。在正念冥想上取得实质性的进展，几乎不可避免地会更多地注意到感觉自发塑造感知、想法和行为的机理，也会更多地注意到周围环境中激发这些感觉的事物。你可以说，佛教意义上的开悟与西方科学意义上的启蒙是有共同点的：都是更多地意识到什么因带来什么果。

这些都彻底违背了世人的刻板印象。人们往往认为正念冥想温暖而朦胧，有些反理性。人们说正念冥想关乎"触及你的情感"和"不要做判断"。这样说确实也没有错。正念冥想可以助力你以前所未有的全新感知方式体验愤怒、爱、忧伤和喜悦等情感，看到它们的质地，甚至感觉到它们的质地。之所以能够做到这一点，一定程度上是因为你没有做判断——你没有刻意去给感觉打上坏的或好的标签，没有逃避感觉或积极渴求它们。因此你能够靠近这些感觉，但同时又不至迷失其中，你可以专注于它们带来的真实感受。

尽管如此，你做这些并不是为了抛弃自己的理性能力，而是为了发挥这种能力：现在你就可以对感觉做理性分析，从而明智地决断哪些感觉是好的指路明灯。因此"不要做判断"的根本含义是指不要让感觉为你做判断。而"触及你的情感"的根本含义是指不要对它们毫不在意，任由其摆布。总而言之，就是要你以最清醒的世界观决断对外界的反应。

　　在这全部的努力背后是一种高度机械化的大脑工作理念。我们的目的是要细细体会这台机器的工作原理，理解之后对其加以改造，推翻它的程序，彻底改变它对因缘的响应方式，对其施加影响。这样做并不能帮你进入严格意义上的"无为法"。不过，飞机也不能真正违背万有引力定律，但还是能够飞行。

　　我不想过多强调佛教开悟和西方启蒙之间的相似之处。佛教哲学和现代科学有不同的质询方式，有不同的论证标准。但是近期二者之间逐步以富有成效的方式相互影响。有对冥想者的大脑扫描，有关于冥想的哲学和心理学效果研究，等等。

　　不过，我认为，最具里程碑意义的交流开始于19世纪中叶，伴随着自然选择理论的出现而来。两千多年来，佛教研究的一直都是人类大脑如何被程序设计来应对环境，研究"因缘"到底如何运转。如今，有了达尔文的进化论，我们了解到大脑的程序源头。进化论出现之后的一个半世纪里，其理论逐渐成熟，证据得到累积，我们对大脑的程序细节有了越来越清晰的认识。我认为，所有这些都使我们能够从全新的角度认识涅槃，组织新的论据，证实佛教开悟的基本合理性。这也将是下一章的主题。

第十五章

真相的抵达

多年来，开悟和解放的方程式呈现出很多种模样，受众也很广。美国中央情报局原总部就在墙上刻下了这样一段话："你们要追寻真理，真理必叫你们得自由。"我们在本书开头介绍的电影《黑客帝国》所讲的真理和自由的联系，则反映出佛教哲学：平常的生活就是一场幻觉，刺破幻觉，看到事物的本相，你才能得到真正的自由。正如墨菲斯对尼奥所说，除非你"自己去看"，否则将永远被"奴役"。

但是《黑客帝国》中的情况与佛教中的情况有一些重要的差异。首先，《黑客帝国》中的真相更容易描述。虽然墨菲斯说你必须"自己去看"，但其实他可以相当清晰地向尼奥描述出真相：机器大帝将人类关在吊舱里，往他们的大脑里灌输了梦境！就这样，有什么复杂的呢？显然这样的情境比起"自我不存在"或"一切皆为空"，更好理解。

此外机器大帝还做了一件事情，使尼奥面临的处境更好处理一些。他们给了尼奥反抗的对象。反抗会给人激励！有一个压迫你的敌人，可以使你保持专注，坚定你的抗争信念。这一点在冥想时也能派上用场，因为冥想也像一场抗争——即使不愿意，也要每天坐到垫子上，然后努力将正念融入日常生活。可惜的是，在佛教中没有代表幻觉的恶人可供抗争！

其实，在传统佛教中，有这样一个恶人：一个类似撒旦的恶灵，名叫魔罗（Mara），在佛陀最终实现大觉醒的那次史诗般冥想修行时，魔罗曾尝试诱惑佛陀，但最终无果而终。然而，魔罗在更世俗化的西方佛教中并没有出现，而本书又恰恰以西方佛教为基础。多少有些令人失望，对吧？

但是从这方面讲也有一些好消息。如果你愿意把冥想修行想象成抵抗暴虐的君王，我就可以做这样的安排：只需想象自己在与自然选择这个造物主抗争。毕竟，自然选择就和机器大帝一样，设计出了控制我们的幻觉，它将这些幻觉植入我们的大脑。如果你想要将自然选择拟人化，就可以进一步拿机器大帝做类比：自然选择对我们施加幻觉，就是为了奴役我们，实现它的目的。

它的目的当然就是将基因传给下一代。这是自然选择价值体系的核心，也是设计人类大脑的指导标准。我们和尼奥一样，有权决定自己的价值体系不同于那些控制力量的价值体系，我们要从控制中解放出来。这也就意味着，我们的首要任务是从控制我们的幻觉中得到解放。（讽刺的是，在现代环境下，这些幻觉经常不能服务于自然选择传播基因的目的，但是我们的独立宣言并不会因此受到任何损害。）

将佛教的开悟之路想象成对自然选择的反抗，还有第二个好处。从这个视角看问题，有助于我们更恰当地认识所谓解放和开悟的含义。而且有助于我们回答一个宏大的问题：开悟真的是觉悟吗？当然，开悟肯定是觉悟了——否则也不会叫开悟了。但是佛教徒所谓的开悟是要达到独一无二的终极状态，真的能如他们所言吗？开悟之后对事物的观察，真的比我们日常经验中更真实吗？开悟真的是得到终极真理了吗？我在本书中反复论证，当你冥想的时候，从很多方面都可以比以往更清晰地看事物，而且随着冥想的深入，清晰程度会越来越高。但是不断的冥想累积之后呢？如果你走到了这条道路的终点呢？开悟真的是了解了纯粹、彻底的真相吗？

这或许看似一桩悬案，因为我们大多数人都不可能达到彻底的开悟境界。尽管如此，我们说你永远也达不到某种境界，并不意味着你不能接近这种境界。虽然开悟是一种我们永远也无法体验的理想化假想境界——虽然那是一种任何人都无法体验且从未有人体验过的理想化假想境界——但它依然是冥想道路的理论方向。因此，如果我们想要了解自己是否正在朝向真相前行——不管道路多远，我们都在向真相前行——就应该了解这种境界本身到底是不是真的。

开悟检查清单

我们应该以一个简单的问题开始：什么是开悟？如果你达到佛教意义上的开悟，看到的世界将会是什么模样？嗯，从广义上来讲，答案是，你将看到佛教哲学核心思想的真相。我所谓的"看到真相"是指"看到"真相——通过体验，真正理解真相。像"自我不存在"之类的结论，是通过理性分析得出的。我们已经了解过，有心理学家和哲学家通过数据、逻辑和思考，也做出过类似的猜测。但是他们大多数都没有经历过使人深信不疑的强烈的无我体验，无法像理性分析那样说服人们相信"无我"有改变人生的力量。

至于"空"或"无相"的思想，也面临着同样的处境。这些思想有哲学论据做支撑，有些人认为有说服力。但是，要达到开悟，需要的不仅仅是理性分析，还需要体验式证据，也就是说要"看到""空"。

好吧，要有"无我"和"空"——称得上达到开悟的境界，还需要看到别的什么？并没有各路佛教徒一致认可的开悟唯一官方定义。并没有开悟先决条件清单可供你一一对照。但是，如果真有一个开悟检查清单的话，主流佛教徒肯定不会止步于上述两种体验，尽管二者都是根本。

我们已经探究过几种其他要点，有些更像洞见（比如看到万物的无常），有些则更像功业（比如克服贪爱或渴望）。[1] 结果看来，在各种佛经中还记载了多种与开悟相关的其他功业。有克服欲望、狂妄和怨恨等特定"枷锁"的，有遵循"八正道"戒律的：不偷盗、

---

[1] 原注：当然，不同的"要点"之间也有重叠和互相影响。比如，对"无常"的洞见，也有利于克服贪爱。根除"三种毒药"经常被看作开悟的一种要素，它也可以等同于克服贪爱，而同时也有利于对"无常"的洞见，因为其实第三种毒药就是幻觉。另外，对"无常"的洞见——特别是在第五章中探讨的"五蕴"之无常——也有利于洞察"无我"。诸如此类。

不杀生、不妄语，等等。

因此，从传统佛教的视角来看，彻底的开悟不仅仅局限于本书主要论述的形而上维度——我们的内在和外在现实与表面看起来是不同的，还有具体的道德维度。

另一方面，我们也知道，佛教思想中的形而上与道德是相关联的。据称，通过冥想理解了佛教的核心形而上思想，就能根除恶行的精神基础。的确，摒弃欲望、狂妄和怨恨等，正是"无我"这种形而上思想的内在组成部分。

正是形而上与道德之间的这种联系——某些道德价值观隐含在形而上的开悟中——使得对现实更清晰的感知可以等同于反抗自然选择。这种清晰的感知隐含的、当你达到彻底的开悟境界后所具备的价值观，与我们日常对现实认识所隐含的、自然选择施加于我们身上的价值观，在很多方面都是直接冲突的。

我们难道不是特别的存在吗

首先，来思考有些人认为的开悟的核心体验：无我体验。再具体一点，来思考一下无我体验的一个子集，我将其称作"外在无我体验"。这种体验怎么就意味着违背自然选择的价值观了呢？

我们已经探讨过，这种体验涉及你（或者"你"）与世间其他人和事物之间分裂感的削弱。事实上，"内在"的你与"外在"的世界之间存在很强的延续感，你可能会将伤害他人等同于伤害自己。在彻底的外在无我体验下，你会开始怀疑它们的利益与你的利益之间到底有没有真实的差异。

从自然选择的视角来看，上面所述都是异端邪说。如果说自然选择只在我的身体里植入了一种观念，那就是我的利益独一无二，我应该专注于这些利益。当我的部分利益与他人的利益重叠时还好，我们可以合作；但是如果没有重叠，就要以我的利益为先。

这是从自然选择的逻辑而来的准则。如果我身体内的基因之所以被筛选出来，是因为它们能够更好地将自身复制到下一代，那么它们的首要任务就是要保护能够将它们送到下一代的载体，也就是我的身体。这也就意味着这些基因会在我的脑中植入一种想法，使我认为保护自己这具身体比保护其他人的身体更重要（或许，除非是近亲的身体）。换言之，我是特别的。这一点非常接近自然选择价值体系的核心。

所有的动物都被植入了这种预设前提，你可以从很多方面看到这种现象。比如，动物会互相残杀。其中也包括人类这种动物，尽管人类在宣称自身特殊性的时候更含蓄，比如他们会用和平手段葬送对手。说实话，"我们是特殊的"这种预设前提，体现在最普通的行为中。如果你准备拦一辆出租车，发现身旁另外一个人也在拦出租车，你自然而然地就会抬高胳膊，以便自己能叫到这辆出租车，不让旁边的人拦到——尽管你知道，对手是一位外科医生，在去解救某人生命的路上。

因此，开悟的这个条件——外在的无我体验，伴随着你与外部世界之间的界限消解，你与其他所有生命之间的利益连为一体——

要求摒弃自然选择植入人体的一种基本规则：我之为我便是特别的。这便是反抗。

但这就是真相吗？在开悟过程中被否定的自然选择价值观真是错误的吗？是的，在某种意义上是的。思考一下现状的荒谬：地球上到处都是秉持这种预设前提的人，认定自身利益凌驾于几乎其他所有人的利益之上，也可以说是任何人都比其他任何人更重要。所以，在自然选择的价值体系中，有一条核心原则是内在矛盾的。否定了这条原则，大体上就会使你更接近真相。从外在无我体验视角来看，反抗自然选择这位暴君的价值观，似乎确实能够在一定程度上实现日常概念中的开悟：使我们更近于看到相对真实的世界。

那么"无我"的另外一面——内在无我体验——又是怎样的情况呢？在内在无我体验中，你不再"拥有"自己的想法和感觉，也是对自然选择价值观的否定。毕竟，我们大脑易于形成的想法和感觉，最初便是由自然选择设计的，用于保护承载我们基因的载体。因此，认同这些想法和感觉——占有它们，也因此允许它们占有我们——往往就是以另外一种方式宣称我们的特殊性。

我试图拦下一辆出租车时——试图阻拦旁边那个人（不那么有价值的！）拦下这辆出租车——我"占有"了尽快拦下一辆出租车的欲望，希望尽快抵达我独有的重要行程的下一站。如果我摒弃这种感觉，不再认为这种感觉属于我——换言之，向内在无我体验的方向迈出一步——我就否定了自然选择使我认为自己特殊的主张。接招吧，自然选择！

上一章提到的那个打呼噜的冥想者也是同样的道理。只要我认同对他的厌恶，我就遵从了自然选择的指示，认为我自己是特殊的（努力冥想的我当然要比那个补觉的家伙更特殊啦！）。只要我摒弃了这些感觉，就会体验到一点"无我"的境界，同时也否定了自然选择的价值观。

我不知道彻底的无我体验到底是什么感觉，但是我理解，那时我自认为自己是特殊的、独享特权的观念将会走向终点。如果这种特殊性的观念——由自然选择植入我们大脑的一种幻觉——真正消退，最终真的走向终点，那么我也将走向真相。

"空"即真相

除了"无我"，佛学中最著名的反直觉形而上思想就是"空"了。"空"与"无我"类似，既是一种哲学教义，也是一种冥想体验。如果你请佛教哲学家为"空"的思想辩护，他们就会说，万物都紧密相连，任何事物都无法成为独立、自给自足的存在。如果你要我为"空"的思想辩护，我就会采用不同的思路：我不会把重点放在哲学教义上，而是会放在对"空"的体验上，我会辩称这种体验比我们平常对世界的体验要更可信、更真实。

论证"空"是真相的过程与刚才论证"无我"为真相的过程大体相同。"空"的体验和"无我"的体验类似，挑战并否定了自然选择荒谬的论断，即我们每个人都比其他人更重要这一论断。但是这种论断背后的逻辑不像论证"无我"时那么清晰。因此我们再细细分析一番。

你或许还能回想起来，"空"的概念，大体来讲就是指事物没有本质。而对本质的感知似乎围绕着感觉而来，虽然有时感觉可能很微妙，任何事物的本质都由其诱发的感觉塑造。只有事物不再诱发感觉——我们平常对事物的情感反应受到抑制——我们才会把这些事物看作"空的"或"无相的"。至少我是持这样的观点的，而这种观点也得到了心理学家的支持，还有一些很资深的冥想者做证。

因此，如果你想要知道"空"是不是比我们平常对世界的理解更接近真相，或许就应该探究给了我们那些日常理解的感觉和那些创造了本质感的感觉。我们是否应该把自然而然生出的感觉看作通往真相的可靠向导？

读到这里，读者都不会焦虑地等待这个问题的答案。我们曾在多处谈及这个问题，包括本章开篇，每一次探究的结果都认为，我们的感觉在一定意义上并不是通往现实的可靠向导。因此，在某种程度上，我们已经得出结论，我们的直觉认为事物具有本质，如果这种直觉确实受到我们对这些事物的微妙感觉的影响，那么这件事本身就应该激起对这种直觉的质疑。

但是，在某种意义上，我们的感觉应接受的质疑比我上文中提及的还要多。这是一种比较宏大的宇宙意识，解释这种意识需要回顾感觉为何而来这个问题。不过，如果你在探究开悟的意义时不能有宏大的宇宙意识，那么什么时候才能有宇宙意识呢？我们就再回顾一下。

宇宙背景下的感觉

有机物出现知觉之初，当感觉最早在生物界出现的时候，其使命在于保护有机体，具体而言就是使生物体趋向对其有利的事物（比如食物），躲避对其有害的事物（比如毒素）。随着生物变得越来越复杂，感觉诱发的行为也不再是趋利避害那么简单——比如，朝着正在对你施加危害的人大喊，或者奉承可能对你有利的人。

就此还有另外一种表述方式，即从进化论目的的视角来看，感觉是对环境中事物的隐含判断，判断它们对生物体有利还是有害，根据这些判断，决定哪些行为（接近、躲避、尖叫或奉承）对生物体是有用的。

这些正如我们在第三章中所讲，说明感觉在某种意义上可以被判定为真或假：感觉的那些判断到底是准确的还是不准确的呢？有时那些判断是不准确的，在现代世界中尤其如此。路怒、过分焦虑和其他很多种感觉显然都不符合典型的21世纪人类的利益。

注意这个短语"服务于……利益"。这套评估体系，以某一特定生物体的利益为标准，判断评价是否准确本身就是接受自然选择的基本参考系：你这个特定的生物体，是特别的；你的利益是最重要的利益，因此你评估世间事物好坏的视角——根据那些利益评价所有事物的视角——便是正确的视角。通过你的特定视角，或者从任何一个人的特定视角来评估感觉及感觉培养的观念，这样的方式是合理的吗？

在继续深入探讨之前，我要先向你保证，我不会建议你忽略所有服务于你个人的感觉。我们每个人都应该花一些时间照顾自己，也应该照顾自己爱的人。以往你做事的默认前提是，你的和你所有拥有的是特殊的，我不建议你彻底停下所有这些事情。比如，你应该继续吃饭。应该自己刷牙。（想象一下，每个人的牙都要别人刷将会是多么尴尬的景象！）你应该开车载近亲去医院。尽管这些近亲并不比你邻居的近亲更重要，但是由某些人照顾恰巧生活在同一房檐下的另外一些人，有一定的社会效益存在。我认为，在这类情况下，刺激你做这类事情的感觉是可以信任的。

其中当然也包括影响本质感的感觉。尽管严格来讲，是服务于自我的感觉使你的家具备了家的本质，但是我并不认为有必要去抑制这种感觉。被吸引回家并没有问题，比起被吸引到随机选择的家庭中，你的尴尬遭遇会少很多。一旦回到家，你就可以尽情感受狗的、猫的、儿女的、配偶的、伴侣的本质（除非由于家庭内部关系紧张，使这些事物的本质从温暖舒适变为冰冷残酷）。在一定程度上，从你特别的视角看世界有其社会效益优势，甚至有利于社会和谐，当然也可能带来简单的快感——在处理大多数日常事务时，也是一种相当可靠的方式。

但是，如果你处理的不是日常事务，而是在思考一些基本的形而上问题呢？如果你想要厘清影响我们本质感的感觉所培养的感知从某些客观意义上讲是否为真呢？我们提出这些问题时，是否应该从你的视角或从任意一个人的视角出发呢？

爱因斯坦和开悟

　　爱因斯坦成名也是因为他在物理学领域提出了一个类似的问题。他承认我们对物理世界的直觉——比如关于物体运动速度的认识——从引导我们在世界上生活的目的来讲是没有问题的。毕竟，从实际来讲，真正有意义的是物体相对于我们的移动速度。但是，他说，如果想要深刻理解物理学，就要摆脱你的特定视角——摆脱任何的特定视角——问一个问题：假设不以我为参照物呢？既然我不能问物体相对于我的速度，那么问物体的移动速度到底意味着什么？正是此类问题引导他研究出了相对论，并领悟到 $E=mc^2$。

　　嗯，只要是爱因斯坦觉得满意的质询路径，我也就满意！引导人类以前所未有的方式理解物质和能量之间关系的这类问题，用于理解开悟也非常有效。那么我们按照爱因斯坦问的问题，提一个类比问题：我们摒弃了自身特别的视角——有些感觉塑造了事物被感知到的本质，正是这些感觉服务的视角——本质会发生什么变化？

　　我认为答案是，本质将会消失。毕竟，如果没有一个可供服务的视角，根本就不会有感觉。心理学家罗伯特·库尔茨班（我们在第十一章探讨的主要内容就是围绕他的著作展开的）是这样解释的："情感判断总是关乎自我。它们要根据判断对象来决定判断的状态。"❶ 如果缺乏某种特定的视角——你的视角或其他某人的视角——所谓的情感判断和感觉就没有任何意义。如果你真正彻底地遵从爱

----

❶ 原注：Zajonc 1980, p. 157.

因斯坦的方法——如果你超脱自我的视角，以无源之见看事物——本质就会消失，同时消失的还有最初创造本质的感觉。

当我们超越自我的视角时，从某种意义上来看，我们也是超越整个人类的视角。毕竟，引导我们生活的基本想法和感觉——设计来保护自我的——从广义上讲是人类的共同特征。尽管细看来，我家透出的"家庭"的感觉或许是独特的，但是粗看来，其实和很多人对自己家庭的感觉是相同的。

当然，其他物种会有它们看待事物的视角。如果我们要彻底遵循爱因斯坦的方式，认定没有任何一种视角是通往真相的特别通道，那么我越过的就不仅仅是人类个体的视角，而是整个人类的视角。我们需要摒弃一种先入为主的假设：我们看事物的方式自然要比其他动物看事物的方式更得当。

比如：人类对蛇的天然恐惧就引出蛇是坏的这一判断——是需要躲避的。但是这条蛇的同类由它激发出的感觉是好的——是可以交配的。腐肉会使我们反胃，因为接近腐肉就要接触到各种寄生虫，但是从寄生虫的角度来看，腐肉却是理想的就餐地。同样的道理：污浊、恶臭的沼泽地是令人恶心的，但如果你是一只蚊子或一条鳄鱼，就会认为这是绝妙的去处。幼年熊猫可以把母亲的粪便当食物，换作我，肯定是不愿意的。

佛教徒在探讨日常感知的幻觉属性时，其实也指向这种判断的相对性。公元7世纪的印度佛教学者月称大师（Chandrakirti）说，人类眼中的水，在某些神的眼中或许就是琼浆玉露，而在饿鬼眼中可能又如脓血——味道也都是相应的。（对饿鬼这种东西我不想过多解释，反正如果你转世投胎，肯定不会想要成为一只饿鬼。）

如果月称大师在读过达尔文学说之后再写这段话，可能就会这样写：我们对于好坏的判断，我们的所有感觉——影响着我们日常想法和感知的恐惧、欲望、爱以及其他很多种感觉，或热烈，或含蓄——都是人类这个物种特定进化历史的产物。如果与犰狳交配是我们祖先传播基因的唯一方法，你我就会觉得犰狳有吸引力——不是因为它丑萌，而是真的被它深深迷住。你或许会难以抑制想要保护它们的冲动。开车行驶在得克萨斯乡间道路上的机警司机，或许会时不时尖叫着来一段犰狳姻缘。更不消讲，杀害一只无辜的犰狳肯定是最丧心病狂的事情。

人们不禁会否定这类进化论假设，认为它们是毫无意义的。的确，如果水果对我们的物种而言有毒，泥土却富含糖类，那么就不会有人喜欢吃甜食了，如何控制泥土摄入量将会成为重大的饮食问题。但就算这样又如何？我们一直都知道有些事情——食物的味道，怎样才算性感——是"主观的"。因此，什么食物和伴侣吸引人这个问题，与把某种并非真实的事情看成真的，不是一类问题。没有人会像认为4比3大那样，认为可口可乐比百事可乐好。

其实，这一点我也不太确定。我见过有人争论好的红酒或伟大的艺术品应该包含哪些要素，信誓旦旦的模样好似他自己就是对的，别人就是错的。这便是感觉的影响，在我们探讨感觉塑造本质的作用时尤为突出：它们可以极为巧妙地提供判断，我们根本未曾意识到是感觉提供的判断，我们以为自己的判断是客观的。

我看到一辆法拉利时，会感觉到"昂贵外国跑车的本质"，我不会想，"但这只不过是对某个特定物种的特定成员的见解"——因为这种感知太微妙，我们根本不会认为那是一种完整的见解。自然，当我从司机身上看到"炫富的本质"时，很可能也不会质疑这种判断——因为还和之前一样，我很可能根本没有意识到这是一种判断，它的感觉更像一个简单的事实。本质的感知正是这样运转的：它给判断裹上感觉的外衣，塞进我的大脑，而那些感觉本身很细微，或者太普通，经常会逃过直觉的辨识。这些感觉，这些感知本质的基本成分，天生要与某种特定的视角关联起来——某个物种的视角（在法拉利车的例子中）或是物种里某个个体的视角。从爱因斯坦认为的最真实的视角——没有特定视角——来看，感觉根本不存在，本质也就同样不存在了。

仍如之前所说，我并不是鼓励你们摒弃人类演化遗传下来的感觉和想法。如果你很想活着，那么要躲避蛇这种偏见就是可以理解的，我也认为你应该这样做。不过，权当一种思维实验，假设你的目标并非尽可能活得更久，而是获得最清晰的远景，假设你想从某个不局限于特定物种的视角观察地球上的生命和普世的现实，假设你想从某种更客观、更超常、更普世的"真实"的视角来观察它，那么你看蛇的时候就不能怀有任一物种的情感偏见——不能心怀人类天生的恐惧、厌恶和反感，也不能心怀蛇的情人天生的强烈欲望。你看一片沼泽时既不能从人的角度出发，也不能从蚊子的角度出发。你观察现实时，任何为了将基因传递给下一代而进化出的人类或其他物种的感觉，都不能左右你。你要像爱因斯坦一样，得到无源之见。

宇宙视角

"无源之见"（the view from nowhere）这个短语闻名于世，与哲学家托马斯·内格尔（Thomas Nagel）密切相关，内格尔将这个短语用作一本书的书名。那本书不是关于佛教的，而是关于觉知和哲学的使命。其中就包括道德哲学。比如，有没有一种纯粹的道德客观性，使你在处理与切身利益相关的道德问题时能够不存在任何偏见？

这种程度的道德客观性是达到开悟的一个重要结果——有人会说这是最重要的一个结果。考虑到人类大脑的特质，或许想要在道德层面彻底达到佛教的开悟，也就要达到形而上层面的开悟——通过亲身体验理解一些真相，特别是"无我"和"空"。或许想要得到道德上的无源之见，你就要得到完整的无源之见。

不管是哪种情况，"无源之见"或许都是对佛教开悟最精辟的描述：不带任何自私偏见的洞察，而且在一定程度上甚至根本不是任何特定人类的视角，抑或是其他任何物种的视角。这种洞察切实藐视了自然选择的权威，因为自然选择全都在于特定的视角。自然选择就是要创造许许多多种不同的视角，每一种的成形从根本上讲都遵从一种原则：它比与之相抵触的视角更真实，没有另一种视角天然具备对这种真相的意识，而对其荒谬性的意识则更淡漠。佛教开悟就是要超越所有这些视角。

无源之见、公正之见，不应该与冷漠之见混为一谈。我认为，无源之见可以也应该包括对全人类福祉的关怀（如果遵从佛教教义和相对直接的道德逻辑，你还应关怀有情众生的福祉。❶）关键在于关怀是平均分配的；任何人的福祉都不应该比另外一个人的更重要。

如果你觉得用"无源之见"来描述这样一种仁慈超然的状态太过消极，那么你也可以采用19世纪道德哲学家亨利·西季威克（Henry Sidgwick）在下文中提及的一种说法："从宇宙视角❷（请允许我这么说）来看，任何个体的利益并不比其他任何个体的利益更重要，这是不言而喻的准则。"

不管你喜欢哪一种术语——"无源之见"或是"宇宙视角"——要点都是一样的：我们平常的视角——我们被天然赋予的视角——是有严重误导性的。

因此，我们可以将自然选择看作《黑客帝国》中的机器大帝，用无所不在的压迫性幻觉达到目的，我们有权反抗它。如果以这种方式看事物可以助力你保持严肃的冥想修行，那么就请务必以这种方式去看。

与此同时，佛教精神又要求我们对妖魔化任何人或任何事持怀疑态度，因此容我说一些自然选择的好话：它确实创造了有感情的生命，而有感情的生命是一种非常美妙的事物。说实话，如果没有感情，开悟的极乐就根本无法体会到，在冥想道路上取得较小进展时就

----

❶ 原注：从逻辑角度来看，有一条相对直接的道路可以从"无源之见"——任何人的福祉都不比其他人的福祉更重要——通向关怀一切生物福祉的视角。毕竟，你只需要加上一个前提，就是人类的福祉比人类受苦要更好——对这一点几乎没有任何争议。就此而言，再进一步，将所有有情生物都纳入这把道德关怀的保护伞下也并非难事，因为众生平等，有情生物的福祉要优于有情生物受苦，关于这一点，也没有太多争议。

❷ 原注：Sidgwick 1884, p. 381.

能体会到的幸福感提升，也将不复存在。你甚至可以说，是感情给了生命意义，使之成为道德关怀问题。当然，如果有感情的生命不存在，那么佛教要求尊重有情众生的道德观也就没有什么意义了。

从这个意义上来讲，佛教和自然选择似乎站在同一立场：有感情的生命是好的。但是，如果自然选择真的尊重有感情的生命，那么它的表现方式也够有趣的！毕竟，复杂生命诞生之前有许许多多不成熟的生物——自然选择判定为有基因缺陷的生物——为此死去更不要提无尽的暴力和痛苦了。这也是为什么自我的特殊性会成为如此强烈的直觉。对我们的祖先而言，要么是他们死，要么是其他人亡，而鼓励他们认同其他人与他们一样重要的基因根本无法传播。因此，不管你怎么看特殊感和伴随而来的"自我"，只要生命是由自然选择创造的，它们就有有情众生不可避免的特性。

而且，说实话，如果要你从到处都是自命不凡的生物的星球和像火星一样的蛮荒之地中选择，你也会选择前者吧？我会选择前者。的确，蛮荒也是一种美，但是如果没有具备感情的生命，这种美也得不到欣赏，甚至在某种意义上根本不会被意识到。

但是，还有一种不幸的矛盾：人类的历史已经发展到一个节点，此时特殊感可能会切实威胁到有情众生的持续兴旺。我在第二章中说过，不烦扰各位来听我关于地球危如累卵的长篇大论了——宗教、国家、民族和意识形态等部落主义是如何威胁分裂人类的。我说到做到。尽管如此，还是有必要用几个段落阐释宇宙背景下的这种前景，以整个生命史为背景，审视我们所处的交叉路口。

生命简史

四十亿年来，这个星球上生物的组织层次越来越高。最初只有原始的、可自我复制的信息，然后它们聚成细胞，而后这些细胞中有一些聚到一起，形成了多细胞生物，这些生物中某一些进化出复杂的大脑，而部分智慧物种变得高度社会化。其中一种社会化智慧生物，社会性极强，大脑极为发达，于是展开了第二种类型的进化——文化进化，进化出思想、风俗和科技。在第二种进化的助力下，这个物种的社会组织层次越来越高——从狩猎—采集村落到古代城邦，再到帝国，直到现在我们即将建立起一个有凝聚力的全球化社会。好似是为了强调这一切都是生物和文化进化的自然产物，甚至出现了一种全球化大脑——互联网，模仿神经元组成的人类大脑。

如果你从外太空看这一切，时光流逝，亿万年浓缩为几分钟，就好似看着一个星球生物体成长并成熟。其实，这种成长似乎由某种强大的发展逻辑驱动，这个生物体的持续凝聚——出现一个和平有序的全球文明——似乎是不可避免的。

不可避免的这一面——这也正是问题所在——你或许想错了，但是其背后确实有强大的逻辑驱动。首先，自然选择有极强的创造性，或许自始至终，才智足够启动文化进化的物种出现是有很大的可能的。随后因为文化进化，我们人类社会从狩猎—采集村庄一直扩张到全球化，也很可能像生物进化一样，背后有强大的创造性引擎。

至少我在《非零和时代》一书中是这样论述的。我认为，自石器时代以来，人类社会组织的扩张一直是由互相依赖的技术驱动力推动的。随着时间的推移，彼此间距离更远的人也建立起联系，而且在很多情况下会出现贸易或合作。如今，我们比以往更依赖地球另一侧的人，需要他们提供的商品和服务才能维系生活，而那些人也同样依赖我们。换言之，全球人类的命运越来越紧密地联系在一起。这便是互相依存。

奇怪的是，这种联系其实会因气候变化等全球化问题而强化，这类问题对世界各地的人类都是有害的，因此解决这些问题对全球各地的人类都是有益的。在多种不同的意义上，不同大洲的人都是在同一条船上。互相协作符合我们的共同利益。怎么会出问题呢？

嗯，如果你细细分析整个过程，答案或许就会浮现到脑海中。浮现在我脑海里的答案是这样的：不同群落的人类互相争斗。战斗双方的阵营划分可能会依照种族、宗教、国家或意识形态等多种方面，而近年来不同阵营之间的敌意似乎一直在增长。更糟糕的是，似乎出现了一种危险的正向反馈环：一方的敌意引起另一方更多的敌意，反过来又在第一方制造出更多敌意，如此循环。这类动态变化会造成螺旋式衰落——即使我们生活的时代没有核武器和越来越致命且易于获取的生物武器，这些也应该引起足够的警醒。更何况我们恰恰生活在这样一个时代。

而且，我们生活的时代，信息科技发达，有共同仇恨对象的一小拨人，不管距离多远，都可以很容易找到彼此，协同制造暴力。虽然心怀仇恨之人很分散、离得很远，但是仇恨的致命潜力越来越强。

是什么引发了这些仇恨？在某种程度上，一直都是同一个原因：人类在大脑的影响下采取行动，而大脑预设认定自己有特殊性。也就是说，人类在现实扭曲力场的影响下行动，这些力场以很多微妙的方式控制着我们，使我们相信我们和我们拥有的一切是正义的一方，我们的本性是好的，一旦我们偶尔做了坏事，也并非"真实的我们"的体现；然而他们和他们所拥有的则不是正义的一方，本性也不是好的，即使他们偶尔做了一件好事，也并非"真实的他们"的体现。更糟糕的是，这些现实扭曲力场经常会放大，甚至凭空捏造他们和他们所拥有的所造成的威胁。

因此，我们需要抵制自我特殊性这种核心的进化价值观。其实，在人类历史上，或许从来都没有像现在这样迫切需要抵制它。但是，与此同时，我们并不想抵制自然选择的另外一种价值观：有情众生的诞生和延续是好的。令人高兴的是，正念冥想恰好能用来反抗第一种价值观，同时又能服务于第二种。它还有一种额外的好处——可以带我们走近真相。

你甚至可以在某种意义上将正念冥想看作生命自然演变的一部分，是一种正在进行的共同进化过程。或许，由于宇宙运转中有诸多的限制，地球上出现复杂知觉的唯一方式就是在这个过程中发生扭曲——被自我的提升所扭曲。或许，一旦社会组织达到全球化的水平，保证复杂知觉在这个星球上继续繁荣——甚至是生存——的唯一方法就是要立刻解除扭曲，至少要部分解除。

我们应该感谢佛教向我们提供了一条解除扭曲的道路。应该感谢的不仅仅是佛教。从古至今，各个宗教和哲学流派的很多思想家都在一定程度上看出了这个问题，并提出了解决方法——这是好的，因为这意味着在人类面临共同挑战时，可以从很多传统中汲取资源。

但是应该特别赞颂佛教，因为佛教很早就尖锐、系统性地诊断出了问题，并给出了如此全面的解决方法。如今，科学终于证实了佛教的诊断，并揭示了问题的根源：问题是由我们的造物主自然选择植入我们身体的。所幸，自然选择还为我们配备了解决这些问题的工具——理论上可以超越自身诞生环境的理性和反思能力。谁又知道呢，或许真的可以呢。

第十六章
发现世界原本之美

2003年夏天，在我第一次冥想静修期间，发生了很多美妙的事情。但也发生了一件不那么美妙的事情：一首歌在我的脑海中挥之不去。当你在冥想静修时，歌曲会在你的头脑中驻留很长时间，因为没有其他信息输入取代它们。而这首歌，我并不是特别喜欢。

那是外国佬乐队（Foreigner）的一首歌，我上大学时，这支乐队很火，那首歌名叫《感觉就像第一次》。歌词是这样的："感觉就像第一次，好似从未有过／感觉就像第一次，我们好似打开一扇门。"

从静修一开始，这首歌就一直萦绕在我的脑海中，而且最后显出了奇怪的寓言效果。在那次静修的最后，我感觉好像真的有一扇门第一次为我打开。

其实，有那么一刻，我几乎真的感觉到好似有一扇门打开，我走进了一片陌生的新领域。这件事发生在一次极为强烈的极乐体验时，我在第四章曾经提及，就是我在洪亮的昆虫鸣叫中的那次夜间冥想。尽管我闭着双眼，但是那种体验很有画面感，我还记得有那么一刻，我感觉就像跨过了一道门槛，走进了一个模糊的洞穴式房间，里面充满了橙色和紫色的光。

解释我在那个房间里看到什么之前，需要再就之前提过的一件事做一些补充：我在这次静修期间苛责自己不是一个好的冥想者。这种情况实际上长期存在。我一直都很容易认为是自己犯了错，并因此苛责自己，有时甚至真的会为此恨自己。数十年来，周围的人一直对我说不要这样。他们说"不要怪自己"之类的话。这样的说教一直很困扰我。我的感觉是，如果你做错了事，就应该怪自己，否则你就会一直犯错！老实说，太多人做了坏事却没有任何自责的心理，难道这不正是世间最大的问题之一吗？

冥想老师在一件事上做得很令我困扰，就是从一开始就反复强调新手冥想者不要对自己太苛刻。我遇到的那些把"不要怪自己"当成佛教核心教义的人，经常把冥想老师这句话挂在嘴上，认为这样的信条一定遍布古经文。其实并非如此。下面节选一段佛陀开示的经文："众比丘，若起明为前相，生诸善法。时，惭愧随生，惭愧生已，能生正见。"[1]在现代美国，你很难找到一位正念冥想老师鼓励学生心怀愧疚。

但是我不赞成。

我那天晚上的体验并非完全是幻觉。我走进那个诡异的视觉空间，并没有失去与现实世界的联系。我能够意识到自己坐在一间禅

---

[1] 原注：Samyutta Nikaya 45:1, Bodhi 2000, p. 1523.

室里，极度的专注使我的大脑进入一个从未踏足的地方。但这是个什么地方呢？环顾四周之后，我才意识到我的大脑进入的地方正是我的大脑——或者至少是我的大脑的代表。

最开始，我"看到"——我猜也"听到"——一种特别的想法，在我做了一件蠢事、笨事或错事的时候出现过多次的一种想法。那个想法是"你搞砸了"。其实，"搞砸"是我修饰过后的说法，我经常用的说法和描述那天晚上我所观察想法的说法并不是这样。总之，关键在于此时我看到这种想法有了一种我从未见过的"相"。

回头想想，我从未见过这种想法有过任何"相"。但是此时它看起来就好像——真的是"看起来"像——大脑的一部分对另外一部分讲这种想法。甚至有一种轨迹可以追踪这条信息，就好似图表上的一条箭头指示了交流的方向。我就像一个外部观察者，观察着颅内的这场对话，观察着这条信息从发出者走向接收者，尽管在某种意义上接收者就是我。

用语言几乎无法表达这次体验的震撼性及其重要意义。我感觉自己就像被引入了内心的圣所，深层的真相都在那里展现出来。我不知道这种获得启示的感觉有多少要归功于迷幻的极乐体验，那种极乐的体验慢慢展开，把我包裹在不断提升的温暖中。但是，我猜想，极乐肯定是一种有效的启示强化剂。总之，不管是什么神经化学物质为我们带来启示，使我们感觉真的看清真相，那天夜里这种物质一定是供应充足的。

那么我看到的真相到底是什么呢？当时令我震撼的是，这个典型性的我的想法——"你搞砸了"——第一次有了并非从我而来的感觉。只不过是某个人在我脑中说话，而且我也不清楚到底值不值得注意他。他到底是谁？

如今已经过去十几年，我对这次经历思考过很多，又写了这本书，我或许会这样回答："他是我脑中的一个模块。"但当时我并没有从那么学术的角度思考，而从中得到的经验似乎是，未来我可以彻底忽略内在的自我批评，至少可以保持一定的极限距离去审视。虽然我一直抑制着摆脱自我苛责的心愿，虽然我已经将这种心态带来的负担降到最低，但不再背负这种自我折磨的心态去生活的前景依然非常诱人。我不太爱哭，那一刻却哭了出来。我轻声哽咽，但却得到了尽情的释放。

这种极乐的感觉没有持续多久，就变成了充满快乐的兴奋感。我还记得，那堂课结束时，人们默默地走出禅室，我无法与他人分享自己的巅峰体验，心底备感沮丧。这种体验不仅在于克服了自我厌恶的习惯。我还产生一种感觉，认为很多需要艰苦努力才能取得的成果，现在都可以轻松得到。我达到了一种很高的精神境界，而且已经掌握了反复达到这种境界的技巧——冥想。那种体验很难重塑，但是我想，这种可喜的精神成就感已经暗含在我的眼泪中了。我可以肯定那泪水中也包含着感激之情，得到解放的感觉也无比强烈。

然后我就能永远幸福地生活下去了。

但其实并非如此。外国佬乐队的歌曲中还有另外一句歌词，就是"感觉好像第一次"之后的一句，说"好似再也无法重来"。真的，自那以后，我再也没有过那么令人震撼的强烈冥想体验。当时我坚信自己可以反复达到这种境界，以此构建个人的精神重生，结果看来这种想法很幼稚。我认为不再苛责自己这种信念也随之破灭，虽然自我苛责的频率和严重程度降低了不少。

我并不是说在之后的冥想中再也没有进入过强烈的极乐状态。有几次静修时，我可以精准地控制极乐进入身体的流动，只需打开龙头，如果想要调整一下，就把龙头关上一会儿，然后再打开。

当然，我并不是说那个夏夜在马萨诸塞州巴里的那次体验从任何意义上讲都没有改变我的人生。我的意思是说，这本书缺乏此类书籍共有的一个特点：作者宣称某一次戏剧性体验会带来持久的改变。

清明智慧从我开始

所有这一切都引出一个问题：我为什么还要冥想？我为什么还要每天花三十到五十分钟的时间修习，而显然这种修习在短时间内无法使我接近开悟？原因有多种。我从比较简单的几个开始讲。

1.体会真相的时刻。想象一台冰箱发出冰箱特有的嗡嗡声。听起来很单调，对吧？其实并非如此。我早上冥想时，如果办公室桌上的冰箱开始发出嗡嗡声，而恰巧我的头脑足够清明，可以真正把注意力放在声音上，我就能听出嗡嗡声至少包含三种不同的声音，每一种的强度和质地都会随时间而改变。这是一种关于世界的真相，平时我是发现不了的，但是在基本的正念修习时可以发现。而且这是一种客观的真相。毫无疑问，你可以装配一台声音传感机器，机器描绘出的肯定是三条完全不同的声音曲线。

这似乎只不过是一个微不足道的真相。其实，确实是微不足道的。我得承认，严格来讲，我每天都回到垫子上冥想，并不仅仅是因为在这次体验中看到真相，还因为这次体验给人带来的愉悦感。如果我的大脑足够清明，能够区分冰箱嗡嗡声的细微差别，那么大脑就足够自由，可以放下日常的忧心事，从这小小的乐器三重奏、无限展开的丰富图样中体会到美——有时是非常强烈的美感。

但是为了充分尊重美，我不想对这种看真相的角度轻描淡写——对冰箱嗡嗡声的纯粹清明的感知。因为有一个认识很重要：虽然对我们大多数人而言，彻底的开悟非常遥远，但部分的开悟是可以实现的。虽然我们不能理解所有现实的真相，并一生保持这种理解力，但我们可以理解一些现实的边角真相，并短暂保持这种理解力。关键在此：通过训练，经常看清这些细小甚至琐碎的真相，有助于我们看到更大的、不那么琐碎的真相。这也引出了使我保持冥想的第二个原因。

2.体会重要真相的时刻。如果我感觉到焦虑、恐惧或仇恨，通过冥想就能达到一种状态，只去审视这种感觉，而不会与之产生交集，这便是体会到真相的时刻。毕竟，要审视这种感觉，就要求弄清它在我身体中的位置以及它表现出的形态。而那个位置和形态——在某种程度上与三种不同的声音组成冰箱的嗡嗡声一样——是一种客观事实。假设未来某一天出现一种身体扫描，可以呈现出不同感觉的3D物理形态，我敢肯定，扫描出来的某种感觉的结构，大概就和我在审视这种感觉时感知到的结构类似。

真正令人着迷的是，在这种客观体验中，伴随着这种感觉的客观事实会出现那么多的变化。你越是专注于客观事实——专注于感觉本身及其在你身体上的实体化——感到的不快就会越少。这并非一项简单的功业，但也是可以实现的，同时也佐证了佛陀关于"苦"的论断："苦"在一定意义上是可选择的，要消除或减少"苦"的方法就是更清晰地看现实，要看客观事物的本相，不做过多的延伸。

3.清明的智慧。如果我在早上冥想的时候可以清晰地听着组成冰箱嗡嗡声的三种声音，或者观察着自己的呼吸或感觉，这说明我的大脑是平静的——并不只是因为如果我的大脑不平静，我就不能清晰地看到这些事物，还因为专注于清晰地看事物有助于大脑的平静。平静的大脑有一个有趣的特点：如果我生活中的某件事冒出了头，我很可能会用不同寻常的智慧看待它。我看到待发箱里的一封电邮，我在邮件中提出补充意见时，语气虽然含蓄，但明显有些恼火——因为对方的来信本身就带了些火气——此时，我突然之间觉得或许不应该把恼火的情绪表现在邮件中。这样不会有什么好结果，只会带来坏结果。

4.体会道德真相的时刻。这次调整发送邮件的视角的经历，在一定程度上可以看作我对邮件收件人看法的转变。整个转变的关键或许就是我不带敌意地看待这个人，而在大脑不那么平静的状态下，每一个关于他的想法都会充满敌意。突然之间，我愿意接受一种假设，相信我收到他一封怒气冲冲的邮件并不能证明他是一个浑蛋。或许他在邮件中带着火气是因为一些环境原因。或许我能猜出原因，或许不能，但是不管怎样，因为环境原因而带着火气做事，这样的经历谁没有过呢？事实上，我刚才不就差一点发了一封带着火气的邮件吗？

5.及时的干预。如果下午5:00或6:00，我感到一些不安、愤懑、沮丧，或别的不希望出现的感觉，我就可以坐到冥想垫上，审视这种感觉，最终情况往往都会好转。如果我在夜里充满焦虑地醒来，我就可以躺在那里，针对那种焦虑冥想，这种做法并非立竿见影，但往往会有比较好的效果。有时我甚至可以实现以前认为不可能的（至少我认为是不可能的）成果：我坐在电脑前，盯着正在写的东西，有一种强烈痛苦的冲动促使我宁愿做其他任何事也不想继续写下去；我闭上双眼，审视着这种冲动，直到它最终变弱，我便继续回归写作。我能做到这些事情的原因——也是我能记得可以选择做这些事的原因——就在于我每天早上会花一些时间在垫子上冥想。在不要苛责自己这件事上也一样：我在垫子上花的时间越多，自责情绪就越少出现。

通往开悟的滑坡

正是因为这五个原因，我虽然对真正实现开悟不抱太大希望，却仍然坚持冥想。这至少可以算作一种解释吧。你还可以说我是在追求开悟——只不过我没有将开悟看作一种状态，而是将其看作一种过程。我看待解放——从"苦"中得解放——也是用同样的眼光。我的目的并非在遥远的未来某天得到彻底的解放，做到彻底开悟，而是为了在不那么遥远的某天得到些许的解放，有些许的领悟。比如今天！或许今天失败了，那就明天，或者后天，哪天都行。关键在于随着时间的推移，虽然偶有倒退，但总体还是进步的。

从这个角度看待开悟和解放，有助于透彻地理解真相和解放之间微妙的关系。关于二者的关系，有一种普遍且粗放的认识——你一闪念便看到了真相，然后就得到了解放。听起来很棒！多省时间啊！但是，我不认为真相使你得到解放的事情会经常发生，没有什么可多说的。有时情况还是反过来的：解放引导你看到真相。还记得吧，我能看清冰箱嗡嗡声的真相，能看清电邮联络人的真相，部分原因在于我的大脑平静——没有被焦虑、愤怒或其他"苦"的重要根源所控制。

或许最好的解释是开悟和解放二者互相强化：你从痛苦中解放出来的事情做得越多，看事物就越清明；你看事物越清明，就越容易从痛苦中解放出来，这也将使你获得更清明的远见。

比如，假设你最初只做简单的冥想修习，目的是为了自助，而不是为了取得精神成就：每天二十分钟冥想减压。假设这样做真的像宣传的一样能够减压。摆脱压力从定义上讲也是一种解放，虽然你可能不会从这个角度想。同时，摆脱压力也是一种开悟。毕竟，如果你没有压力，就不太可能因为一个人在前台结账时摸索信用卡，你在他后面急着结账离开，而认为这个人是个浑蛋。这一个小小的进步——某个人做了一件你曾做过的事，你从这个人身上看到的浑蛋本质比以往更少一些——就是一点点开悟。

而且，这一点点的开悟可以带来更多的解放，进而带来更多的开悟。如果你在他人身上看到的浑蛋本质减少，因此漫无目的地指责他人的时间减少，从而减少了你生活中的压力，或许这种效果会令你非常满足，感觉得到很大的解放，于是决定把每天冥想的时间从二十分钟提到二十五分钟。这样一来你就能更多地从压力中得到解放，从而使你对他人的看法更清明。这时，你不仅能够宽容摸索信用卡的人，而且能够宽容摸索信用卡还把信用卡掉到地上的人。祝贺你！

不需要太久的冥想修习，你就能清晰地感觉到减压其实比听起来要有趣得多。关键不仅在于你会在每次冥想修习之后感到更放松，更重要的是，你正念审视焦虑、恐惧、愤怒或别的什么感觉，短时间内会认为这些感觉并非你身体的一部分。

注意这些经历的影响是多么深远——或者至少是逐渐变得深远。从一个摸索信用卡的人身上看到的浑蛋本质变少，就是略微体验了"空"。而你不再将焦虑或恐惧看作自己的一部分，就是体验了一点点"无我"。"空"和"无我"正是佛教哲学中最神秘、听起来最疯狂也是最基本的两种思想。而此时的你，为了减压，每天冥想，至少在一定程度上体会到了这两种思想。

我不想把这件事说得好像很简单。尽管逐步的开悟和逐步的解放互相作用，可以集聚很强的势头，但并不是说它们就能自动自我维系。这条路上有阻碍，可能会令人非常沮丧，而冥想也可能变成一种痛苦。好消息是痛苦可以带来收获，只要你能坚持住，只要你在焦虑或沮丧面前不退缩，而是正念审视这些感觉，只要你在面对百无聊赖的感觉时不放弃每天早上的静坐冥想，而是正念观察它——很奇怪，有时正念审视无聊反而比审视焦虑或沮丧更难。我永远也不会忘记纳拉扬在我第一次冥想静修时说的话："无聊也可以很有趣。"确实是这样的，但是想要看清这个真相，首先要花一些时间认清另外一个真相——无聊有时真的好无聊啊！——然后坚持面对。

或许想要取得持续的冥想进步，最大的阻碍就是时间有限。如果你要承担很多责任——有一份工作，有孩子要照管，要上学，等等——你就无法每天拿出大块的时间冥想。而且，依我个人的经验，每天三十分钟冥想和每天五十分钟带来的效果差异很大。根据一些与我有过交流的人所说，每天三十分钟冥想和每天九十分钟带来的效果差异是巨大的。但是，即使你每天只做最低的二十分钟冥想，也可以是有深度的，特别是如果你能牢记佛教冥想者的一项基本的经验教训：你每天体会到的那些细小真相——至少在状态好的时候可以体会到——蕴含着更大的真相，这种真相展现了现实的本质，还展现了我们对现实的错误感知带来的扭曲，甚至幻觉。当然，如果你能实现开悟，一生都能感觉到这个重大的真相，那当然是最好的。但是，即便你不能达到开悟的境界，即使你要通过努力才能时不时地在脑中看到这种真相，也算是从中得到了一些引导性的真相。

清明智慧拯救世界

好啦，这便是一个不冥想的人问我为什么应该冥想时，我能说出的大部分理由。我会讲述很多体会真相的短暂时刻，讲述那些时刻如何熏陶一个人，使其更幸福，变成更好的人。但这并没有说出我希望更多人冥想的核心原因。激励我写作本书的不仅仅是将感知真相的时刻散播到乐于接受新知的读者的生活中这一愿景，甚至也不是传达这些时刻指向的更宏大的"引导性真相"。激励我写作本书的是"真相时刻"（a moment of truth）这个概念——某个时刻。

《韦氏词典》对"真相时刻"的定义是"某一危急时刻，大多数或一切事物都依赖该时刻的结果"。考虑到我在上一章中讲述的全球性挑战——种族问题、宗教问题、国家问题和意识形态冲突，它们可以自成因果，创造一条仇恨累积的螺旋，引来真正的灾难——我认为用这个短语一点都不为过。

靠冥想拯救世界的建议会被看作天真幼稚。因此我要强调，我的意图并非引领全球性的慈爱浪潮。我的意思是说，如果能实现，那当然是最好的，但我认为这样的景象在短期内是无法实现的，而且我认为拯救地球也不需要这样做。

我认为，通过培养冷静、清明的大脑，滋养智慧，就可以拯救地球。有了这样的大脑，一方面能使我们面对威胁时不至于反应过度，因此就不会维系恶性循环，激化冲突。冷静、清明的大脑还可以帮助我们清醒地分析推动威胁的原因——比如，就可以厘清什么会刺激人们加入或支持暴力活动，什么会抑制人们做这类事情。我们不需要去爱敌人，但清醒地认识他们是至关重要的。佛教哲学和现代心理学都给出了同样的启示：想要清醒地认识敌人，就要抑制恐惧和嫌恶，但不仅于此，还要超越更微妙的感知和认知扭曲，而这种扭曲常常隐藏在更微妙的感觉中。

我们不需要这种清明的远景一夜之间遍布全球。只需要在局部区域播种平静和智慧，就会带来不同，就可以为它们的自我繁衍打好基础。比起个人通向开悟的进步，全球通向开悟的路更要循序渐进地走，不过，通过努力还是可以集聚一定的势头的。

说到这里，我认为通向开悟的道路要经过很多步才能实现。事实上，我认为，从长远来看，需要有一场人类意识的革命。我不确定该怎么命名这场革命——或许叫"元认知革命"（Metacognitive Revolution）吧，因为这场革命要求我们退一步，更多地去认识大脑的运转方式。我认为，这将是一个引人瞩目的事件，未来的历史学家一定会给它打上"改革"的标签。假设未来有历史学家——如果没有历史学家，很可能就意味着没有成功的改革可以打上这个标签！

在本书开头，我把自己比作实验室小白鼠。我说，如果我能从冥想中收获很多益处，那么几乎所有人都可以从中受益，因为我很难做到平静和专注。嗯，结果已经出来了：几乎所有人都可以从冥想中受益。

但结果不仅如此。我最初提出的问题不仅是我能否从冥想中得到足够的益处，促使我每天都回到垫子上做冥想，或者说是我能否在一定程度上净化自己的日常道德远景。我的问题还包括我能否面对一个特别的道德挑战，也正是激励我写作本书的核心原因：克服或至少削弱部落主义。如前文所述，在这个层面上，我是一个特别有价值的实验室小白鼠，因为毫不客气地讲，我就是这种问题最突出的代表。

从某种意义上讲，我会有这么强的部落主义是非常奇怪的。我的部落主义并不是广为人知的最危险的那几种：种族方面、宗教方面和国家方面。或许这也是我会在部落主义的界限问题上投入那么强烈的情感的原因——对于赞同我观点的人，我会有非常强的认同感；而对于不赞同我观点的人，我就会产生不好的印象。如果是在关于意识形态和是否应该采纳某些政策问题上出现分歧，我的情感投入会是原来的两三倍。

有一个具有讽刺意味的尴尬情况：最能激起我心中部落仇恨的人，恰恰支持一些政策，而这些政策在我看来容易引发部落仇恨。举一个例子，我认为，过去数十年里，美国大多数的军事干预都是错误的——对威胁反应过度，进而造成情况恶化的案例——而这些军事干预最坚定的支持者都快把我逼疯了。我还希望他们能再逼一逼我。如果我的战斗精神枯竭，我就不会在通往涅槃的路上走得太远。如果彻底的开悟意味着要放弃所有类型的价值观判断，不再推动改革，请不要把我算在内。❶但是，相信我，至少对我而言，在这条路上走到那一点并非迫在眉睫的威胁。问题在于，我能否在这条路上走得足够远，从而能够智慧并真诚地与这些人展开意识形态斗争，转而也意味着我要克服本能，更客观地也更宽容地看待他们。答案是，我认为冥想至少帮助我接近了这个目标。但这是一场斗争。我在劝诫人们克服维系部落主义的认知偏见，从而推动元认知革命时，自己并不能称得上世间最令人信服的榜样。

另外还有一件事我没有说，就是我制订了一个关于这场革命的循序渐进的计划。我的主要目的比较抽象：生命体经过数十亿年的艰苦努力，就要建立起全球化的大脑群落，如果这时任由大脑中的自然扭曲毁掉一切，那就太悲剧了。另外，这些扭曲已经经过科学

----

❶ 原注：我在此处提出的观点并非我原创。佛教学者很早以前就开始思考这样一个问题：近于逻辑上的佛教修行顶点，是不是一种极端形式的虚无主义，拒绝给任何事物定义价值。

毕竟，在冥想指导中经常重复的一句话就是你不应该品头论足：你不应该将感觉评判为（转下页）

验证是事实，而我们也有冥想修行等方法纠正这些扭曲，如果不加以利用，就更加可惜了。

我真正想说的是，拯救地球的方法就在眼前。

（接上页）好或坏，同样也不应该将声音或景物评判为好或坏。如果你在不做评判方面做得越来越好，最终不就是什么评判都不做了吗？不就是不评判任何事物的对或错吗？之后你不就会丧失欲望，不愿意纠正普遍意义上的错误事情了吗？

另外，还可以从佛教对平和的重视来看待这个问题。佛教徒修行有一个目标，就是不管所处客观环境如何，都保持稳定的幸福感——在惊涛骇浪中沉稳冷静。这难道就不就要求对身外的一切保持一定的漠视，而漠视的对象中就有一些是坏事，如果你不够平静，肯定会因这些坏事恼怒，想要去做些什么应对这些问题？

我们再近一步分析一下这个逻辑：佛教徒保持平和、平静和幸福感的方式，要求个人凌驾于对不悦事物的天然反感和对令人愉悦事物的天然欲望。如果你能达成这项任务，那么不就是在一定意义上没有偏好了吗？而偏好不正是一种价值体系的核心吗？如果你对公平世界的喜爱并没有比不公世界的喜爱更多，那么你就不会致力于使世界更加公平，说实话，你将无法辨别他人所谓的公平和不公的真实差别。这样说来，为什么要有同情心和爱心呢——同情心和爱心不就是一种偏好？是对于你心怀同情或爱意的人，希望某些事情发生在他们身上的偏好。这种想法听起来好似是从佛教思想中得出的假定和极端推论，但其实与很多备受推崇的佛教思想家的观点并没有太多出入。我们来看一首诗，据说该诗是公元6世纪中国僧人僧璨所作，僧璨被称作"中国佛教禅宗三祖"。这首诗的开头是这样写的：

"至道无难，唯嫌拣择。但莫憎爱，洞然明白。毫厘有差，天地悬隔。欲得现前，莫存顺逆。"

尽管该诗有其特定的社会文化背景，对佛教的解读也有所侧重，但节选的这段诗依然可以看作佛教核心思想的直接推论。这也是"虚无主义"一直被看作佛教的一个严重问题的原因。

对于这个问题，我并没有任何全新的观点要讲，不过还是想要尝试捋清这个问题。

在我看来，虚无主义的问题和我在第十二章中论及的并非同一个问题——人们通过冥想得到平静和清净，从而更有效地利用他人。毕竟，想要利用他人就意味着有所偏好，在利用他人时就给事物标上了价值。我在第十二章里提到的"上东区的禅宗捕猎者"偏好与很多女性发生性关系，他给性满足定下了很高的价值。这并非彻底的虚无主义，真正的虚无主义是一切都无所谓，世界没有任何意义，没有任何值得追求的目标。"禅宗捕猎者"肯定认为有值得追求的目标。换言之，"禅宗捕猎者"在这条路上并没有遵从僧璨的建议，走得还不够远。他没有达到开悟。我这样说，并不仅仅是因为摆脱欲望等"束缚"有时会被列为开悟的先决条件。我这样说，还因为从严格意义上讲，开悟要求彻底摆脱所有渴望，欲望只是其中一种。如果你达到僧璨所说的境界，达到"唯嫌拣择"的境界，你就彻底摆脱了渴望，就不会出现"禅宗捕猎者"的行为。说实话，"禅宗捕猎者"从某种意义上看似乎是一个虚无主义者：他似乎缺少我们大多数人心中的道德观，因此他在追求个人认为有价值的事情时，不会有道德上的顾虑。我的观点是，这里所谓的"虚无主义问题"不应该是根据真正的佛教哲学逻辑提出的。根据佛教哲学提出的虚无主义问题应该根本没有任何价值观的问题，根据这样的逻辑，人只会坐在那里，没有任何想要事物改变的特别欲望——不会有引导社会正义或追求性的欲望。（转下页）

谈谈拯救

说到拯救，我在分析那次冥想静修中哭泣的原因时，遗漏了一件可能相关的事。我生在美国南部浸信会教徒家庭，从小接受宗教教育。十几岁时，我将《创世记》中关于人类如何出现的叙述与自然选择的理论做了比较，之后渐渐远离了教堂。我从来没有热切渴望找到某样东西替代基督教信仰，但是失去基督教信仰可能在我心中留下了一个空洞，这或许也是我对灵性问题有着持久兴趣的原

（接上页）实际情况下，由佛教思想引导而修行的这类虚无主义的人，其实并不值得担心。其中一方面原因就是，尽管他们不能帮助解决问题，但至少本身也不会带来问题。他们或许没有特定的道德观，但显然也摒弃了所有的个人欲望，因此不会四处利用他人，造成严重的破坏。之所以不用太担心这类人，还有另外一方面原因，那就是这样的人并不多。你认识什么人真正达到开悟的境界吗？我用了多年时间探寻高水平的冥想者，并与他们交流，但似乎也没有遇到过真正开悟的人。至少我应该是没有遇到过这么彻底（克服了所有的渴望和嫌恶）开悟、表现出彻彻底底虚无主义的人。

此外，我们在探讨虚无主义的时候，论及的还包括那些并未在严格意义上达到开悟的人，他们达到了一定程度的开悟。他们全身心地追随达摩的教诲，沉浸在佛教道德观中，相应地培养出怜悯之心。其实，在大多佛教徒的世界中，理想开悟境界的具象化就是菩萨，一个全身心帮助他人的人。

总之，我认为有两类人是应该令我们担忧的。

首先，当然是"禅宗捕猎者"这类人，他们利用冥想的力量，实现了一定程度的超脱，从而能够更有效地控制他人，满足自身自私的欲望。但这个问题并非由于追随佛教之路走得太远造成，而是因为在追随佛教之路上走得不够远，是因为他们没有成为好的佛教徒。

第二是那些追随佛教之路走了很远，成为比以往更幸福、更平和的人，而这种平和也确实减弱了他们让世界变得更美好的热情。这类人通常不会带来问题，因为通常说来，他们的私心杂念削弱，对世间的好已经不太有热情。从一定意义上讲，他们也可以解决部分问题，因为在私人交流过程中，他们相比未追随佛教之路前会更友善、更温和。尽管如此，他们本应在解决虚无主义问题中起到更重要的作用。我也希望他们在解决问题中起到更重要的作用。我希望未来，我们能看到更多人真诚地追随佛教之路，并且成为积极活跃的人。不过，相比在解决问题中起不到更重要作用这样的事，还有很多更糟糕的问题。如果你对世上所有人能做出的最严厉厉控诉，也仅限于他们在解决问题中没有起到更大的作用，那么我们所面临的问题也就不会太大了。

总而言之，从抽象逻辑和假设意义上来讲，虚无主义是佛教的一个严肃问题，而从实际角度来看，则根本算不上太大的问题。

因。在巴里的那个夏夜，或许我不仅仅是感觉自己抵达了山巅——或许我从十几岁便脱离了原本的精神部落，开始攀登这座高山。不论如何，我认为，即使说那天晚上我有了得到拯救的感觉也并不为过——那种感觉很强烈，就和我九岁、十岁的时候驱使我到教堂门前，接受神父的邀请，认可耶稣为我的救世主时的感觉一样。

我脱离基督教的经历和一些人不同，并不苦涩。我从来没有觉得基督教信仰伤害了我。回头来看，我想有一个永远注视着一切且相当严厉的神伴着我成长，或许这有助于解释我对自身缺点的敏锐甚至有些痛苦的关注。其实，或许正是我身上残留的原罪意识，促使我对佛教冥想展开探索，或许这也正是我在那个夏夜体会到得到拯救的原因。这就合乎情理了：佛教和基督教都认为我们生而道德混乱，驱散这种道德混乱便是二者的目标之一。

不管怎样，我从来没有觉得自己在信仰基督教的那些年受到过无情的专制洗脑。我依然喜欢浸礼会赞美诗，特别是"照我本相"（Just as I am）——一首经常在礼拜之后轻柔地唱起的赞美诗。这首赞美诗传递出的信息大概是，尽管你远非完美，但是也值得拯救。

我关于主日学校最清晰的记忆是美好的，那是一段歌唱的场景，唱的是"上帝爱小孩，全世界所有的小孩；红皮肤和黄皮肤，黑皮肤和白皮肤，在他眼中都是宝贵的，耶稣爱世上的小孩"。或许我选择性记忆了基督教中更接近开悟的一部分，但是信仰从耶稣到佛陀的转变似乎是自然而然完成的。

内观禅修社，就是那个夏夜我的大脑在眼前打开大门的地方，恰好强化了这种自然的信仰转变。在葛斯汀、莎兹伯格和康菲尔德买下禅修社的红砖楼之前，那里是一座见习修道士培训楼。从衣帽间走向禅室的路上，两侧都是画有耶稣画像的彩色玻璃——有一幅是他在最后的晚餐时的样子，有一幅是他在虔诚地祈祷，估计应该是在受难之前不久。每次我走进禅室——至今我已经走过几百次了——都会看向那些耶稣画像。这些画像几乎每次都会使我的精神高涨一些。这也是合理的，因为耶稣说，我们对世界的感知是扭曲的，我们应该修正自己的盲点，而不是抱怨他人的盲点："你这假冒为善的人！先去掉自己眼中的梁木，然后才能看得清楚，去掉你弟兄眼中的刺。"阿门。

我没有自称佛教徒，因为我并没有接受传统佛教中的很多内容——信仰和仪式方面的。我不信轮回和因果报应，走进禅室的时候，我不会在佛陀塑像前鞠躬，也很少向佛陀或其他佛教神明祈祷。在我看来，如果我自称佛教徒，将会是对很多佛教徒的不敬，他们在亚洲和其他地方继承并保持了一种丰富且美丽的宗教传统。

尽管如此，考虑到我的个人历史，我们有理由去问，我的冥想修行辅以背后的哲学基础，能不能算得上一种宗教信仰。它于我是否有基督教之于我父母的作用，尽管我拒绝接受佛教中超自然的部分——实际上对自然主义部分也是有选择地接受？

"世俗"佛教是不是一种宗教

如果你要知道这个问题的答案，最好向威廉·詹姆斯求助。一个多世纪前，他在著作《宗教经验之种种》（*Varieties of Religious Experience*）中试图找出一种框架，包容东西方所有称作"宗教的体验形式"。詹姆斯说，从最广泛的意义上讲，宗教可以看作"信仰一种存在，它有不可见的秩序，我们的至善在于就此秩序和谐地调整自身"❶。

虽然"世俗"佛教属自然主义，但我还是认为它有一种预设的"不可见秩序"。随着开悟的到来，已经被切得支离破碎的现实原来还具有底层的连续性，一种互相关联的基础构架。有些人将其称作"空"，另有一些人将其称作"同一性"，但是所有人都认同，现在它不像他们未曾了解它之前看起来那么破碎了。

而詹姆斯所谓的"至善"也确实在于根据这种通常不可见的秩序和谐地调整自身，不管你把这种至善看作最深的幸福还是自身的美德。当然，这种对自我的调整，在一定程度上也是要求我们，不能像以往一样把自己看作实质性的，至少是不那么特别的实质性的。事实上，上述自我的扩散，以及自我界限的延伸，都是"不可见的秩序"——对我的内在和外在连续性的新认识——的一部分。

佛教教义还提出了第二种关于不可见的秩序的假设。还记得吧，佛教的一项基本前提就是，看到形而上的真相——看到事物内在和外在的本相，由此也看到内外两面的连续性——在某种意义上等同于看到道德真相，在道德上将我们的福祉与他人的福祉等量齐观。换言之，在形而上真相和道德真相之间有一种结构一致性。这也可以看作

----

❶ 原注：James 1982, p. 53.

一种秩序，如果我们不加以修行，使其显现出来，它就会一直隐形。

我们不能认为这种不可见的秩序是理所当然地存在的。你可以想象一个不具备这种结构一致性的宇宙，在这个宇宙中，看到形而上的真相根本不会影响你对其他生物的行为，更不可能使你更友善地对待其他生物。但是根据佛教的观点——甚至在更世俗化、有时都不足以称作宗教的西方佛教中——在我们生活的宇宙中，看到形而上的真相有助于我们看到道德真相。开悟具备一种天然的同一性。

此外，保持一致性的还有第三个方面：我们的福祉。幸福——消除或至少减轻痛苦和不满足——往往与看到形而上的真相保持一致，并对随之出现的道德真相施加影响。这种一致性也并非宇宙必须具备的。

如果你仔细想想，会因世界如此安排而感到惊异：你踏上解除自身痛苦的道路，如果孜孜不倦地追求，最终不仅会变成一个更幸福的人，还会对形而上的现实和道德现实有更清晰的认识。这是佛教徒的观点，而且有切实的证据支持这种观点。

这三个方面的一致性——形而上的真相、道德真相和幸福的一致性——充分体现在一个词中：达摩。"达摩"这个古代词语，语义丰富且居于佛法修习的核心地位，最常见的定义是"佛陀的教法"。就目前而言，这种定义是准确的，但是这个词还指佛陀的教法传授的核心真相。因此，达摩代表了我们所处幻觉之外的现实，也就是关于这些幻觉如何带来痛苦的现实，它还代表着所有这些隐含意义对我们的行为意味着什么。换言之，达摩既是关于事物本相的真相，也是事物如何顺应自然合理而为的真相。它既是症状也是药方，既是真相也是方法。

因为佛陀开出的药方不仅仅是从痛苦中得解放的药方，还是正确行为的药方，所以"达摩"这个词还有一层特别的道德含义。事实上，达摩可以看作两层意义上的自然法则，一方面是实体宇宙遵循的自然法则，另一方面是我们努力遵守的道德法则。

用一个词来表达所有这些含义，本身也是证明，根据佛教所言，秩序通常藏在深处，但如果你能够勤勉地（詹姆斯或许会这么说）就此做自身调整，这些秩序就会更明显。

上文所述可能太抽象、太哲学化，容我用比较直白的话再回答一下这个经常被问及的问题：冥想能不能使我更幸福？如果能，到底能提升多大程度？

嗯，以我为例——如果你还记得的话，我算是一个大难题——答案是肯定的，冥想确实使我更幸福了一些。这很好，因为我是喜欢幸福的，特别是幸福的是我本人。与此同时，我在向人们阐释修习冥想的原因时，更多关注的是幸福的质，而不是幸福的量。总体来说，比起以往，我现在体会的幸福包含着对宇宙更真实的认识。我认为，建立在真相基础上的幸福，比没有这个基础的幸福更好——不仅是因为建立在真相基础上的事物比其他有更牢靠的根基，还因为依照这些真相行动，恰好意味着对同类更友善。

这也就是我为什么会说，洞见冥想给你的生命带来的任何幸福增量都是特别值得为之努力的：因为，这些是可靠的幸福增量。这种幸福的基础是多种清明智慧——对世界更真实的认识、对他人更真实的认识、对自己更真实的认识，而且我相信这也更接近道德真相。"达摩"这个词幸运地包含了幸福、真相和善意的结合，而我认为这使得自然主义佛教也能符合威廉·詹姆斯关于宗教的定义。

如果你能发现这个集合中还有一种元素——如果对达摩的广泛关注可以拯救地球——那就算个额外奖励吧。

真相与美

2012年12月中旬的一天晚些时候，我在一次冥想静修中，正在外面做一些行走冥想。某一刻，我抬头看向天边，看到太阳已经落下。天边留下了粉色和紫色的余晖，落在冬日的枯树上。我正在思索一些个人事务和别的事情，本来就有些郁闷，此刻，强烈的忧郁情绪涌起，平常看到冬日黄昏时也常会出现这样的情绪。当时我正在修行期间，每天有很长的时间都在审视自己的感觉，于是几乎条件反射式地就开始审视忧郁的感觉。那种感觉立刻就失去了力量。它没有立刻消失，但这时看起来无非就是一种物理波动，在我的身体里慢慢游走，既不好，也不坏。

忧郁的情绪被消解了，天边呈现出不同的一面：美得令人目瞪口呆。它从悲伤的倒影变成了快乐甚至是敬畏的来源。

这种美——还有其他很多因为冥想修习而有更深体会的美——是我无法真正理解的。我的意思是说，如果冥想可以使你与你的感觉之间保持一定的距离，还能减少感觉对你的控制，那么，原则上讲，对好的和坏的感觉的作用不应该都是相同的吗？你最后感觉到的不应该大体是中性的吗——也就是说大体上什么都感觉不到吗？然而，从实际情况来看，似乎有一些感觉得到了强化——最明显的就是对美的感受。

我有时会想，这种得到强化的审美感，可以给空一种具有讽刺意味的道德力量。一旦你不再像以前那样去看人身上的本质——一旦你对它们的感知不再掺杂对它们好坏的判断——或许就会想，对它们产生任何感觉的理由已经大大削弱，包括怜悯之情。但是如果我们天然地会倾向于认为包括人类在内的事物是美好的，这种倾向就可以转化成对它们福祉的关怀。至少，这也是可以算作一种理论，用于解释冥想使人变得更富有同情心的原因。

总之，我至今仍然困惑，冥想练习似乎有一种强化审美感的自然倾向。我想，一种解释是，你根本没有去想，便用正念过滤了自己的感觉——更努力地与令人不悦的感觉保持临界距离，而对审美情趣等令人愉悦的感觉会放松一些。但是，无论如何，感觉都不应该是这样的。审美感更像大脑在对自身的全然关注消退后自然选择的休憩场所。

我很想引用约翰·济慈的一句名诗："美即是真，真即是美。"或许当你更明晰、更真实地看世界时，不仅能享受到一定程度的解放，还能对世界的真实美感有更直接和连续的感知。另一方面，我们说世上有真实的美、内在的美，而佛教又特别强调我们倾向于给世界强加意义，这两种观点之间似乎有矛盾之处。这种观点肯定与进化心理学的观点是相左的，后者认为感觉在感知方面的任务其实就是，由大脑设计，仅根据某些事物与生物体的进化论利益关系，决定对某种特定类型事物的感觉。

另外还有一种可能性，某些对宇宙的亲切感属于意识的某种默认状态，若没有卷入内在扭曲的自我运转，就会回归到这种默认状态。但是这种观点已经超越了心理学的范畴，进入了哲学领域，成为对何为意识的哲学思考。我对这个问题的总体观点是，我不知道。

我们生活的世界中有很多令人不喜欢的事物。在这个世界中，如佛陀所说，如果我们秉持自然的观察方式和存在方式，就会给自己带来痛苦，给他人造成痛苦。我现在理解，因为这个星球上的生命由自然选择创造，所以这个世界本来就应该是这个样子。尽管如此，这同样也可以是一个形而上的真相、道德真相和幸福保持一致的世界，如果你开始意识到这种一致性，这个世界就会看起来越来越美。如果是这样的话，我们真的要惊叹于这种隐藏的秩序——似乎比自然选择更深层次的秩序。我越发觉得应该感激它的存在。

附 录 ———

佛学真相一览

　　我在写作本书的时候，并没有想把书名叫作《为什么佛学是真的》。但是完成全书之后，我意识到书中的论据恰恰论证了我所认为的佛学核心观点的可信性——至少是证实了"自然主义"佛学的核心观点，这也是"西方"佛学的主要关注点。因此，尽管有些惶恐（原因显而易见），但我还是用了这个书名。

　　为了打消疑惑，确保使用这个书名恰如其分，我整理了本书支持的一些佛学观点，这个清单或许对读者有用。于是就有了下面列出的要点，这里概略归纳了本书中的论证，并标注了相应的章节。

　　我所列的"真相"并不都是佛教教义，有一些更像外卖食品，包含了佛学思想明确的隐含意义。但是我认为，所有这些真相都有坚实的现代科学为确证，包括现代神经科学和心理学，特别是进化心理学，即重点关注了自然选择如何塑造人类思维的研究。

说到现代科学提供的切实确证，有一点很重要，就是要理解科学能够提供的支持能达到这个限度。任何科学理论都不可能像数学理论一样，得证为真。然而毫无疑问，如今有些理论有大量的证据佐证，出于实用目的，我们就可以认为这些理论已经得证为真。比如，我认为自然选择理论的真实性要远高于99.99%——这对我来说就已经足够了。但是有些理论相比其所在领域的主流理论显得证据严重不足。

这样说来，我们所谓的一种科学理论为"真"，严格来讲是指它有切实的确证为支撑，且迄今并无确凿证据证伪。这也是本书书名提出佛学的核心观点为"真"的含义。这些观点有现成的确证——在某些情况下是压倒性的确证。我在本书中概略传递出一些信号，体现出我对各种佛学观点真实性的信心。当然，我认为佛学对人类境况的主要判断——关于人类为何痛苦、为何会使他人痛苦的基本认识，更宽泛一点讲，关于大脑如何运转、我们如何改变大脑运转方式等基本点方面的认知——足以支撑本书书名的合理性。

好了，不再絮叨，下面列出一些佛学"真相"：

1.人类经常无法看清世界，这导致了他们痛苦，也给身边他人带来痛苦。对世界的这种误解，代价很高，形式多种多样，在不同的佛学文本中也有多种不同的描述。

2.人类更倾向于从实现目标的过程中获得持久的满足感，而不是着眼于事实，这一点早已广为人知。这种错觉，以及由此出现的不断渴求的思维，从自然选择的角度讲是合理的（参见第一章），但这绝不是终生快乐的真正秘方。

3.“苦”（Dukkha）是生命的一部分，在平凡人生中不断重复。如果按惯常翻译，将dukkha简单纯粹地翻译成“苦”，可能还不太容易引起共鸣，相比之下，将其理解为很大程度上的“不满足”就更可信了。包括人类在内的生命体，经由自然选择的筛选，对环境本能的反应就是要将事物变得“更好”（以自然选择的角度来看）。这也就意味着，在某种程度上，它们无时无刻不在搜寻令其不快、不舒服和不满足的东西。由于“不满足”从字义上讲就包含了些许苦，所以想象“苦”带来不满足，反而更令人相信人生中作为苦的“苦”无处不在。（参见第一章和第三章。）

4.“四谛”（Four Noble Truths）中辨识“苦”的本源——贪爱（tanha），译作“渴爱”或“渴望”或“欲望”——从进化角度来看是合理的。你或许会说tanha正是自然选择嵌入动物思维的，使其不能对任何事物保持长久的满足感（参见第一章）。从更广泛的意义上来诠释“贪爱”，它不仅是追求并占有令人愉悦事物的欲望，还是逃避令人厌恶事物的欲望，这样看来，说“贪爱”是痛苦的源头就更合理了（参见第十三章）。显然，如果将与厌恶情感相联系的痛苦抛开，痛苦就会减少很多。

5.我们不一定要被造成“苦”的两种基本情感——“贪爱”的两面，对事物的执着渴求和厌恶——所困。通过正念冥想等方法能够放松它们的束缚。彻底、永久的解放——旧时所谓的“涅槃”——到底能否实现，人们莫衷一是，但是毫无疑问，生命因冥想实践而发生转变。需要强调的是，不被渴求或厌恶的情感所束缚，并不是说要情感麻木，也可以是培养出与情感的不同联系，可以更有选择性地决定倾向哪种情感。其实这种修正后的联系可以突出某些情感，比如惊奇、怜悯和美感。（参见第二、第五、第八、第十、第十三和第十六章。）

6.我们对"自我"（self）的本能理解，往好里说也是有误导性的。我们很容易就将所有想法和情感都认作"我们的"，是我们的一部分，但事实上这种关联是随机的。认识到这种关联的随机性，学着通过冥想减少这种关联，可以减少痛苦。理解为什么自然选择在人类头脑中嵌入各种感觉（参见第三章），有助于证实不应盲从感觉指引这个观点，可以帮助我们选择接受哪一种感觉的引导。要培养这种决断能力，就要严格遵从佛教著名的"无我"思想的务实呈现，即佛陀开悟之后第二次讲经对"无我"理念的阐释。（参见第五章。）

7.关于佛陀第二次开示——称"自我"本不存在——更详尽且更通俗的解读，在各种各样的佛经中以多种多样的形式呈现。最常见的一种解读——没有所谓的作为首席执行官的"自我"，没有"行为的行为者"，也没有"思想的思考者"——能够得到现代心理学的有力佐证。现代心理学显示，意识中的自我对我们行为的掌控比看起来要弱得多。有许多心理学家，尤其是进化心理学家，认为大脑具有"模块"模型，这与"没有首席执行官自我"的观点恰好吻合。这种模型有助于解释资深冥想者的一种普遍理解："想法自我思考"。总之，我所谓的"内在"无我体验——这种体验会使你怀疑对自己的思想和感觉的"所有权"，使你开始怀疑平时认为控制所有这一切的首席执行官的"你"到底存不存在——既有实验心理学的佐证，也符合自然选择是如何塑造大脑的流行观点。（参见第六、第七、第八章。）

8.我所谓的"外在"无我体验——自我周围的束缚都解除，或从某种意义上感觉这一切束缚本来就是幻觉——并不像"内在"无我体验一样有坚实的实验和理论实证。事实上，我想说，总体上讲，外在体验不像内在体验一样容易得到证明，因为外在体验更像形而上学（从主流哲学中形而上学的意义上讲，而不是有其他特异的含义）而不是心理状态。与此同时，从进化生物学角度思考，自我的界限有其随意性，因而，感觉到自我的界限变得模糊，和我们平时感觉到自我界限一样，并没有更不准确。（参见第十三、第十五章。）

9.抛开一般认知中"自我"的形而上学和其他方面的有效性，还有一点道德有效性的问题。特别是对自我界限的意识变得模糊（或许会与"内在"无我体验相结合，降低了自私冲动的认同感），使得"我的"利益不再明显凌驾于他人利益之上，这样状态下的人是否更接近道德真相？我认为，进化生物学的理论是支持这种认知的。（参见第十五章。）

10.从佛法的空性角度来看，我们直觉地感知到物体和生物具有"本质"，这其实是一种幻觉。具体来讲，这种幻觉是由自然选择植入人体的，它从达尔文主义对机体有利的角度辨识事物的重要意义。（参见第十、第十一章。达尔文主义相比传统佛教，对空性思想的支持角度有很大的不同，但是也可以相容。）在事物上看到本质并不一定会使我们遭受痛苦，也不一定会给他人带来痛苦，但是这种可能性还是有的。特别是从"本质主义"角度看他人和其他群体，可能会引导我们乐见或造成他人的痛苦（参见第十二章）。因此要认识到"本质"其实是一种感性构架，并非现实，有其价值，结合冥想实践抑制

"本质感"，或是有选择地接纳，效果更佳。宣称摒弃了本质感的资深冥想者，即宣称全面理解了"空"或"无相"的人，普遍看起来都很快乐，而且依我有限的经历，他们都是仁爱之人。（参见第十三章。）

11.前述关于本质和本质论的观点可作为一个更广泛的命题的例证，即不能清晰地看世界不仅会导致我们自身的痛苦，还会引发恶行，造成他人无谓的苦痛。或者换一种积极的表述：看清世界，不仅能使我们更快乐，而且能使我们更道德。这并非必然的因果。有些优秀的冥想者（显然）很快乐，但是，（明显）是大恶之人。尽管如此，在使我们遭受痛苦的心理动力和使我们恶意对待他人的心理动力之间，依然存在着足够的紧密联系，因此佛学教我们减轻或终结苦痛的方法往往不仅能使我们更快乐，还能使我们变成更好的人。这种道德上的进步不能得到保证，这是冥想教导通常与佛学中特别强调的道德指引相结合的原因之一。（参见第十六章。）

12.很多佛学教义，包括在此列出的一些，可以总结为"认识条件作用"，这里的"条件作用"可以大概翻译成"因"。正念冥想使我们能更多地留意造成个人行为的事物——留意感知是如何影响我们的内在状态，某些内在状态又是如何影响其他内在状态以及行为的。冥想还会留意到情感在这个影响链中承担的关键角色——这个角色是由自然选择塑造的，似乎把情感设计成大脑程序的一部分。重要的是，冥想实践不仅使我们留意到这些影响链，而且给我们力量，干预并改变这些影响链。从很大程度上讲，这就是佛学所谓的解放：切实地逃脱束缚着我们而且我们往往视而不见的影响链。（参见第十四章。）

上述就是我证明本书"为什么佛学是真的"这一标题合理性的一些主要想法。如果你要问"佛学为什么是真的"这个问题最简单的答案，那就是，因为我们是自然选择造就的动物。关于自然选择植入我们头脑中的那些倾向性，早期佛学思想家在科学资源有限的条件下，做出了相当了不起的评价。如今，根据对自然选择的现代理解，以及对自然选择造就的人类大脑的现代理解，我们可以为这些佛学思想家的评价提供新的支持。

术语注解

写一本关于佛学的书要面临大量的术语选择问题。

首先是梵文（Sanskrit）和巴利语（Pali）的问题。在西方作品中，佛学用语往往采用上述两种古老的语言之一（尽管也有其他古代佛学文本用的是其他亚洲语言）。某些佛学作品的作者会选择其一，并一直坚持下去。我并没有择其一，下面就解释一下原因。

本书大篇幅谈及的第一个重大佛学概念"无我"，在小乘佛教中比另一佛教重要分支大乘佛教里要更受重视。小乘佛教经文用巴利语，所以用anatta而不是梵语的anatman来讲"无我"的概念会感觉自然一些。但是本书阐释的第二个重大佛学概念"空"则是在大乘佛教里更受重视，所以这个概念选用了梵语：sunyata。另外，还有一些在两个分支里都很重要的用语，恰巧在西方文本中都是以梵语形式出现的——特别是"涅槃"（nirvana）和"达摩"（dharma）两词（二者在巴利语中分别为nibbana和dhamma）。所以我就用了梵语。

决定同时使用梵语和巴利语之后，我又面临着界限问题，特别是两种语言都不占特别优势的时候。我不会把每一个决定的原因都向各位解释，以免叨扰各位。有时我是抛硬币决定。

在sutra（梵语"佛经"）和sutta（巴利语"佛经"）的问题上，我两种说法都会用，完全取决于论题文本与大乘佛教还是小乘佛教哪一派联系更紧密。不过，这个问题在注释和参考书目中比在正文里要更明显，因为正文里用得更多的是开示（discourse）。有个原因就是，我认为，在某些圈子里，sutra（佛经）这个词更多意指诗文或冥想，而不是论证。虽然这些文本并非现代意义上的论证——每一个术语都有定义，论证的每一步都有清晰的描述——但是也提出了关于心理学和哲学的先验见解，并给出了理由。这些见解也是本书的核心所在。

最后，我在本书中经常用到"开悟"（enlightenment）这个词。但其实，"觉醒"（awakening）反而能更准确地表达古文本中这个词的字面意义。这个术语对于佛陀（觉醒之人）和菩提树——佛陀在该树下悟道成佛——而言都是基础。翻译成"觉醒"显然有其道理，毕竟佛学思想认为我们平常都生活在梦境一样的幻觉中——而且我在本书开头也欣然采纳了这种观点。与此同时，除了这种隐喻倾向，佛教中的觉醒不仅仅是指清醒过来，还有真正开悟的意思，即理解晦涩难懂的世间真理。恰好，开悟还有另外一层意思，预示着西方世界坚定地走向理性的时代❶。本书论证了佛学的世界观——至少是其中的自然主义的部分——从启蒙运动时代发展起来的哲学和科学角度来看，是站得住脚的，因此我觉得这种译法很合理。

----

❶ 译注：Enlightenment还有"启蒙"的意思。启蒙运动就是18世纪初至1789年法国大革命期间的一个思潮不断涌现的思想解放运动。

致 谢

冥想老师丹尼尔·英格拉姆（Daniel Ingram）写过一本名为《掌握佛陀的核心思想》（*Mastering the Core Teachings of the Buddha*）的书，在书的扉页上，在标题正下方，是这样几个字——"相互依存的宇宙著"。在原作者下面才是传统意义上的作者——英格拉姆——的名字。这是一段圈内玩笑，根据佛教哲学，个人的劳动成果最好不要描述成个人的劳动成果。最好的描述应该是，多年来各种因缘作用于你身上而得到的结果——因缘太多，想要一一辨别根本不切实际。

不过，我会尽力而为。

首先，我深深感念普林斯顿大学。在我动手写作本书之后不久，就开始在普林斯顿大学教授一门名叫"科学和佛教"的新生研讨课。我得以连续两年与满教室好奇又富有挑战精神的学生为伴，他们还帮助我澄清梳理了关于该主题的想法，使我对未来备感乐观。普林斯顿大学还帮助我开发了该课程的线上版本——课程名叫"佛学和现代心理学"，在Coursera平台上可以免费学习——使我能够接触到其他数万名学生，这些学生虽然身处各地，但是他们的热情和好奇心令我备感幸运。所有这一切能够实现，全赖克莱顿·马什（Clayton Marsh）一直以来的帮助和雪莉·迪尔曼（Shirley Tilghman）最初的鼓励。在这个过程中，普林斯顿大学其他同人的帮助也必不可少，感谢杰夫·亨佩尔（Jeff Himpele）、劳拉·沙道克（Laura Shaddock）、丽莎·杰克森（Lisa Jackson）、吉姆·格拉希（Jim Grassi）、蒙娜·菲克斯达尔（Mona Fixdal）和莎肯塔拉·桑亚尔（Shakuntala Sanyal）。瑞秋·康纳（Rachel Connor）和大卫·诺瓦科夫斯基（David Nowakowski）当时是心理学和哲学专业的研究生，两人都是非常好的研究助理，帮助我准备线上课程，并为本书最初稿提供了反馈意见。

结束普林斯顿大学的教学生涯之后，我来到纽约协和神学院（Union Theological Seminary），任科学与宗教客座教授，在那里得到约翰·邓普顿基金会（John Templeton Foundation）的慷慨资助。协和是美国最重要且最推崇普世教育的宗教教育机构之一，也是全球最友好的地方之一，我在那里得到了同样对东方哲学感兴趣的同事的支持，其中要特别感谢约翰·萨塔马尼尔（John Thatamanil）、格雷格·斯奈德（Greg Snyder）、郑玄镜（Chung Hyuh Kyung）和保罗·尼特（Paul Knitter）。此外，我还让安德鲁·道奇（Andre Daughtry）、格斯里·格雷夫斯-菲茨西蒙斯（Daughtry Graves-Fitzsimmons）、凯特·纽维尔（Kate Newell）、杜克·科瓦多·耶博阿（Duke Kwadwo Yeboah）、伊莎贝拉·马尔斯（Isabel Mares）、胡里奥·托雷斯（Julio

Torres）和卡罗尔·威尔金斯（Carole Wilkins）等学生忍着痛苦读了几版本书的草稿，我在与他们的研讨中受益匪浅。所有这一切全靠协和主席希瑞·琼斯（Serene Jones）和副主席弗雷德·戴维（Fred Davie）的帮助，其中前者最近还在协和设立了佛教学士学位，在诸多功绩中又添新瓦。

多位有相关经验的专家阅读过本书部分手稿，并不吝赐教。非常感谢米瑞·阿巴哈瑞、史蒂芬·阿斯玛（Stephen Asma）、保罗·布鲁姆、比丘菩提、苏珊·格尔曼（Susan Gelman）、约瑟夫·葛斯汀和斯科特·巴里·考夫曼（Scott Barry Kaufman）。有三位提出了特别全面的反馈意见：我在第一次冥想静修期间遇到的约什·萨默斯（Josh Summers）；乔纳森·戈尔德（Jonathan Gold），他关于佛教哲学家世亲菩萨（Vasubandhu）的著作《铺平伟大道路》（*Paving the Great Way*）也非常有用；还有菲利普·蒙查卡（Philip Menchaca），在协和，他从其他很多方面给我提供了巨大的帮助。（比丘菩提通过Skype和电子邮件，不厌其烦地、愉快地向我详细解释本书涉及的古经文翻译和解读问题，我应该再次深表感谢。）雷德·霍夫曼（Reid Hoffman）和本·卡斯诺瓦（Ben Casnocha）欣然主持了一些聚会，为本书中的一些观点提供了宝贵的反馈意见。

很多学者、冥想老师和僧人与我的对话都对我很有帮助。本书正文提及的几位，在此就不再赘述感谢。但是，在他们之外，还有杨增善法师（Shinzen Young）、杰伊·迈克尔森（Jay Michaelson）、沙朗·斯特里特（Sharon Street）、柯尼斯·福

克（Kenneth Folk）、丹尼尔·英格拉姆（Daniel Ingram）、巴兹·太史文（Buzzy Teiser）、艾瑞克·布劳恩（Erik Braun）、文森特·霍恩（Vincent Horn）、安娜贝拉·皮特金（Annabella Pitkin）、戴尔·怀特（Dale Wright）、大卫·亚登（David Yaden）和米格尔·法瑞斯（Miguel Farias）。对话大多数都在meaningoflife.tv平台上进行，该平台由阿雅·科恩-韦德（Aryeh Cohen-Wade）、布莱恩·德根哈特（Brian Degenhart）、尼基塔·彼得罗夫（Nikita Petrov）、布伦达·托尔伯特（Brenda Talbot）和之前提及的菲利普·蒙查卡负责运营管理。

我在内观禅修社先后参加了七周的冥想静修，那里的工作人员乐于助人，给了我很大的帮助，就像佛教的活广告。我本想一一点名致谢，但是所谓冥想静修，有一点就是对所见之人的个人情况不会了解太多。不过，该社联合创始人约瑟夫·葛斯汀和莎朗·莎兹伯格，我还是认识的，感谢两位十五年前与我交谈，使我醍醐灌顶。

感谢西蒙和舒斯特出版社（Simon&Schuster）的编辑普利西拉·佩顿（Priscilla Painton），从一开始便孜孜不倦地给我支持和指导。每当我需要的时候，她都会出现，而我需要她的时候真的太多了。普利西拉的助理梅根·霍根（Megan Hogan）经验丰富，处理各方面问题都得心应手，必要时还会负责一些公关问题。本书的文字编辑朱迪斯·胡佛（Judith Hoover）勤勉专注，润色了本书文字，使读者阅读时味同嚼蜡之感大大降低。本书付印之后，我还是改不了经常四处动动的毛病，这时担起这份责任的变成了艾利克斯·苏（Alex Su），他一直精神饱满，给我的帮助难以估量。西

蒙和舒斯特出版社里还有另外一些人应该感谢：加里·戈德斯坦（Gary Goldstein）、妮可·麦卡德尔（Nicole McArdle）、理查德·罗尔（Richard Rhorer）、艾莉森·福纳（Alison Forner）、艾琳·贝克（Erin Reback）和乔恩·卡普（Jon Karp）。我的经纪人雷夫·萨格林（Rafe Saglyn）在我刚有写作本书的想法到本书出版的整个过程中，从各方面都给了我很好的指导。

我要感谢我的两只狗——弗雷泽和麦洛，它们在前述线上课程的"办公时间"视频中出过镜，还在我需要的时候给了我安慰。感谢两位骑行车友约翰·麦克皮（John Mcphee）和史蒂芬·克鲁斯（Steve Kruse），帮助我把注意力从书上转移，还会讲一些对本书很有益的话。我的两个女儿玛格丽特和埃莉诺，在我整个写作生涯中一直都很宽容，随着她们渐渐长大，又能在与书相关和无关的各种问题上给我提供可靠的反馈意见。而且，她们真是好姑娘。（如果开悟之后，我看到她们时，看不到完美女儿的本质，那么我也乐于达不到开悟的境界！）最后，也是最重要的，我要感谢妻子丽莎。本书的每个字，她都读了不止一遍，因此所有的错误和疏漏也都是她的责任。开玩笑啦。其实，如果没有她提的意见，本书在很多地方就不会像现在这么清晰明了。过去三十多年里，没有任何一件事，能像丽莎读过我写的东西之后，告诉我不需要再做修改一样，使我心满意足，如释重负——尽管我了解那是因为她天性善良。